GENJIN刑事弁護シリーズ㉓

共謀罪
コンメンタール

組織犯罪処罰法6条の2の徹底解説と対応策

小池振一郎・米倉洋子・山田大輔[編]

現代人文社

◎はじめに

　本書は、2017年6月15日成立した共謀罪（組織的な犯罪の処罰及び犯罪収益の規制等に関する法律〔組織犯罪処罰法と略す〕第6条の2）の解説書である。

　共謀罪は、犯罪の実行を合意しただけの者を処罰する法律である。合意という、あまりにも曖昧で、犯罪の実現可能性が定かでない行為をその段階で刑事罰の対象とすることは、権力が処罰の網を大きく広げておき、処罰したい人を、処罰したい時に、自由に処罰できる体制を作ることを意味する。また、団体の活動としての犯罪実行の合意が要件であり、話し合いという物証の乏しい行為を処罰対象とすることから、共謀罪捜査のためとして警察が市民や団体を日常的に監視し情報収集する事態が正当化されることになる。共謀罪が「現代の治安維持法」と言われ、市民監視、運動弾圧に使われるおそれがあると強く批判されてきたゆえんである。

　こうした国民の批判を受けて、共謀罪法案は過去3度廃案になった。そこで政府は、2017年法案は過去の法案とは全く違うものであることを国民に印象付けようとした。

　そのため、「共謀罪」ではなく「テロ等準備罪」という呼称を普及しようとし、条文では「共謀」を「計画」と言い換え、「組織的犯罪集団」という文言と「準備行為」という要件を新たに付け加えた。そして国会審議では、大臣や法務官僚が「一般人には適用されない」、テロリストや暴力団や麻薬密売組織などにしか適用されないと繰り返し答弁し、不明確な条文を一定程度厳格に解釈してみせた（しかし、決して法案を修正して明文で厳格にすることはしなかった）。

　しかし、今回の法案も過去の共謀罪と本質的には変わらないことを多くの国民は見抜き、廃案を求める声は全国に広がった。ほとんどのメディアが結局は「テロ等準備罪」というよりも、「共謀罪」と呼んで報道したのはその証左である。

本書は４部構成になっているが、第１部「共謀罪コンメンタール」は、文字通りのコンメンタールである。

　執筆したのは、後述のとおり、法案審議中に国会議事録の整理を担当した山田大輔である。なお、平岡秀夫、海渡雄一両氏に有益な助言をいただいた。

　解説の対象は、組織犯罪処罰法６条の２という１つの条文であるが、同項に登場する「団体」の定義は法２条１項に定められ、しかもその要件が複雑であることもあいまって、かなりのボリュームのものになった。ある論点が法文のどこに位置付けられるのかの体系的理解のため、目次を異例なほど細かく作成した。ぜひ目次を活用していただきたい。

　山田が執筆した原稿を小池と米倉が読み、３人で解釈の内容や論じ方について二巡三巡と検討を重ねた。共謀罪を厳しく批判する私たちのスタンスを明確に打ち出しながら、政府答弁を本文に引用し、その評価を論じていくことにした。議事録や判例の詳細は第１部末尾の注に回したが、かなり資料的価値のある注になっていると思う。

　第２部「共謀罪の捜査と弁護」は、実務編である。

　「共謀罪の立証方法の特異性と捜査手法」（小池振一郎）は、物証の乏しい共謀罪の立証は供述証拠に頼らざるを得なくなり、そのために人権侵害性の高い捜査手法が多用される危険を論じる。

　「共謀罪事案に関する弁護のポイント」（加藤健次）は、共謀罪の違憲性と特殊性を踏まえ、捜査弁護から公判活動に至るまでの刑事弁護の要点を解説する。

　第３部「共謀罪の問題点を徹底検証」には、様々な観点から共謀罪の違憲性、違法性を論じる８本の論稿が集められている。

　「共謀罪はテロ対策やTOC条約批准に必要だったのか」（平岡秀夫）は、共謀罪の立法事実論である。政府が述べた立法事実の何重もの「誤魔化し」と、政府の説明の変遷を明らかにする。

「日本における捜査・監視の実態と共謀罪」（加藤健次）は、現在も行われている警察による市民監視の具体的実態と、共謀罪成立によりこれが加速する危険を論じる。
　「内心の自由・表現の自由と共謀罪」（右崎正博）は憲法19条・21条違反を、「共謀罪に関する罪刑法定主義上の問題点」（髙山佳奈子）は憲法31条違反を、「成立過程も違法な共謀罪」（山田大輔）は、参議院本会議が法務委員会の審議を省略して法案を採決した手続が国会法（56条の3）違反であることを論じる。
　「国連特別報告者・人権条約機関から国際人権規約違反の指摘を受けた共謀罪」（海渡雄一）は、国連プライバシー権に関する特別報告者カナタチ氏が共謀罪のプライバシー権侵害性を指摘した経過と、法案成立後、同氏が来日して提案した23項目のセーフガードを紹介する。
　「アメリカ愛国者法と共謀罪」（鈴木亜英）は、9.11後のアメリカでテロ対策として制定された愛国者法の問題点と、これに組み込まれた共謀罪がアメリカ市民社会を徹底した監視社会に変容させたことを論じる。「イギリスの共謀罪・対テロ法と日本の共謀罪」（清末愛砂）は、共謀罪の発祥地であるイギリスで共謀罪が古くから労働運動弾圧の手段とされてきた歴史と、現在も対テロ法とセットで市民的自由の制限手段とされていることを論じる。
　第4部「共謀罪法案反対運動の成果と今後の課題」は、表題のとおり運動の記録と今後の課題である。
　「共謀罪の反対運動の経過と成果、今後の活動」（米倉洋子）は、2017年の共謀罪反対運動について、その背景を踏まえた記録と法成立後の活動を紹介する。
　「警察監視機関・国内人権機関の設置を」（小池振一郎）は、共謀罪後の課題として、警察等による市民監視に対する独立した監督機関（2013年国連総会決議）と国内人権機関（1993年国連総会決議）の設置が日本でも急務である

ことを論じる。

　また、冤罪被害者の桜井昌司、スノーデンインタビューで著名な小笠原みどり、日本労働弁護団会長の徳住堅治、刑法学者で治安維持法に造詣の深い内田博文の４氏には珠玉のコラムを執筆していただいた。

＊

　最後に、本書を世に送り出すことになった経緯について、ご紹介したい。
　共謀罪法案は、2017年３月21日国会に提出され、４月６日に審議入りしたが、法案提出前から共謀罪反対の運動は全国に広がり、国会論戦も１月から行われ、大きく報道されていた。
　こうした中で、同年２月、８つの法律家団体が「共謀罪法案に反対する法律家団体連絡会」を結成し、さまざまな活動に取り組んだ。本書の３名の編者は、この連絡会に所属していた弁護士である。
　連絡会は、その活動の一つとして、小さなチームを作り、若手弁護士を中心に、法務委員会での共謀罪法案審議の議事録を論点ごとに整理分析する作業を行った。この作業の中心を担ったのが、本書第１部の執筆者、山田大輔である。
　共謀罪が成立してしまった今、重要なのは、これを発動させないこと、そして、できるならば国会で法律を廃止させることであるが、法律家としては、万一発動されてしまった場合のことも考えておかなくてはならない。
　そういう議論をする中で、国会議事録に残された、政府が法文を限定的に解釈した答弁の数々をしっかり集大成しておこうということになった。
　私たちとしては、共謀罪を含む組織犯罪処罰法の条文はあまりにも不明確で、いかようにも解釈され得るとの根源的な批判を持っている。捜査機関や裁判所が、立法時の政府解釈などお構いなしに融通無碍に法解釈をする可能性は十分あり得る。５年先、10年先を考えると、ますます心配である。
　しかし、だからこそ、政府の限定的な解釈をきちんと記録として残しておけ

ば、万が一にも共謀罪が市民運動や労働運動の弾圧に適用されそうになった時、私たちは立法時の政府答弁を活用して、捜査機関にも裁判所にも共謀罪の厳格な解釈を迫ることができる。

　そもそも、政府の限定的な解釈は、共謀罪に対する強い反対世論の成果であることはいうまでもない。政府は、せめてあのように答弁しなければ、憲法違反の法律を通すことはできないと考えたのである。この意味では、限定的な政府解釈は、反対運動が勝ち取ったものだとも言える。

　このように考えて、政府の解釈を集大成した共謀罪のコンメンタールを出版したいと思い、編者の小池、米倉、山田の3人で現代人文社に企画を持ち込み、幸いにもご理解をいただいて、2017年8月から企画、編集、執筆が始まった。企画の段階で、コンメンタールだけではなく、共謀罪についての多角的視点による論稿も掲載したいと考え、各分野の第一人者に10本の論文と4つのコラムの執筆をお願いした。こうして出来上がったのが本書である。

＊

　本書が多くの人々の手に渡り、共謀罪を発動、適用させないために、ひいては共謀罪の廃止のために、いささかでも役立つことを心から願う。

　最後に、本書の意義を深く理解して出版をご快諾いただき、毎回、数時間をかけたコンメンタールの議論の全てに同席し、本書の完成を辛抱強く待って下さった現代人文社の成澤壽信社長に、心からの感謝を捧げる。

（文中敬称略）

2018年5月21日

小　池　振一郎
米　倉　洋　子
山　田　大　輔

◎編者・執筆者一覧

●編者

小池　振一郎	こいけ・しんいちろう	弁護士／第二東京弁護士会
米倉　洋子	よねくら・ようこ	弁護士／東京弁護士会
山田　大輔	やまだ・だいすけ	弁護士／東京弁護士会

●執筆者（執筆順）

加藤　健次	かとう・けんじ	弁護士／第二東京弁護士会
平岡　秀夫	ひらおか・ひでお	弁護士／第一東京弁護士会
右崎　正博	うざき・まさひろ	獨協大学名誉教授
髙山　佳奈子	たかやま・かなこ	京都大学教授
海渡　雄一	かいど・ゆういち	弁護士／第二東京弁護士会
鈴木　亜英	すずき・つぐひで	弁護士／東京弁護士会
清末　愛砂	きよすえ・あいさ	室蘭工業大学大学院工学研究科准教授
桜井　昌司	さくらい・しょうじ	布川事件冤罪被害者
小笠原みどり	おがさわら・みどり	ジャーナリスト
徳住　堅治	とくずみ・けんじ	弁護士／東京弁護士会
内田　博文	うちだ・ひろふみ	九州大学名誉教授

共謀罪コンメンタール　目次

はじめに　ii

第1部 共謀罪コンメンタール（山田大輔）
（徹底解説と弁護実務）

第1章 共謀罪総論 — 3

第1 2017年の組織犯罪処罰法改正の内容 — 3

第2 法6条の2第1項、第2項の共謀罪の構成要件 — 4
1 組織犯罪処罰法の改正法 — 4
2 共謀罪の条文と関連規定 — 5
3 法6条の2第1項の共謀罪の構成要件 — 6
4 法6条の2第2項の共謀罪の構成要件 — 7
5 刑罰 — 8
6 以下の構成の説明 — 8

第3 「共謀罪」という呼称 — 9

第4 共謀罪の立法事実 — 10

第5 保護法益 — 10

第6 共謀罪と憲法31条 — 10
1 適正手続の保障 — 10
　(1) 憲法31条の適用 — 10
　(2) 手続の法定 — 11
　(3) 手続の適正 — 11
　(4) 実体の法定 — 11
　(5) 実体の適正 — 11
　　ア 実体の適正とは　11

イ 刑法の目的、違法性論　12
　　　ウ 罪刑の均衡　12
　　　エ 刑罰の謙抑主義　12
　2 適正手続の保障と共謀罪　13

第2章 法6条の2第1項の共謀罪　15

第1 組織的犯罪集団の意義　15

1 「テロリズム集団その他の組織的犯罪集団」の意義　15
　(1) 「テロリズム」の定義　15
　(2) 「テロリズム集団その他」の意味　16
　(3) 「テロリズム集団」以外の例　17

2 団体（法2条1項）　17
　(1) 団体　17
　(2) 「共同の目的を有する多数人の継続的結合体」　18
　　ア 定義　18
　　イ 「継続的結合体」——独立した社会的存在　18
　　ウ 「継続的結合体」に該当するかどうか　18
　　　(ア) 人数があまりに少ない集団　18
　　　(イ) 一定数以上の人数の集団　19
　(3) 「共同の目的」　20
　(4) 「組織」（指揮命令・任務分担）　20
　　ア 意義　20
　　イ 人数が少ない場合と「組織」の要件　21
　　ウ 団体・組織性（指揮命令と任務分担）に関する裁判例　21
　　　(ア) 最高裁平成27年9月15日判決（刑集69巻6号721頁）　21
　　　(イ) その他の裁判例　23
　　　(ウ) 小括　23
　　エ 指揮命令要件等を満たさない例——サークルなど　24

3 組織的犯罪集団（法6条の2第1項）　25
　(1) 組織的犯罪集団の定義　25
　(2) 「結合関係の基礎としての共同の目的」と「共同の目的」は同義　25
　(3) 「結合関係の基礎としての共同の目的」　26

　　　　ア　その目的がなければ構成員が離れていくような目的　26
　　　　イ　継続的な目的　27
　　　　ウ　「目的」と「手段」の関係　28
　　　　　　(ｱ)　唯一の目的が別表第三に掲げる罪に当たる行為である場合　28
　　　　　　(ｲ)　手段が別表第三に掲げる罪に当たる行為である場合　28
　　　　エ　「主たる目的」と「従たる目的」　29
　　　　オ　裁判例　30
　　　　　　(ｱ)　裁判例との整合性　30
　　　　　　(ｲ)　裁判例の解釈　31
　　　　カ　「結合関係の基礎としての共同の目的」がなければならない時期　32
　　　　　　(ｱ)　時期を論じる意味　32
　　　　　　(ｲ)　計画行為の時点　33
　　　　　　(ｳ)　準備行為の時点　33
　　　　　　(ｴ)　政府の解釈　33

 (4) 組織的犯罪集団の共同の目的の事実認定 ································ 33
　　　　ア　組織的犯罪集団の共同の目的の認定と考慮要素　33
　　　　　　(ｱ)　政府の考え方　33
　　　　　　(ｲ)　共同の目的の考慮要素　34
　　　　イ　考慮要素の具体的な認定と政府答弁　34
　　　　　　(ｱ)　団体が標榜する目的、構成員が主張する目的　34
　　　　　　(ｲ)　当該団体の継続的な活動実態　35
　　　　　　(ｳ)　過去の活動実態　35
　　　　　　(ｴ)　証拠による認定　36
　　　　　　(ｵ)　過去の犯罪事実　36
　　　　ウ　正当な活動を行っていた団体が組織的犯罪集団に一変した場合　37
　　　　　　(ｱ)　組織的犯罪集団に一変する可能性　37
　　　　　　(ｲ)　正当な活動は有力な消極的事由　37
　　　　　　(ｳ)　組織的犯罪集団に変わる要件　38
　　　　　　　❶政府の解釈　38
　　　　　　　❷政府の解釈に従って、共謀罪が適用されるべきであること　38
　　　　エ　正当な活動の認定　39
　　　　オ　一般の集団に対して共謀罪を適用するおそれ
　　　　　　──環境保護・人権保護が「隠れみの」である可能性を表明　40

 (5) 「結合関係の基礎としての共同の目的」の要件を満たすために、
　　違法性の認識が必要であること ·· 41

 (6) 「団体」の中の「団体」が組織的犯罪集団となるか ······················ 43
　　　　ア　「団体」の中の「団体」の認定の可否　43
　　　　イ　団体の認定　43
　　　　ウ　団体の中の団体　44
　　　　　　(ｱ)　条文上、「団体」の中の「団体」は認められること　44

　　　　(イ)「団体」の中の「団体」の認定　44
　　　エ　政府答弁　45
　　　　(ア)会社とその中のプロジェクトチーム　45
　　　　(イ)学校法人とその理事長等　46
　(7)「結合関係の基礎としての共同の目的」の認識がない構成員　47
　　ア「共同の目的」の認識がない構成員についての二つの解釈　47
　　イ 政府解釈を前提にした場合の解釈　49

4　別表第三に掲げる罪(目的犯罪) ……49

第2　「計画」の意義 ——50

1　はじめに ……50
2　「二人以上で」の意義 ……50
3　「計画」の意義 ……51
　(1)「共謀」と同義であること ……51
　(2) 計画の意義 ……52
　　ア 犯罪の合意　52
　　イ 具体的かつ現実的な計画　53
　(3) 順次共謀、現場共謀 ……53
　　ア 順次共謀(順次計画)　53
　　　(ア) 順次共謀が成立すること　53
　　　(イ) 順次共謀の危険性　54
　　イ 現場共謀(現場計画)　54
4　計画の内容 ……55
　(1) 計画の内容 ……56
　　ア 条文から導かれる計画の内容　56
　　イ 政府答弁における計画の内容　56
　(2)「組織的犯罪集団の団体の活動として、当該行為を実行するための組織により行われるもの」の意義 ……57
　　ア 要件　57
　　イ「組織的犯罪集団の団体の活動として」の意義　57
　　　(ア)「団体の活動として」の意義　57
　　　(イ) 団体の意思決定に基づく行為であること　57
　　　(ウ) その効果又はこれによって利益が当該団体に帰属すること　58
　　ウ「当該行為を実行するための組織により行われるもの」
　　　(犯罪実行部隊としての組織)の意義　58

(ア)「当該行為を実行するための組織により行われるもの」の意義　58
(イ) 組織的犯罪集団と犯罪実行部隊との関係　59
　❶ 犯罪実行部隊としての組織は、臨時的なもので良いこと　59
　❷ 犯罪実行部隊としての組織とその構成員　60
(ウ) 裁判例　60
エ　計画行為と「組織的犯罪集団の団体の活動として、
　　当該行為を実行するための組織により行われるもの」の関係　61
(ア) 問題点　61
(イ) 解釈　62
(3) 別表第四に掲げる罪 63

5　犯罪の主体　63
(1) 犯罪の主体 63
(2) 政府解釈による限定 63

第3　別表第三（目的犯罪）、第四に掲げる罪（対象犯罪） —— 65

1　別表第三、第四の対象犯罪の選別方法 65
(1) 別表第三、第四に掲げられた罪の内容 65
(2) 別表第三、第四から除外された犯罪の内容 66

2　別表第四の対象犯罪の分類とその内容　68

3　個別具体的な犯罪について 69
(1) 森林法 69
　ア　森林法違反を対象犯罪とする立法事実　69
　イ　一般人に適用される可能性　70
(2) 脱税、詐欺破産 71
　ア　脱税や詐欺破産を対象犯罪とする立法事実　71
　イ　一般の法人や一般人に適用される可能性　72
　　(ア) 一般の法人や一般人が共謀罪の対象となる危険性　72
　　(イ) 団体性の否定　73
　　(ウ) 専門家が脱税に関わる場合　73
(3) 著作権法違反 74
　ア　著作権法違反を対象犯罪とした立法事実　74
　イ　一般人に適用される可能性　74
(4) 司法妨害の罪 75
　ア　司法作用に対する罪を対象犯罪とした立法事実　75
　イ　一般人に適用される可能性　76

4 別表第三と別表第四の関係 ……… 77
(1) 別表第三と別表第四の関係 ……… 77
(2) 目的犯罪の個数と団体要件 ……… 78
ア 目的犯罪の個数　78
イ 政府答弁　78
(3) 目的犯罪と対象犯罪の齟齬 ……… 79
ア 計画された犯罪が目的犯罪ではない場合　79
イ より限定的に解釈されるべきであること　79

第4 準備行為 ——— 80

1 準備行為は構成要件であること ……… 80
2 準備行為の内容と予備行為との相違 ……… 81
(1) 準備行為の内容 ……… 81
(2) 予備行為との相違 ……… 82
(3) 準備行為と客観的に相当な危険性 ……… 83
ア 政府の立場　83
イ 判決の判断内容　83
ウ 準備行為と予備行為の類似性　84
3 「準備行為」の意義 ……… 85
(1) 要件 ……… 85
(2) 計画とは別の行為 ……… 85
(3) 計画に基づき ……… 86
ア 「計画に基づき」の意義　86
イ 計画行為と準備行為の時間的関係　87
ウ 計画の成立時期　87
(4) 計画が実行に向けて前進し始めたことを顕在化させる行為 ……… 87

第5 故意 ——— 89

1 共謀罪の故意の内容 ……… 89
2 故意が欠ける者 ……… 90
3 未必的故意 ……… 91

- (1) 未必的故意も故意と認められること ……………………… 91
- (2) 共謀罪の故意等の立証 ……………………………………… 92
- **4** 事実の錯誤 ……………………………………………………… 92

第6 共謀罪が一般市民に適用される危険性 ────── 94
- **1** 共謀罪適用の危険性 ………………………………………… 94
- **2** 団体、組織的犯罪集団 ……………………………………… 95
  - (1) 一般市民と団体要件の関係 ………………………………… 95
  - (2) 群衆について ………………………………………………… 95
  - (3) 座り込みなど ………………………………………………… 96
    - ア 政府答弁　96
    - イ 政府答弁の検討　96
      - (ア) 組織的背景がない場合　96
      - (イ) 特定かつ単一の組織的背景がある場合　96
      - (ウ) 複数の組織的背景がある場合　97
    - ウ 捜査機関の逸脱、濫用　97
  - (4) 組織的犯罪集団に該当しないとされた例 ………………… 98
    - ア 政府答弁　98
      - (ア) 普通の団体、会社、労働組合、NPO団体　98
      - (イ) 一般の同窓会やサークル　99
      - (ウ) アマチュアの合唱団、オーケストラなど　101
      - (エ) 軍事基地建設に反対する団体、環境保全団体など　102
      - (オ) 会社が毎年脱税を繰り返すような場合　102
    - イ 政府答弁等の例示の問題点　103

第3章 法6条の2第2項の共謀罪 ──────── 104

第1 法6条の2第2項の共謀罪の立法趣旨 ────── 104
- **1** 法3条2項との比較 ………………………………………… 104
- **2** 法3条2項の立法趣旨 ……………………………………… 106
- **3** 法6条の2第2項の趣旨 …………………………………… 107

第2 法6条の2第2項の共謀罪の要件 ─────── 109

1	要件	109
2	不正権益の獲得維持・拡大目的の犯罪の遂行	110
	(1) 不正権益	110
	(2) 目的	111
3	犯罪の主体	112
4	故意	113

第4章 法6条の2第3項、第4項、及び第1項、第2項に共通する論点 ―― 114

第1 親告罪になる場合 ―― 114
第2 適正配慮条項 ―― 115
第3 法定刑 ―― 116
第4 自首減免 ―― 118
第5 中止犯 ―― 118
第6 共犯 ―― 119

1 共犯関係 ―― 119
　(1) 教唆犯 ―― 119
　(2) 幇助犯 ―― 120
2 共犯への加入 ―― 121
3 共犯からの離脱 ―― 122

第7 罪数 ―― 123

1 共謀罪の罪数 ―― 123
2 包括一罪とされる理由 ―― 124
3 法定刑の逆転現象が意味するもの――刑法体系の破壊 ―― 125

第5章 証人等買収罪（法7条の2） ── 127
第1 証人等買収罪の概要 ── 127
第2 証人等買収罪の危険性 ── 128

注　129

組織犯罪処罰法別表第3（目的犯罪）・第4（対象犯罪）に掲げる罪　149

第2部 共謀罪の捜査と弁護

第1章 共謀罪の立証方法の特異性と捜査手法　　（小池振一郎）
1. 共謀罪の特異性 …………………………………………………… 160
2. 共謀罪立証方法の特異性 ………………………………………… 162
3. 捜査手法の変容 …………………………………………………… 164

第2章 共謀罪事案に関する弁護のポイント——初動段階から捜査機関に不当な証拠を作らせない活動を　　（加藤健次）
1. 共謀罪の違憲性を正面に ………………………………………… 169
2. 共謀罪事案における捜査と証拠構造 …………………………… 170
3. 初動と起訴前弁護の重要性 ……………………………………… 171
4. 無罪を勝ちとるための公判での弁護活動 ……………………… 172

第3部 共謀罪の問題点を徹底検証

第1章 共謀罪はテロ対策やTOC条約批准に必要だったのか——政府の「立法事実」説明の変遷から検討する　　（平岡秀夫）
1. 2017年1月の衆議院本会議での安倍総理答弁の問題 ………… 182
2. テロ防止のために共謀罪が必要なのか ………………………… 184
3. 共謀罪を創設しなければTOC条約を締結できないのか ……… 187

第2章 日本における捜査・監視の実態と共謀罪　　（加藤健次）
1. 警察の情報収集活動の全体像 …………………………………… 193
2. 実例が示す日常的な市民監視の実態 …………………………… 195
3. 共謀罪成立と警察活動の変容と規制の必要性 ………………… 198
4. 警察の監視活動への規制の必要性 ……………………………… 199

第3章 内心の自由・表現の自由と共謀罪　　（右崎正博）
1. 「表現の自由」及び「内心の自由」保障の意義 ………………… 202

2 共謀罪の構造と本質 203
3 想定されるいくつかの濫用事例 205
4 共謀罪に随伴するより深刻な問題——国民に対する監視の強化と密告の奨励 206
5 結論 208

第4章 共謀罪に関する罪刑法定主義上の問題点 （高山佳奈子）

1 はじめに 209
2 国連国際組織犯罪防止条約と憲法 209
3 抽象的危険犯に関する憲法解釈 210
4 共謀罪法の違憲性 214
5 手続的権利保障の欠如 215

第5章 成立過程も違法な共謀罪 （山田大輔）

1 共謀罪の成立過程 216
2 委員会制度の目的と中間報告、本会議審議の要件 217
3 共謀罪における必要性・緊急性の内容 217

第6章 国連特別報告者・人権条約機関から国際人権規約違反の指摘を受けた共謀罪
——カナタチ氏の日本政府に宛てた書簡を中心に （海渡雄一）

1 国際人権規約に違反する共謀罪 220
2 共謀罪の捜査はプライバシー侵害の危険性を高める 221
3 カナタチ氏の日本政府に宛てた書簡 221
4 政府は書簡に答えることなく、法を成立させた 222
5 カナタチ氏が示すプライバシー保護のためのセーフガード 223
6 日本で、どのような第三者機関を目指すべきか 226

第7章 アメリカ愛国者法と共謀罪 （鈴木亜英）

1 はじめに 228
2 愛国者法の成立と国内テロリズム 229
3 愛国者法に導入された共謀罪 230
4 共謀罪を取り込んだ愛国者法の人権侵害 230
5 愛国者法が支配する社会 232

第8章 イギリスの共謀罪・対テロ法と日本の共謀罪
——民衆弾圧と監視の手段 （清末愛砂）

1 共謀罪の発祥地イギリス 234

2 農民・労働者・労働組合弾圧の手段としての共謀罪
　──名誉棄損と営業制限の法理 ……………………………… 235
3 共謀罪と対テロ法のセット適用──その相乗効果 ……………… 235
4 2006年テロ法のテロ準備罪──イギリスを後追いする日本 …… 237
5 イギリスの経験から何を読み取るか ……………………………… 238

第4部 共謀罪反対運動の成果と今後の課題

第1章 共謀罪反対運動の経過と成果、今後の活動　　(米倉洋子)

1 過去三度廃案になった共謀罪法案 ………………………………… 244
2 第二次安倍政権の暴走に対抗する市民・野党共同の運動の形成 … 245
3 2016年8月の朝日新聞のスクープから始まった反対運動 ……… 246
4 2017年1月から3月21日の法案提出まで ……………………… 246
5 3月21日法案提出から5月23日の衆議院本会議での可決まで … 248
6 6月15日参議院本会議で「中間報告」により成立 ……………… 251
7 共謀罪の廃止をめざす新たな運動のはじまり …………………… 252

第2章 警察監視機関・国内人権機関の設置を　　(小池振一郎)

1 海外の警察監視機関 ……………………………………………… 254
2 警察監視機関・国内人権機関の設置を ………………………… 258

コラム

共謀罪は、即刻、廃止すべきだ！（桜井昌司）………………………… 177
スノーデンの告発から考える共謀罪（小笠原みどり）……………… 190
コンスピラシーと労働運動（徳住堅治）……………………………… 200
治安維持法と共謀罪（内田博文）……………………………………… 240

資料

共謀罪参考文献 ………………………………………………………… 262

共謀罪コンメンタール
（徹底解説と弁護実務）

山田大輔

―― 凡例（第１部）――

● **法令名**

組織犯罪処罰法＝組織的な犯罪の処罰及び犯罪収益の規制等に関する法律（平成11年8月18日法律第136号）

＊但し、適宜「法」あるいは「本法」とした。

共謀罪＝組織的な犯罪の処罰及び犯罪収益の規制等に関する法律第6条の2第1項及び第2項（テロリズム集団その他の組織的犯罪集団による実行準備行為を伴う重大犯罪遂行の計画）＝政府の呼称では「テロ等準備罪」

● **国会議事録の引用**

本文中あるいは注に、カギ括弧付きで国会議事録に掲載された答弁等を引用した場合、末尾に例えば【4月19日衆議院法務委員会（逢坂議員）】などとして出典を明らかにした。これは、2017年4月19日第193国会の衆議院法務委員会における逢坂誠二議員の質問に対する政府答弁であることを示す。2017年以外の議事録については「年」も記載した。

なお、筆者により省略する部分については「……」と表記した。

● **文献**

本文中に頻繁に参照される以下の文献はつぎのとおり略記する。

解説＝隄良行ほか「組織的な犯罪の処罰及び犯罪収益の規制等に関する法律等の一部を改正する法律について」法曹時報69巻11号（2017年）

＊組織犯罪処罰法改正案が成立した後に、法務省刑事局職員が作成した解説文書であり、法改正後の政府の公式文書である。

三法の解説＝三浦守ほか『組織的犯罪対策関連三法の解説』（法曹会、2001年）

＊1999年に成立した組織犯罪処罰法、犯罪捜査のための通信傍受に関する法律（略称：通信傍受法又は盗聴法）及び刑事訴訟法の一部を改正する法律について、法務省刑事局職員が作成した解説文書であり、政府の公式文書である。

第1章

共謀罪総論

第1　2017年の組織犯罪処罰法改正の内容

　組織的な犯罪の処罰及び犯罪収益の規制等に関する法律（以下、「組織犯罪処罰法」又は単に「法」という。）は、「組織的な犯罪が平穏かつ健全な社会生活を著しく害し、及び犯罪による収益がこの種の犯罪を助長するとともに、これを用いた事業活動への干渉が健全な経済活動に重大な悪影響を与えることに鑑み、<u>並びに国際的な組織犯罪の防止に関する国際連合条約を実施するため</u>、組織的に行われた殺人等の行為に対する処罰を強化し、犯罪による収益の隠匿及び収受並びにこれを用いた法人等の事業経営の支配を目的とする行為を処罰するとともに、犯罪による収益に係る没収及び追徴の特例等について定めることを目的とする（法1条）」法律である（下線は筆者）。

　2017年6月に成立した「組織的な犯罪の処罰及び犯罪収益の規制等に関する法律等の一部を改正する法律」は、本書で取り上げる法6条の2を新設することを最大の目的としている（なお、上記1条の下線部分は、今回の改正で加えられたものである。政府は共謀罪はTOC条約批准のために必要であることを強調するが、平岡論文〔本書182頁〕が述べるように、それは立法事実とは到底いえない）。

　法6条の2は、一定の犯罪（対象犯罪）について、組織的犯罪集団による計画及び準備行為（共謀行為）という予備以前の段階の行為を処罰する共謀罪を設置するものである。しかも、この対象犯罪は必ずしも重大な犯罪に限られず、その対象は少なくとも277にも及ぶ。

また、認知件数において一般刑法犯の80％以上が対象犯罪となっているとされる[*1]。

そのため、2017年の組織犯罪処罰法「改正」は、一般的に刑事法の犯罪の大多数について共謀罪を設置する一般法的意味を有しているといっても過言ではなく、その処罰範囲の拡大は極めて広範である。よって、この「改正」は、日本の刑事法の原則を大きく転換させるものであり、極めて重大な意味を有している。

したがって、本書では、主に組織犯罪処罰法６条の２の共謀罪に対する解説を行い、他の既存の組織犯罪処罰法の条文や2017年の改正により新設、改正された他の条文については、原則として、共謀罪の解説に必要な限度で説明をするものとする[*2]。

第２　法６条の２第１項、第２項の共謀罪の構成要件

１　組織犯罪処罰法の改正法

共謀罪は、組織犯罪処罰法の６条の２第１項及び第２項で規定されている。

2017年の組織犯罪処罰法の改正により、法６条の次に法６条の２を新設する方法で規定された。

改正前の組織犯罪処罰法は、２条で定義規定、３条で組織的犯罪の処罰について規定を置き、「組織的な犯罪」の法定刑を刑法犯等よりも重くすることで、組織的犯罪を抑止することを一つの目的としている。

法６条の２第１項及び第２項で新設された共謀罪も「組織的な犯罪」についての共謀を犯罪とするものであり、「組織的な犯罪」を対象とし、その抑止をするという考え方は、法３条と共通している。

そのため、法６条の２第１項及び第２で新設された共謀罪は、法２条の定義規定、法３条の組織的な犯罪の処罰規定を前提に作られており、共謀罪の構成要件における重要な定義は、法２条及び３条の条文に記載されている。

2　共謀罪の条文と関連規定

　法6条の2に規定する共謀罪の条文及びその関連する定義規定である法2条、法3条は、次の通りである。

（定義）
第2条1項　この法律において「団体」とは、共同の目的を有する多数人の継続的結合体であって、その目的又は意思を実現する行為の全部又は一部が組織（指揮命令に基づき、あらかじめ定められた任務の分担に従って構成員が一体として行動する人の結合体をいう。以下同じ。）により反復して行われるものをいう。

（組織的な殺人等）
第3条1項　次の各号に掲げる罪に当たる行為が、団体の活動（団体の意思決定に基づく行為であって、その効果又はこれによる利益が当該団体に帰属するものをいう。以下同じ。）として、当該罪に当たる行為を実行するための組織により行われたときは、その罪を犯した者は、当該各号に定める刑に処する。
（各号は略）

（テロリズム集団その他の組織的犯罪集団による実行準備行為を伴う重大犯罪遂行の計画）
第6条の2　次の各号に掲げる罪に当たる行為で、テロリズム集団その他の組織的犯罪集団（団体のうち、その結合関係の基礎としての共同の目的が別表第三に掲げる罪を実行することにあるものをいう。次項において同じ。）の団体の活動として、当該行為を実行するための組織により行われ

るものの遂行を二人以上で計画した者は、その計画をした者のいずれかによりその計画に基づき資金又は物品の手配、関係場所の下見その他の計画をした犯罪を実行するための準備行為が行われたときは、当該各号に定める刑に処する。ただし、実行に着手する前に自首した者は、その刑を減軽し、又は免除する。

　一　別表第四に掲げる罪のうち、死刑又は無期若しくは長期十年を超える懲役若しくは禁錮の刑が定められているもの　五年以下の懲役又は禁錮

　二　別表第四に掲げる罪のうち、長期四年以上十年以下の懲役又は禁錮の刑が定められているもの　二年以下の懲役又は禁錮

２　前項各号に掲げる罪に当たる行為で、テロリズム集団その他の組織的犯罪集団に不正権益を得させ、又はテロリズム集団その他の組織的犯罪集団の不正権益を維持し、若しくは拡大する目的で行われるものの遂行を二人以上で計画した者も、その計画をした者のいずれかによりその計画に基づき資金又は物品の手配、関係場所の下見その他の計画をした犯罪を実行するための準備行為が行われたときは、同項と同様とする。

３　別表第四に掲げる罪のうち告訴がなければ公訴を提起することができないものに係る前二項の罪は、告訴がなければ公訴を提起することができない。

４　第一項及び第二項の罪に係る事件についての刑事訴訟法（昭和二十三年法律第百三十一号）第百九十八条第一項の規定による取調べその他の捜査を行うに当たっては、その適正の確保に十分に配慮しなければならない。

3　法6条の2第1項の共謀罪の構成要件

　法6条の2第1項の共謀罪の構成要件は、法文に基づけば次の通りである。

① 二人以上で別表第四に（本書149頁）掲げる罪（「対象犯罪」と呼ばれる。）に当たる行為の遂行を計画すること
② ①の計画の内容としての行為が、「組織的犯罪集団」の団体の活動として、当該犯罪行為を実行するための組織により行われるものであること
③ その計画をした者のいずれかによりその計画に基づき犯罪を実行するための準備行為が行われたこと

である。

上記③の準備行為については、文言上、処罰条件（立法者が処罰範囲の明確化ないし限定の見地から処罰のために要求する条件で、それに関し故意・過失が不要とされるもの）とも思えるが、構成要件（立法者が犯罪として法律上規定した行為の類型）とされる。

すなわち、共謀罪の審議過程において、林刑事局長は、「テロ等準備罪の構成要件におきましては、組織的犯罪集団という存在がございます、それから計画行為がございます、それから実行準備行為がございます。これが三つ合わさって犯罪が成立するわけでございま（す）」【5月30日参議院法務委員会（有田委員）】と述べ、明確に準備行為は構成要件であるとした。

罪刑法定主義（憲法31条）により、立法府が構成要件（刑罰の要件と内容）を定めなければならないことからすれば、国会で「構成要件」として審議され、成立した以上、準備行為は構成要件として法適用されるべきである。

4 法6条の2第2項の共謀罪の構成要件

法6条の2第2項の共謀罪の構成要件は、法文に基づけば次の通りである。
① 二人以上で別表第四（本書149頁）に掲げる罪（「対象犯罪」と呼ばれる。）に当たる行為の遂行を計画すること
② ①の計画の内容としての行為が、「組織的犯罪集団」に不正権益を得させ、又はテロリズム集団その他の組織的犯罪集団の不正権益を維持し、若しくは拡大する目的で行われるものであること

③　その計画をした者のいずれかによりその計画に基づき犯罪を実行するための準備行為が行われたこと

である。

上記③の準備行為は構成要件として法適用されることは、法6条の2第1項と同じである。

5　刑罰

共謀罪の法定刑は、次の通りである。

計画の内容である犯罪の法定刑が、死刑又は無期若しくは長期10年を超える懲役若しくは禁錮の刑の場合には、共謀罪の法定刑は5年以下の懲役又は禁錮となる。

また、計画の内容である犯罪の法定刑が、長期4年以上10年以下の懲役又は禁錮の刑の場合には、共謀罪の法定刑は2年以下の懲役又は禁錮となる。

6　以下の構成の説明

本章では、法6条の2第1項及び第2項の共謀罪の総論的事項について解説を行う。

第2章では、法6条の2第1項の共謀罪の構成要件に対する解説を行う。

第3章では、法6条の2第2項の共謀罪の構成要件に対する解説を行う。

第4章では、法6条の2第1項及び第2項に共通する論点として第3項、4項の解説及び、刑法総論的論点について解説を行う。

第5章では、特に重要な改正内容として法7条の2（証人等買収罪）に対する解説を行う。

第3 「共謀罪」という呼称

　そもそも共謀罪法案は、2003年、2004年、2005年、政府によって国会に提出された。立法形式としては、組織犯罪処罰法の一部改正法案として国会に提出されたが、罪名は、当初の法案提出当時から、法文上使われていた「共謀」を用いて「共謀罪」と呼ばれていた。

　しかしながら、2017年に国会に提出された「組織的な犯罪の処罰及び犯罪収益の規制等に関する法律等の一部を改正する法律案」で新設される法6条の2の罪は、「共謀」という文言ではなく、「計画」という文言が使われ、「組織的犯罪集団」という文言と「準備行為」が付け加えられた。また、条文によると「テロリズム集団その他の組織的犯罪集団による実行準備行為を伴う重大犯罪遂行の計画」という罪名とされた。

　しかも、この罪名（「重大犯罪遂行の計画」）について、政府は、「テロ等準備罪」という呼び方をした。

　それは、テロ行為（大規模な殺人や爆発を起こすような行為など）等を準備したことをもって犯罪とするからであると説明された。[*3]

　しかしながら、この「テロ等準備罪」は、詐欺、窃盗、所得税法違反、薬物犯罪、著作権法違反など、様々な「テロ行為」以外の罪も対象としている。

　また、「テロ等準備罪」の条文の文言と、過去の共謀罪の文言にはほとんど違いはなく、ただ「共謀」を「計画」と言い換え、「組織的犯罪集団」という呼称を加えただけである。[*4]さらに、今回の法案で新たに付け加えられた「準備行為」は、何ら本質的要素ではないにもかかわらず、あたかも「テロを準備する」犯罪であるかのような印象を与える。

　法6条の2の罪は、「テロリズム集団その他の組織的犯罪集団による実行準備行為を伴う重大犯罪遂行の計画」という罪名とされたのであるから、仮に条文を略すとしても、「テロ等計画罪」であろう。

　「テロ等準備罪」は、過去の「共謀罪」と何ら違いはなく、政府が「テロ等準備罪」と呼称するのは、この法案が過去に国民の強い批判を受けて三度も廃

案となった「共謀罪」であるという本質を隠すためであり、国民をミスリードするためであったという他ない。しかし、反対運動においてはもちろん、ほとんどのメディアも、「テロ等準備罪」の本質を見抜き、「テロ等準備罪」というよりも、「共謀罪」と呼んだ。したがって、本書でも「テロ等準備罪」ではなく、「共謀罪」という呼称を使う。

第4　共謀罪の立法事実

第3部第1章平岡論文（本書182頁）で論じるとおりである。

第5　保護法益

共謀罪には、独自の保護法益があるわけではなく、あくまでも対象犯罪により保護されている法益が保護法益である。それ以上に社会的法益や国家的法益を保護するものではない。

林刑事局長は「テロ等準備罪は犯罪の実行の着手前の行為を処罰するものでありまして、固有の保護法益はなく、専ら計画をした犯罪により保護される法益の保護に資するものでございます。」【5月30日参議院法務員会（糸数委員）】と述べており、政府も同様の解釈をしている。（**解説**113頁）

第6　共謀罪と憲法31条

1　適正手続の保障

(1)　憲法31条の適用

共謀罪は刑罰の要件と内容を定める法律であり、憲法31条の適用を受ける。憲法31条は、次のように定める。

「何人も、法律の定める手続によらなければ、その生命もしくは自由を奪われ、

又はその他の刑罰を科せられない。」

　この規定は、「適正手続の保障」と呼ばれているが、手続の法定とその内容の適正、実体の法定とその内容の適正を要求していると解されている（多数説。野中俊彦・中村睦男・高橋和之・高見勝利『憲法Ⅰ（第5版）』〔有斐閣、2012年〕408頁〜412頁）。

(2) 手続の法定

　手続の法定とは、「生命もしくは自由を奪(い)」、「又はその他の刑罰を科(す)」手続、すなわち刑事手続を、法律（国会によって制定される法律）で定めなければならないということである。

(3) 手続の適正

　手続の適正とは、法律で定められた手続が、適正でなければならないという意味である。具体的な例としては、憲法32条以下の保障を満たすものでなければならない。

(4) 実体の法定

　実体の法定とは、犯罪・刑罰の要件を法律で定めなければならないという意味である。

　手続の適正と実体の法定の保障から、法律で定められた犯罪の構成要件は明確でなければなければならない（構成要件の明確性）。[*5]

(5) 実体の適正
ア　実体の適正とは

　実体の適正とは、犯罪・刑罰の要件の定めが、適正でなければならないという意味である。

　このように、憲法が実体の適正を保障していることから、刑罰法規は、次の点が求められる。

　① 罪刑の均衡

② 刑罰の謙抑主義

イ 刑法の目的、違法性論

罪刑の均衡、刑罰の謙抑主義を考える際には、刑法の処罰根拠、すなわち、そもそも、刑法が何のために刑罰という強力な制裁によって、一定の行為を処罰するのかを考える必要がある。

それは、犯罪が生命、身体、財産などの客観的な法益侵害という犯罪結果もしくは、結果発生の危険性を生じさせるものだからである（法益侵害説。西田典之『刑法総論（第2版）』〔法律学講座双書、有斐閣、2011年〕30頁、31頁）。

したがって、違法性の実質も、法益侵害とその危険性にあると考えられている（同127頁）。

ウ 罪刑の均衡

犯罪に対する刑罰は、当該犯罪行為に照らして相当な刑罰でなければならない。

刑法の目的が法益侵害の危険性を抑止することにあることからすれば、原則として、犯罪により侵害された法益の大きさ、もしくはその危険性の程度に応じて、刑罰の程度は適当なものでなければならないというべきである。

犯罪行為と刑罰の均衡については、ある犯罪だけを見てもその相当性が判断しづらいが、刑事法の他の犯罪と刑罰の関係が、その指標となるのは明らかである。

他の犯罪類型と比較しつつ、法益侵害の結果、危険性の程度から、罪刑の均衡は検討されるべきである。

エ 刑罰の謙抑主義

刑罰という制裁は強力であるから、本当に刑罰をもって抑止する必要がある行為か否かを慎重に判断しなければならない。刑罰をもって抑止する必要がなければ、その行為を犯罪としない。これが「刑罰の謙抑性（補充性）」である。

すなわち、その処罰範囲において当罰的でないものを含む場合には、憲法31条が定める刑罰法規の適正さに欠け、憲法に違反するのである[*6]（過度の広汎性ゆえの憲法違反。前掲・西田『刑法総論（第2版）』59頁）。

2　適正手続の保障と共謀罪

　共謀罪法は、現行の刑事法と比較して、次の点に特色がある。

　まず、法6条の2第1項及び第2項で、それぞれ277（数え方によっては300以上）、合計600にも及ぶ犯罪について、一律に予備以前の計画及び準備行為段階での処罰を可能にすることである。

　対象犯罪は、長期4年以上の懲役、禁固以上の罪の犯罪であり、現行刑事法において多数の犯罪が対象となっていることからすれば、組織犯罪処罰法改正法は、現行刑法の総則として、既遂、未遂、予備の前段階としての計画・準備行為を犯罪として創設するものと言っても過言ではない。

　共謀罪により、共謀罪制定前は予備罪や未遂罪がない犯罪についても、共謀及び準備行為の段階で処罰されることになるものも多くある。

　実際、共謀及び準備行為の段階で、処罰に値するほどの法益侵害の危険性がある行為がどの程度存在するのか、疑問が残る。

　また、共謀罪の法定刑は、5年以下の懲役（死刑又は無期若しくは長期10年を超える懲役若しくは禁錮の刑が定められた犯罪の計画・準備行為に対して）または2年以下の懲役（長期4年以上10年以下の懲役又は禁錮の刑が定められた犯罪の計画・準備行為に対して）であり、決して軽い刑罰とは言えない。

　共謀罪が保護しようと考える法益侵害について、共謀罪の危険性の程度が実行行為を伴う対象犯罪ほどには大きくないことからすれば、認知件数において一般刑法犯の約80％もの犯罪について、計画及び準備行為の段階で処罰する共謀罪は、従来の刑事法の制度、罪刑の程度に照らし、罪刑の均衡が保たれていないのではないか、また、過度に広範な処罰であり、刑法の謙抑性に反しているのではないかという点で、憲法31条に違反している疑いがある。

　そのような共謀罪が、計画及び準備行為を犯罪化する理由について、政府は組織的犯罪集団が関与して別表第四の犯罪の計画行為に加えて実行準備行為が行われた場合には、犯罪の実行可能性、結果の重大性の観点から、特に悪質で

違法性が高く、未然防止の必要性が高いからであると説明している。

　そうであるならば、共謀罪の要件は相当に限定されるはずである。

　それは、単に共謀罪の文言からそのように解釈されるべきということにとどまらず、組織的犯罪集団、計画その他の要件を相当に限定し、共謀罪の対象となる行為を限定し、万が一にも一般人に共謀罪が適用されることがないようにしなければ、罪刑の均衡の観点及び謙抑性の観点からして、憲法違反の可能性が高くなるからである。

　したがって、後述の政府答弁による解釈は、単に立法者である政府の解釈、すなわち、立法趣旨・立法者意思として、捜査実務、裁判の参考になるということにとどまらず、共謀罪を被疑事実とする捜査、刑事司法手続、共謀罪による処罰が憲法違反とならないよう、解釈の厳格さを維持するために最低限守られなければならないものである。

第2章

法6条の2第1項の共謀罪

第1 組織的犯罪集団の意義

1 「テロリズム集団その他の組織的犯罪集団」の意義

◎ポイント

「テロリズム集団その他の」という限定は、一般の団体を共謀罪の対象とならないよう限定する趣旨である。

(1) 「テロリズム」の定義

法6条の2第1項は、「テロリズム集団その他の組織的犯罪集団」と規定している。

ところが、組織犯罪処罰法には「テロリズム集団」の定義規定は存在しない。

「テロリズム」には、国際的にも国内的にも普遍的な定義はないが、「特定秘密の保護に関する法律」12条2項1号や、「国会議事堂、内閣総理大臣官邸その他の国の重要な施設等、外国公館等及び原子力事業所の周辺地域の上空における小型無人機等の飛行の禁止に関する法律」6条1項では、「テロリズム」とは、「政治上その他の主義主張に基づき、国家若しくは他人にこれを強要し、又は社会に不安若しくは恐怖を与える目的で人を殺傷し、又は重要な施設その他の物を破壊するための活動をいう」と定義されている。

したがって、組織犯罪処罰法でも、同じ定義で解釈されることになろう。

(2) 「テロリズム集団その他」の意味

この「テロリズム集団その他」は「組織的犯罪集団」の例示であるが、この例示は、「組織的犯罪集団」が「テロリズム集団」と同等の危険性を有する団体に限定され、一般の人が共謀罪の対象とならないことを明確にする趣旨であり、その意味で、単なる例示ではなく、捜査機関に対し、一般の人々が組織する団体が組織的犯罪集団に該当しないことを確認する趣旨も含むと解するべきである。

金田法務大臣が「改正後の組織的犯罪処罰法第六条の二の『テロリズム集団その他の』というのは組織的犯罪集団の例示となります。これがある場合とない場合とで、犯罪の成立範囲が異なることはありませんが、いかなる集団が組織的犯罪集団に該当するのかをよりわかりやすくし、本罪の対象を明確にして、一般の方々がテロ等準備罪の対象とならないことを明確にするものであって、そのような観点から、『テロリズム集団その他の』という文言は必要であると考えております。」【4月19日衆議院法務委員会（逢坂委員）】、「テロリズム集団について、テロ等準備罪の組織的犯罪集団の典型としてわかりやすいものとして例示をしております。」【4月28日衆議院法務委員会（緒方委員）】と述べており、組織的犯罪集団の典型例がテロリズム集団であって、「テロリズム集団その他の」との例示があることをもって一般の人が組織的犯罪集団に該当しないことを明言している。

もっとも、後述のとおり（第3部第1章平岡論文〔本書182頁〕）、共謀罪の立法事実であるとされる国際組織犯罪防止条約では、政治的、宗教的テロリズムを除外することが明らかにされており、共謀罪においてテロリズム集団を典型例とするという説明は共謀罪が一般人にも適用される危険性を有していることを隠し、国民の批判をかわすためであったという背景にも留意しておく必要がある。

(3) 「テロリズム集団」以外の例

組織的犯罪集団の「テロリズム集団」以外の例としては、安倍内閣総理大臣が、「テロリズム集団、暴力団、薬物密売組織など、違法行為を目的とする団体に限られ、一般の方々がこれらと関わり合いを持つことは考え難く、組織的犯罪集団に関与しているとの嫌疑が生じることは考えられない。」【5月8日衆議院予算委員会（逢坂委員）】と繰り返し答弁している。[*7]

2　団体（法2条1項）

◎ポイント

・「組織的犯罪集団」に該当するためには、「団体」に該当しなければならない。
・団体と認められるためには、①共同の目的、②継続的結合体（社会的独立性）、③組織性の要件を満たす必要がある。

(1) 団体

組織的犯罪集団とは、「団体のうち、その結合関係の基礎としての共同の目的が別表第三（本部末尾〔149頁〕に掲載）に掲げる罪を実行することにあるものをいう」とされている（法6条の2第1項）。

そのため、組織的犯罪集団であるためには、まず、「団体」でなければならない。

団体の定義は、法2条1項に規定されており、これによれば「団体」とは、
① 共同の目的を有する多数人の継続的結合体であって、
② その目的又は意思を実現する行為の全部又は一部が組織（指揮命令に基づき、あらかじめ定められた任務の分担に従って構成員が一体として行動する人の結合体をいう。以下同じ。）により反復して行われるものをいう

とされている（番号は筆者）。

そこで、以下、まず「団体」の要件について論じる。

(2) 「共同の目的を有する多数人の継続的結合体」
ア 定義
政府は、「共同の目的を有する多数人の継続的結合体」とは、「**共同の目的を持って２人以上の者が結合している集団であって、その構成員の一部の変更が当該集団の同一性に影響を及ぼさないだけの継続性を有するもの**」であるとし、「**構成員あるいはその単なる集合体とは別個独立した社会的存在としての実態を有するものをいう**（太字は筆者。以下同じ）。そのため、継続性を有しない一時的な集団は『団体』には該当せず、ひいては、『組織的犯罪集団』にも該当しない」とする（**解説**116頁）。

この解釈は、2017年の組織犯罪処罰法改正前から採られていた解釈であり、極めて重要である。

イ 「継続的結合体」──独立した社会的存在
この「継続的結合体」という要件に関し、林刑事局長は、ＳＮＳで知り合った５人の人がネット上で５回連絡を取り合って犯罪の計画を立て、実行準備行為をした場合について、「今のご指摘の場合においては、通常は、その構成員でありますとか、あるいは、その単なる集合体とは別個独立した社会的存在としての実態を有すると認められるだけの継続性を有するものとは認められませんので、……団体の要件を満たしません。」【６月１日参議院法務委員会（佐々木委員）】と述べている。

このように、「継続的結合体」という要件は、「団体」が、団体の構成員や、団体の構成員の集合体とは別個独立した社会的存在としての実態を有することを必要とする趣旨である。

すなわち、共謀罪が成立するためには、単なる共犯では足りず、その集団が、集まった個人とは別個の社会的存在といえなければならないということである。

ウ 「継続的結合体」に該当するかどうか
(ア) 人数があまりに少ない集団
「継続的結合体」とは、「構成員の一部の変更が当該集団の同一性に影響を及

ぼさない」といえることが必要であるところ、**集団の人数があまりに少ないときは、構成員の変更が集団の同一性に影響を及ぼすため、継続的結合体という要件を欠くことになる。**

たとえば、2人だけの集団では、構成員の1人が脱退した場合に、もはや1人しか残存せず、集団とすら言えない。3人だけの集団でも、そのうち1人が抜ければ、残された構成員は2人だけになり、集まった個人と別個の社会的存在と言えるほどの継続性がないことが多いであろう。

そのため、2人や3人だけの集団では、団体と認められることは難しいといえる。

林刑事局長は「仮に二人という団体が存在しうるのかということで言えば、多数人の継続的結合体というものが、例えば一人がその団体から抜けた場合に、……その団体というものが存在が維持できるのかどうか、継続するのかどうかという観点で考えられますので、二人だけの団体というものは想定しがたい」【4月28日衆議院法務委員会（井出委員）】とか、「三人という非常に少数の団体が継続的な結合体といえるためには、メンバーが仮に構成が変わっても、……団体としての独立した社会的存在としての実態が存在し続けるといった性格がないとこれは継続的結合体とは言えませんので、この三人だけで組織されたグループというものについて、継続的な結合体としての団体にあたると……いう認定は困難な場合が多い」【6月8日参議院法務委員会（東委員）】と述べている。

ただし、前述（18頁）の**解説**が用いる定義によれば、団体とは「2人以上の者が結合している集団」とされており、3人の団体を認定するのは困難な場合が多いとする答弁と齟齬があるように見えるが、いずれにしろ、2〜3人程度の集団では継続的結合体としての団体とはいえないことになろう。

(イ) **一定数以上の人数の集団**

もっとも、一定以上の人数になった場合、その集団が「団体」といえるかどうかは個別の事実認定の問題である。単なる共謀では足りないものとして「団体」要件を課しているのであるから、その趣旨に従って解釈は厳格にされるべきである。

これに関し、林刑事局長は、前述（18頁）のとおり、SNSで知り合った5人の人がネット上で5回連絡を取り合って犯罪の計画を立てたような場合でも、継続的結合体とは言えないとしている。また、後述（45頁）のとおり、具体的に例を挙げ、団体が別個独立した存在といえるかを判断している。

　個別の事実認定の問題ではあるが、これらの政府答弁は、人数にとらわれず団体の「継続性」の要件をある程度厳格に解釈したものであり、実際の共謀罪の適用場面においても、同様に厳格に解釈されなければならない。

(3) 「共同の目的」

「共同の目的」とは、「結合体の構成員が共通して有し、その達成又は保持のために構成員が結合している目的」をいう。

　これは、2017年の法改正以前からの解釈であり、最高裁平成27年9月15日判決の判例解説でもこの定義に言及していることから[*8]、最高裁も同じ定義を採用しているものと解される。

　この「共同の目的」は、組織的犯罪集団の定義のうち、「結合関係の基礎としての共同の目的」と同義であるとされており、詳細は後述（26頁以下）する。

(4) 「組織」（指揮命令・任務分担）

ア　意義

　法2条1項は「団体」の定義として、「その目的又は意思を実現する行為の全部又は一部が組織（指揮命令に基づき、あらかじめ定められた任務の分担に従って構成員が一体として行動する人の結合体をいう。）により反復して行われるもの」との要件を置いている。

　この「組織」とは、政府解釈によれば、「当該団体の目的又は意思を実現する行為の全部または一部が、組織に属する複数の自然人が指揮命令関係に基づいてそれぞれあらかじめ定められた役割分担に従い一体として行動するという形態で反復して行われるという性質を有しているもの」である（解説117頁）。

　したがって、構成員間に指揮命令関係がない集団や、あらかじめ定められた任務の分担がない集団は、「組織」には該当せず、したがって「団体」にも該

当しない。

解説も同様に解釈している（解説117頁）。

イ　人数が少ない場合と「組織」の要件

「組織」の要件は、指揮命令関係や役割分担を必要とするため、この要件を満たすには一人では足りず、複数人数が必要になることは明らかである。

この点に関し、林刑事局長は、「団体の構成員の数につきましては、……その数があまりに少ないときには、構成員の変更が集団の同一性に影響を及ぼすことになるため、継続的結合体という要件を欠くとともに、その活動が組織により行われるという要件を欠くことから、通常、団体には当たらないと考えられます。」【5月30日参議院法務委員会（小川委員）】と答弁している。

これは、前述（18頁）のとおり、2人や3人だけの集団では「団体」の要件としての「継続的結合体」とは認められないため「団体」に該当しないことに加え、人数が少ない場合に、指揮命令関係やあらかじめ定められた任務の分担という要件を欠くことが通常だからであると政府が考えているからであると思われる。

しかし、人数が2、3人であっても、論理的には、その間に上下関係があって指揮命令系統が存在し、かつ、任務分担もあることはあり得ることである。この点については、政府が前述のとおり「人数があまりに少ないときは、組織により行われるという要件を欠くことから、通常、団体には当たらない」と答弁していることを根拠に、「通常」は2～3人の組織はあり得ないことを、具体的な共謀罪法の適用の場面において、論じることになるであろう。

ウ　団体・組織性（指揮命令と任務分担）に関する裁判例

裁判例では、次のような団体について「組織」要件を認めている。

(ア)　最高裁平成27年9月15日判決（刑集69巻6号721頁）

この事件は被告人らが、破たん状態で返済能力等がないのに、預託金等を集める行為を継続したリゾート会員権販売会社の営業活動が、法3条1項[*9]の組織的詐欺罪にあたるとされた事件である。

【事実関係】第一審判決によると、事実関係は、おおむね次の通りである。なお、被告人や当時者の呼称は、筆者が略し、適宜A、Bなどと表記した。

被告人Ｘは、Ａ社（会員権システムを運営する会社）の全株式を実質的に保有し、Ａ社をはじめとするＢホテルグループの実質的なオーナーとして、Ｂホテルグループの業務全般を統括し、Ｂホテルグループの経営方針について強い決定権を有していた。被告人Ｘは、Ａ社の業務に関する指揮命令の頂点に対し、相被告人Ｙや役員、従業員らに指示内容を伝えたり、「通達」という名称で文書を作成させ、関係する役員や従業員に配布したりして、その指示を徹底していた。また、被告人ＸはＢホテルグループの会員制リゾートクラブ「Ｃクラブ」の預託金が入金されている口座について、その運用や使途を自ら決定し、経理担当者である従業員らに対し、出金を指示していた。

　相被告人Ｙは、被告人Ｘから会員権販売の営業を依頼されたため、平成17年5月から、ＢホテルグループのホテルI運営会社であるＤ社に入社し、営業員の営業の指導をするなど、会員権販売の営業部門の統括責任者として営業業務全般を統括し、事実上「会長」と呼ばれていた。また、相被告人Ｙは、被告人Ｘからその営業能力を高く評価されていたことから、会員権販売に関する相談を受け、被告人Ｘと協議して決定していた。そして、相被告人Ｙは、平成19年6月にＡ社の代表取締役に就任した。Ａ社は、Ｃクラブの会員権システムを運営する会社として設立され、被告人Ｘの指揮命令に基づき、相被告人Ｙが統括する営業部門の営業員やテレホンアポインターらが、会員を勧誘して、会員権を販売していたが、遅くとも平成21年9月の時点においては、いわば自転車操業の状態に陥り、実質的に破たん状態にあったのに、5年後に確実に預託金等を返還できるなどと嘘を言って、会員権を販売したりコースのグレードアップをさせたりして、多額の預託金を支払わせるなどしていた。

　そして、上告審である平成27年9月15日最高裁決定（刑集69巻6号721頁）は、次のように判示している。

　【判示】「組織的犯罪処罰法において『団体』とは、共同の目的を有する多数人の継続的結合体であって、その目的又は意思を実現する行為の全部又は一部が組織により反復して行われるものをいう（同法2条1項）。リゾート会員権の販売等を目的とする会社であって、相被告人Ｙをはじめとする役員及び従業員（営業員、電話勧誘員ら）によって構成される組織により営業活動を行うＡ

社が『団体』に当たることについては疑問の余地がない。」

「そうすると、問題は、上記行為が、『詐欺罪に当たる行為を実行するための組織により行われた』ものかどうか、すなわち、詐欺罪に当たる行為を実行することを目的として成り立っている組織により行われたといえるかどうかに尽きることになる。原判決の認定によれば、被告人Xはもとより、Yを始めとするAの主要な構成員にあっては、遅くとも平成21年9月上旬の時点で、A社が実質的な破綻状態にあり、集めた預託金等を返還する能力がないことを認識したにもかかわらず、それ以降も、上記ア記載の組織による営業活動として、Bクラブの施設利用預託金及び施設利用料の名目で金銭を集める行為を継続したというのである。上記時点以降、上記営業活動は、客観的にはすべて『人を欺いて財物を交付』せる行為に当たることとなるから、そのような行為を実行することを目的として成り立っている上記組織は、『詐欺罪に当たる行為を実行するための組織』に当たることになったというべきである。上記組織が、元々は詐欺罪に当たる行為を実行するための組織でなかったからといって、また、上記組織の中に詐欺行為に加担している認識のない営業員や電話勧誘員がいたからといって、別異に解すべき理由はない。」

この判例では、**会社において、Xの指揮命令のもと、Yをはじめとする会社の主要な構成員がテレフォンアポインターや営業員という役割分担に従って活動していたということから「組織」の要件が認められている。**

(イ) その他の裁判例

その他、組織性の要件に関して、同様の判断をした裁判例として、平成22年11月17日東京高等裁判所判決(東京高等裁判所判決時報刑事61巻1〜12号287頁。貴金属スポット保証金取引の保証金名目で顧客から現金をだまし取った事案)、平成21年10月20日東京高等裁判所判決(高等裁判所刑事判例集62巻4号1頁。店舗に回胴式遊技機を設置し、従業員を用いて常習賭博をしていた事案)がある。

(ウ) 小括

このように、組織性要件を満たす典型例は、会社など、統括者がおり、その統括者が指揮命令を行い、営業部門、経理部門など、あらかじめ定められた役

割の分担にしたがって、従業員全体として、団体の目的を実現する行為が反復継続されるような場合である。

この「組織」の要件が欠けるとして、団体の要件を否定した裁判例はないようである。

エ 指揮命令要件等を満たさない例──サークルなど

この指揮命令要件に関し、林刑事局長が「**一般に、サークルと呼ばれる集団につきましては、構成員の間に指揮命令関係やあらかじめ定められた任務の分担がなく、したがって、この指揮命令に基づき任務の分担に従って行動する組織による団体の活動が行われないことから、団体の定義のうち、その目的又は意思を実現する行為の全部又は一部が組織により反復して行われるものには該当しない**」【6月8日参議院法務委員会（山口委員）】と答弁していることは重要である。同様に、同窓会についても、指揮命令要件を否定する答弁をしている[*10]。

理論的に言えば、同窓会やサークルでも、サークルの取りまとめ役（リーダー、サークル長）がおり、その指揮命令に基づき、入金された金員の管理を行う会計担当者、財政活動を行う担当者、広報活動を行う広報担当者、新入会員の指導担当など、あらかじめ定められた任務の分担に従って活動を行うことはありうることであり、このようなサークルは決して特異なものではなく、一般的なものであろう。

したがって、同窓会やサークルにも組織性、団体性が認められる恐れがあるが、この政府答弁は、一般人に共謀罪を適用される危険性があるのではないかという世論の厳しい批判に押されて、なされたという背景がある。したがって、一般人には共謀罪が適用されないという立法趣旨を踏まえ、この政府答弁を根拠に、同窓会やサークルについては、指揮命令関係を欠き「組織」とは認められないとして、共謀罪を適用することはできないという限定解釈がなされるべきである。

3 組織的犯罪集団（法6条の2第1項）

> ◎ポイント
>
> 組織的犯罪集団と認められるためには、当該集団の構成員が継続的に結集している共同の目的（当該目的がなければ脱退するというほどの目的）が、別表第三に掲げる罪に該当する行為にあるといえなければならない。

(1) 組織的犯罪集団の定義

組織的犯罪集団とは、「団体のうち、その結合関係の基礎としての共同の目的が別表第三に掲げる罪（目的犯罪）を実行することにあるもの」をいう（法6条の2第1項）。

団体の定義は前述したとおりであるから、以下では、「その結合関係の基礎としての共同の目的が別表第三に掲げる罪（目的犯罪）を実行することにあるもの」の意義について論じる。

(2) 「結合関係の基礎としての共同の目的」と「共同の目的」は同義

政府は、「結合関係の基礎としての共同の目的」は、法第2条第1項の「共同の目的」と同義であるとする（**解説**117頁）。

同義でありながら、異なる表現を用いている理由について、政府は、**犯罪集団ではない通常の団体が適用対象になるのではないかという懸念、不安、批判があったため、そのような批判を払しょくするために、共同の目的を犯罪実行の目的に限定しているということを明確したからである**と説明する[*11]。

法2条1項の「団体」の要件としての「共同の目的」の定義は、(3)以下で詳述するとおり、共謀罪成立以前から、判例によって厳格に解釈されてきた。

したがって、法6条の2第1項の「結合関係の基礎としての共同の目的」を

法2条1項の「共同の目的」と同義に解することは、共謀罪の要件としての「組織的犯罪集団」についても厳格に解釈すべきことを意味する。

(3) 「結合関係の基礎としての共同の目的」
ア　その目的がなければ構成員が離れていくような目的

前述のとおり、「結合関係の基礎としての共同の目的」は「共同の目的」と同義である。

そして、「共同の目的」とは、「結合体の構成員が共通して有し、その達成又は保持のために構成員が結合している目的」である。これは、前述（21頁）のリゾート会員権の事件における最高裁判例解説でも言及されており、最高裁判決も同様の定義を採っているものと思われる。

組織的犯罪集団であるためには、この目的が別表第三に掲げる罪を実行するものでなければならない。

「共通」の意義は、「二つまたはそれ以上のものの、どれにも通ずること。あてはまること」（広辞苑）というものであるから、**「構成員が共通して有し」とは、すべての構成員が有しているということである。**

また、「結合」とは「結び合うこと。結び合わせて一つにすること。その結びつき」（広辞苑）であるから、**「構成員が結合している目的」とは、構成員が、その団体で結びつき、活動する目的である。**

したがって、「その達成または保持のために構成員が結合している目的」とは、その目的を達成すること、またはその目的を有することが、構成員がその団体を作って結びつき、活動するための目的となっているような目的である。

そうすると、**「結合関係の基礎としての共同の目的が別表第三に掲げる罪を実行するもの」とは、当該団体の構成員全員にとって、別表第三の犯罪を実行するという目的が、その団体で結びついている理由となっている、すなわち、その目的がなければその団体で結びつく理由はなく、その団体を辞めるという目的、であることが必要である。**

林刑事局長は「結合関係の基礎としての共同の目的というものは、それは、その構成員が共通して有し、その達成または保持のために構成員が結合してい

る目的をいいますので、その目的がなければ、結合するということにならない、あるいはその構成員がそこから離れていく、そのような関係になるものであるという意味」【4月21日衆議院法務委員会（枝野委員）】と述べ、同様に解釈している。

イ　継続的な目的

　林刑事局長は、「共同の目的」の前に「結合関係の基礎」という文言を加えている趣旨を問われ、「平成十八年四月二十一日に提出されました、当時、与党の修正案におきましては、適用対象団体について、その共同の目的が、長期四年以上の懲役、禁錮等の刑が定められている犯罪を実行することにある団体とされていた……が、これに対して、構成員の継続的な結合関係を基礎づけている根本の目的という意味を……明確にすべきであるというような指摘がなされたことなども踏まえまして、同年五月十九日に提出された与党の再修正案では、「結合関係の基礎としての共同の目的」という文言を用いてその適用対象となる組織的な犯罪集団の定義を明文化したもの（であり）、……今回の法案も、このような経緯、当時の経緯も踏まえたものでございます。」【4月21日衆議院法務委員会（藤原委員）】と述べている。*12

　また、同じく林刑事局長は、「組織的犯罪集団というのは継続的な結合体でございますので、そのときの犯罪実行の共同の目的というものは1回限りで認定されるものではございませんので、そういった共同の目的は、継続的な結合体として、継続性のあるものとしてその団体を維持する場合の**共同の目的、それが結合関係の基礎として犯罪実行にある、別表第三に掲げる重大な犯罪の実行にある、こういうことが言えなければならない**」【4月19日衆議院法務委員会（枝野委員）と答弁している。

　このように、政府は、「結合関係の基礎としての共同の目的」は、「構成員の継続的な結合関係を基礎づけている根本の目的」であると解釈している。

　これは、「団体」と「組織的犯罪集団」の定義から導かれた解釈である。

　すなわち、「団体」は「共同の目的を有する多数人の継続的結合体」である必要があり、かつ、組織的犯罪集団は、「団体のうち、その結合関係の基礎と

しての共同の目的が別表第三に掲げる罪を実行することにあるものをいう」から、「その結合関係の基礎としての共同の目的」とは、「多数人の継続的結合体である団体の結合関係の基礎としての共同の目的」である。

したがって、**「結合関係の基礎としての共同の目的」は、継続的結合体の継続的な結合関係を基礎づけている目的、すなわち一時的な目的では足りず、継続的な目的である必要がある**ということである。

「団体」及び「組織的犯罪集団」の定義からすれば、この解釈は適切であり、このように解釈されなければならない。

ウ 「目的」と「手段」の関係
(ア) 唯一の目的が別表第三に掲げる罪に当たる行為である場合

共謀罪が成立するためには、結合関係の基礎としての共同の目的は別表第三に掲げる罪を実行するものでなければならない。

この共同の目的が別表第三の犯罪を実行することにあるといえる場合として、団体がそもそも別表第三の犯罪を実行すること自体を目的としている場合が考えられる。

たとえば、航空機爆破をすることのみを目的として集まった団体や、振り込め詐欺を目的とする団体などである。

このような場合、他に目的がなく、唯一の目的が別表第三に掲げる罪を実行するものにあるといえる。したがって、その団体の構成員が、その目的がなければ結合しない、もしくは脱退するというような継続的な結合を基礎づける目的であるといえ、「その結合関係の基礎としての共同の目的が、別表第三に掲げる罪を実行するもの」にあたるといえる。

(イ) 手段が別表第三に掲げる罪に当たる行為である場合

しかし、犯罪を行う集団であっても、犯罪それ自体を目的とする団体はほとんどなく、他の目的の手段として別表第三の犯罪を実行するという団体が多数であろう。たとえば、政府が共謀罪の対象となる典型例であるとする、いわゆるテロリストのように、特定の主義主張の正当性を訴える手段として、殺人や誘拐、無差別な爆破などを手段とするような場合である。

このように、他に目的があり、その目的を達成する手段の一つが別表第三の

犯罪であるような場合に、その結合関係の基礎としての共同の目的が別表第三に掲げる犯罪にあるといえるためには、その手段としての犯罪が共同の目的となっていなければならない。

すなわち、必ずその手段を用いて目的を達成するのでなければ、当該団体で結合しない、もしくは脱退するというように、その手段が共同の目的と一体化していなければならない。

林刑事局長は、「さまざまな結合している目的というのは諸団体においてございますけれども、その団体における目的、例えばそれを実現するための手段につきましても、特定の手段によってその目的の実現を目指しているような場合、こういった場合には、その手段のみをそれから分離することはできないわけでございますので、一体として共同の目的になるものと考えております。」【4月21日衆議院法務委員会（枝野委員）】と答弁したり、「例えば、マンションの反対というものが共同の目的だという場合であっても、……業務妨害という形での構成要件に当たるような行為を、それを手段として、必ずその手段でなければマンション反対の運動をしない、活動をしない、そういうことでなければ、やはりそれは、犯罪の実行が共同の目的になっているというわけではないわけでございます。」【5月19日衆議院法務委員会（枝野委員）】と答弁したりしており、同様に解釈している（**解説**117頁）。

また、林刑事局長は、宗教団体の教祖が殺人を命じた場合について、「一つには、組織的犯罪集団と認めるためには、まず共同の目的が犯罪実行の目的、……で集合している、そういった継続的集合体が、多数人の結合、集合体があるということが前提になりますので、そういった教祖がそのようなことを言ったことによって、その宗教教義と……犯罪実行というものが不可分に結び付いたような共同の目的が形成されたかどうか、そのためにその構成員が集まっているかどうか、こういったことが問題になろうかと思います。」と答弁し、犯罪実行という手段が宗教教義という目的に不可分に（すなわち、「一体として」）結びついているかどうかが要件となることを述べている。[*13]

エ 「主たる目的」と「従たる目的」

「共同の目的」に関連して、林刑事局長は、「主たる目的あるいは従たる目的、

こういうふうなものが仮に併存するとしたときに、今回の結合関係の基礎の共同の目的という場合に、少なくとも従たる目的のものが結合関係の基礎となることはない」【4月19日衆議院法務委員会（枝野委員）】と答弁している。[*14]

　つまり、共同の目的というためには、団体の主たる目的である必要がある（必要条件ではある）が、主たる目的であれば、常に共同の目的と認定されるわけではない。少なくとも従たる目的が結合関係の基礎としての共同の目的となることはないということである。

　結合関係の基礎としての共同の目的とは、団体の継続的な目的であり、当該目的がなければ構成員が結合しない、もしくは脱退するというような目的でなければならない。したがって、この定義から言えば、共同の目的は、少なくとも団体の主たる目的でなければならず、団体の目的が複数ある場合に、従たる目的は共同の目的には当たらないことになる。

　共謀罪の条文から、当然に上記のような限定的な解釈が読み取れるかどうかは疑問なしとしない。ドイツ刑法では、参加罪[*15]について、明文をもって主たる目的と従たる目的を峻別し、主たる目的の場合のみを罰しているが、日本の共謀罪にはそのように適用範囲を限定する文言はないからである。しかし、政府が、国会において繰り返し、「従たる目的が結合関係の基礎となることはない」と答弁することにより、共謀罪が「正当な目的」で結成された一般市民の団体の活動に及ぶことはないと強調した以上、答弁のとおりに解釈されなければならない。

　したがって、後述（69頁）するが、合唱サークルにおける楽譜のコピー（著作権法違反）、会社における脱税（所得税法違反）等については、「目的」の面からも、共謀罪の成立は否定される。

　オ　裁判例
　(ア)　**裁判例との整合性**
　前述の最高裁判例（平成27年9月15日）は「リゾート会員権の販売等を目的とする会社であって、相被告人Yを始めとする役員及び従業員（営業員、電話勧誘員ら）によって構成される組織により営業活動を行うA社が「団体」に当たる」旨の判示をしている。

すなわち、正常な営業を行ってきた通常の会社が経営難から詐欺行為を行うようになったというA社では、詐欺罪について認識していなかった構成員もおり、A社は「詐欺罪に当たる行為を実行しないのであれば、その会社から抜ける」という団体ではない。にもかかわらず、A社は、組織的犯罪処罰法が適用される「団体」であると認定された。つまり、構成員が共通して有していない目的を「共同の目的」と認定しているようにも思える。この判決と共同の目的の上記解釈との整合性が問題となる。

(イ)　**裁判例の解釈**

　この判決は、A社全体を団体と認定しているが、この判決は、殺人や詐欺等の刑法犯が組織的に行われた場合に刑法の法定刑を加重する法3条1項の罪についての判断である。

　法第3条1項は、「次の各号に掲げる罪に当たる行為が、団体の活動（団体の意思決定に基づく行為であって、その効果又はこれによる利益が当該団体に帰属するものをいう。以下同じ。）として、当該罪に当たる行為を実行するための組織により行われたときは、その罪を犯した者は、当該各号に定める刑に処する。」と規定しており、団体の共同の目的は、犯罪目的である必要はない。この点が、共謀罪を定めた法6条の2第1項との決定的な違いである。

　そのため、この判決においては、A社の共同の目的は、詐欺行為ではなく、「営利活動」にあると解釈しており、A社の構成員は、この「営利活動」という目的を共同の目的としていると認定している。

　上記最高裁判決の最高裁判例解説（68巻8号2128頁）は、次のように述べ、同様に解釈している。

　「まず、本件会社が『団体』に当たることについてである。『団体』の意義については、組織的犯罪処罰法2条1項に定義規定があり、「共同の目的を有する多数人の継続的結合体であって、その目的又は意思を実現する行為の全部又は一部が組織（指揮命令に基づき、あらかじめ定められた任務の分担に従って構成員が一体として行動する人の結合体をいう。）により反復して行われるもの」をいうとされている。上記定義において、『共同の目的』とは、結合体の構成員が共通して有し、その達成または保持のために構成員が結合している目

的をいい、その目的自体が違法・不当なものであることは必要とされていない。**会社は、営利活動によって利益を得ることを共同の目的とする多数人の継続的結合体であって、その目的を実現する行為が組織により反復して行われるものの典型といえ、本件会社も例外とすべき事情はない。**」とし、本件会社の目的を「営利活動によって利益を得ること」としている。

　したがって、この判決は、構成員全員について当該目的がなければ団体に結合しない、もしくは脱退するというような目的でなくとも組織犯罪処罰法6条の2の組織的犯罪集団の「共同の目的」であると認定できるという解釈をしたものではなく、上記「共同の目的」の解釈に相反する判断をした判例とはいえない。

　カ　「結合関係の基礎としての共同の目的」がなければならない時期
　(ア)　時期を論ずる意味
　「結合関係の基礎としての共同の目的」が、いつの時点でなければならないか、すなわち、いつの時点において「組織的犯罪集団」が存在しなければならないかが問題となる。

　共謀罪は「計画すること」及び「準備行為」が構成要件的行為であるから、その「計画」「準備行為」の時点において、「組織的犯罪集団」の有無が問題となる。

　決して、「計画行為」や「準備行為」と離れて「組織的犯罪集団」の有無は認定されないし、計画行為や準備行為がなく「組織的犯罪集団」にあたる存在があったとしても、その集団が存在すること自体は犯罪ではないから、共謀罪の捜査はできない。

　金田法務大臣は、「具体的な事案において、ある団体が組織的犯罪集団に該当するか否かは、当該事案の時点において、当該団体の活動実態等を総合的に考慮し、構成員の結合の目的が一定の重大な犯罪等を実行することにあるか否かにより判断をすることとなります。」【5月29日参議院本会議（真山委員）】と答弁しており、同様の解釈を採っている。

　そこで、条文上、計画行為の時点と準備行為の時点のどの段階で、「組織的犯罪集団」が存在することが必要であるかが問題となる。

(イ) 計画行為の時点

計画行為の時点では、組織的犯罪集団は実在している必要があると解される。

すなわち、「計画」とは、「組織的犯罪集団の団体の活動として、当該行為を実行するための組織により行われるものの遂行を二人以上で計画」することであるから、計画時点で組織的犯罪集団が存在しないのであれば、組織的犯罪集団の団体の活動として行われる犯罪を計画することはできないからである。

(ウ) 準備行為の時点

では、準備行為の時点では、組織的犯罪集団が存在することは必要であろうか。

これについても、**準備行為の時点でも、組織的犯罪集団が存在することが必要であると解するべきである。**

準備行為は「その計画に基づき」行われる必要があるところ、「その計画」とは、組織的犯罪集団の団体の活動として行われる犯罪の計画であるから、準備行為の時点で組織的犯罪集団が存在しなければ、組織的犯罪集団の団体の活動として行われる犯罪の計画に基づいた準備行為とは言えないからである。

したがって、計画の時点で組織的犯罪集団が存在していたが、当該団体が、準備行為の時点で組織的犯罪集団の要件を満たさなくなっていたような場合には、「計画に基づ（く）」準備行為がなく、共謀罪は成立しない。

(エ) 政府の解釈

林刑事局長は、「その組織的犯罪集団というのを認定する時点というのは、当該計画行為、実行準備行為が行われた時点において組織的犯罪集団になっているかどうかが要件でございます。」と、計画行為及び準備行為の両時点において組織的犯罪集団の要件を満たすことが必要であることを述べており、同様の解釈を採っている。

(4) **組織的犯罪集団の共同の目的の事実認定**

ア 組織的犯罪集団の共同の目的の認定と考慮要素

(ア) 政府の考え方

団体の共同の目的が別表第三に掲げる罪を実行するものにあるか否かは、一

見して明らかな要件ではないから、**社会通念に照らし、諸般の事情を総合的に判断される**。これは、他の一般的な犯罪構成要件と同様である。

その判断要素について、金田法務大臣は「ある団体が組織的犯罪集団に該当するか否かというのは、当該団体が標榜している目的や構成員らの主張する目的のみによって判断するのではなくて、当該団体の活動実態等を総合的に考慮し、構成員の結合の目的が一定の**重大な犯罪等**を実行することにあるか否かにより判断する」【６月５日参議院決算委員会（仁比委員）】[*16] と述べている。

また、林刑事局長は、「このある団体について、この結合関係の基礎としての共同の目的が何であるか、この認定の問題でございますが、これは特定の活動をしていたか否かだけで判断されるものではなくて、継続的な結合体全体としての活動実態等から見て、客観的に何が構成員の結合関係の基礎になっているかどうか、なっているかについて社会通念によって認定されるべきものであります。」【６月８日参議院法務委員会（東委員）】と述べている。

すなわち、**当該団体が標榜している目的や構成員らが主張している目的及び、当該団体の継続的な活動実態等が考慮要素になる**とされている。

(イ) 共同の目的の考慮要素

団体の目的は当該団体が決めることであるから、当該団体が標榜している目的や、構成員が主張している目的が考慮要素となるのは当然である。

また、前述（27頁）のとおり、結合関係の基礎としての共同の目的は、継続的な共同の目的でなければならないから、当該団体のそれまでの活動実態等が考慮されなければならないことも相当である。

したがって、団体の結合関係の基礎としての共同の目的が別表第三に掲げる罪を実行するものにあるか否かは、当該団体が標榜している目的や構成員らが主張している目的及び、当該団体の継続的な活動実態等を総合的に考慮し、社会通念に照らして判断されるべきである。

イ　**考慮要素の具体的な認定と政府答弁**

(ア) **団体が標榜する目的、構成員が主張する目的**

結合関係の基礎としての共同の目的の認定について、政府は当該団体の標榜する目的及び構成員が主張している目的という要素について、重要な意義を認

めている。

　たとえば、「マンション建設の反対運動の人たち、基地建設反対運動、環境を破壊する何とか開発を阻止しようという市民運動のそれぞれの共同の目的は何か」と問われ、林刑事局長は、「まさしく委員が今御指摘、質問の中で言われたことが共同の目的であります。マンションの建設反対、あるいは環境保護とか、そういったものが共同の目的になろうかと思います。」【5月15日衆議院法務委員会（枝野委員）】と答弁している。

　これは、当該団体が標榜する目的や構成員が主張している目的をもって、当該団体の共同の目的の有無を判断しているということである。

　このように、団体の目的というのは、当該団体や構成員が決めるものであるから、当該団体が標榜する目的や構成員が主張する目的は、共同の目的を認定するうえで重要な意義を有するのである。

　(イ)　**当該団体の継続的な活動実態**

　当該団体の計画、準備行為までの継続的な活動実態は、当該団体の共同の目的を認定するうえで重要な要素となる。

　当該団体や構成員が、ある目的を共同の目的であると主張していた場合に、それが実際に共同の目的であるかということの裏付け、ないし反証となるのが、活動実態等だからである。

　例えば、構成員らが、当該団体の目的は「環境保全」にあると主張し、実際の活動実態も、環境保全のための学習会や募金活動などを行ってきたという経過であれば、仮に当該団体の構成員が、デモの途中に威力業務妨害にあたるような行為をしたとしても、威力業務妨害行為が当該団体の共同の目的と認定することはできない。

　他方で、当該団体が継続的に振り込め詐欺を行っており、その他の活動は基本的に行っていないということであれば、当該団体の構成員が、演劇を目的としたサークルであるなどと述べたとしても、当該団体の共同の目的は振り込め詐欺にあたるということが言える。

　(ウ)　**過去の活動実態**

　このように、過去の活動実態等も、当該団体の結合関係の基礎としての共同

の目的を認定するにあたって重要な要素であり、特に、過去に継続的に別表第三に掲げる罪を実行してきたという経過があり、その他の活動を行っていなかったということであれば、当該団体の結合関係の基礎としての共同の目的が別表第三に掲げる罪を実行するものにあるという認定をする上では重要な間接事実になるであろう。

　(エ)　**証拠による認定**

　そして、当該団体が標榜する目的、構成員が主張する目的、活動実態等（犯罪歴を含む）は最終的には裁判で認定されることであるから、適法な証拠により認定されなければならない。

　これに関し、林刑事局長は、「組織的犯罪集団かどうかを判断する際に、過去に犯罪を行っていたかにつきましては、刑事裁判を経て確定した犯罪でなければそれを考慮できないというわけではございません。例えば、何らかの理由で立件されなかった事実あるいは起訴猶予とされた事実、こういった事実を考慮することもあり得ると考えます。ただし、この点につきましては、例えば、刑事裁判において過去に当該団体が団体の活動として組織により犯罪を行った事実があるということが認定されるためには、当該テロ等準備罪の裁判の中で刑事訴訟法が定める適式の証拠調べを経た証拠によってその事実、存在が認定される必要があると考えます。」【5月30日参議院法務委員会（東委員）】と答弁している。

　(オ)　**過去の犯罪事実**

　また、当該団体が過去に別表第三に掲げる罪を行っていたからと言って、当然に当該団体の結合関係の基礎としての共同の目的が別表第三に掲げる罪を実行するものにあるということにはならないことに注意すべきである。

　前述のとおり（26、27頁）、「結合関係の基礎としての共同の目的」は、継続的な目的であり、結合体の構成員が共通して有し、その達成または保持のために構成員が結合している目的でなければならないから、過去に複数回犯罪を行ったとしても、当然にその犯罪を行うことが上記の意義における共同の目的になっているということではないからである。

　林刑事局長は、「当該団体が過去に団体の活動として組織により犯罪を行っ

ていたか否か、これについては重要な考慮要素になることは御指摘のとおりでございます。ただ、当該団体が過去に団体の活動として組織により複数回犯罪を行っていたことが、直ちにそれで当該団体の、かつ結合関係の基礎としての共同の目的となるとまでは言えないということも考えられます」【5月30日参議院法務委員会（東委員）】と答弁しており、同様の解釈を採っている。

ウ　正当な活動を行っていた団体が組織的犯罪集団に一変した場合

(ア)　組織的犯罪集団に一変する可能性

政府は、当初は、「正当な活動を行っていた団体がたまたま一回だけ犯罪を行ったことで組織的犯罪集団と認められるようなことはあり得ない」[*17]【1月30日参議院予算委員会（福山委員）】と述べるなど、一般の団体について共謀罪を適用することを否定していた。

しかし、その後、金田法務大臣は、「もともと正当な活動を行っていた団体についても、団体の結合の目的が犯罪を実行することにある団体に一変したと認められる場合には組織的犯罪集団に当たり得ることがあるとするのが適当である、このように考えております。」【2月17日衆議院予算委員会（山尾委員）】と述べ、正当な活動を行っていた団体でも、共謀罪を適用する可能性を認めた。

これは、政府が一般の団体にも共謀罪を適用する意思を有することを認めるもので、十分に警戒しなければならない。

(イ)　正当な活動は有力な消極的事情

もっとも、上記のとおり、「結合関係の基礎としての共同の目的」の認定においては、当該団体の継続的な活動実態等が総合的に考慮されるから、もともと正当な活動を行っていた団体については、活動実態として正当な活動を行っていたという経緯を無視することはできない。

すなわち、正当な活動を行っていたということは、当該団体の継続的な結合関係の基礎としての共同の目的が、別表第三に掲げる罪にあたるものでないことを強く推認する事情である。

林刑事局長は、「**もともと正当な活動を行っていたということは、結合関係の基礎としての共同の目的が別表第三の犯罪の実行にあると認定するうえでは、有力な消極的事情になる。**」[*18]【4月14日衆議院法務委員会（國重委員）】と答弁

しており、政府も同様の解釈を採っている。

　(ウ)　**組織的犯罪集団に変わる要件**

❶政府の解釈

　正当な活動を行っていたということは、共同の目的が別表第三に掲げる罪に当たる行為にあるということを認定するための、有力な消極的事情となる。したがって、そのような消極的事情があるにもかかわらず、共同の目的が別表第三に掲げる罪にあるというためには、さらにそれを覆す有力な積極事由がなければならない。

　これに関し、安倍内閣総理大臣は、「もともと正当な活動を行っていた団体については、通常団体の意思決定に基づいて犯罪行為を反復継続するようになるなどの状態にならない限り、組織的犯罪集団に該当すると認められることは想定しがたい」【２月27日衆議院予算委員会（山尾委員）】と答弁した。

　また、林刑事局長は、「かつて……犯罪実行の目的でなかった団体が組織的犯罪集団になっているという、これを認定するために、また立証するためには、……かつて犯罪を繰り返してもいないような団体がそのように組織的犯罪集団であるという認定をするためには、何らかの組織の目的を変えるという内部での行為であるとか、あるいはそのことについての意思統一をする行為でありますとか、あるいはそのために組織構造を変えますというような内部的な組織的な行為、こういうものがあって初めてその団体の性質が変わるということでございますので、そういったことが認められなければ、なかなかそういった認定はできない……」【４月21日衆議院法務委員会（枝野委員）】と答弁している。[*19]

❷政府解釈に従って、共謀罪が適用されるべきであること

　まとめると、政府は、**もともと正当な活動を行っていた団体を組織的犯罪集団と認定するためには、①組織の目的を変えるという内部行為や意思統一、組織構造を変えるというような内部的な組織的行為があったとか、②団体の意思決定に基づいて別表第三の犯罪行為を反復継続するようになるなどして、共同の目的が犯罪を実行することにある団体に一変したと認められるような状況に至らない限り、結合関係の基礎としての共同の目的が別表第三の犯罪を実行することにあるとは認められない**」と解している。

以上の政府の解釈は正当である。

上記❶については、それまで正当な活動を行っていたということは、それまで、当該団体の共同の目的が、別表第三に掲げる罪に当たる行為になかったということである。したがって、当該団体の共同の目的が別表第三に掲げる罪に「一変した」というためには、当該団体の共同の目的が変更されたと認定できなければならない。

そして、共同の目的は、当該団体や構成員が決めるものであるから、共同の目的が変更されたというためには、当該団体の共同の目的を変更する内部行為や、意思統一、組織構造を変えるような内部的な組織行為が必要である。したがって、政府の解釈は適当である。

また、上記❷についても、結合関係の基礎としての共同の目的は団体の継続的な目的である必要があるのだから、団体の意思決定に基づいて別表第三の犯罪行為を反復継続するようになれば「組織的犯罪集団に一変した」といえるのであり、この解釈も適当なものである。

ところで、この❶と❷は、いずれか一方があればよいのか、それとも、両方とも備えなければならないのかという問題がある。

上記のように、❶は、共同の目的を変えたこと、❷は変わった後の共同の目的が継続的な目的であること、をそれぞれ認定するための要件であるから、❶と❷が両方満たした場合に、はじめて、組織的犯罪集団と認定できると解するべきである。

継続性の要件との関係で言えば、犯罪行為を反復継続していなくても、反復継続をする意思があるのであれば、❷の要件を満たすと解釈する余地はあると思われるが、安倍総理大臣が上記の通り答弁している以上、❶と❷の両方を満たすことが必要であると解釈するべきである。

エ　正当な活動の認定

なお、「正当な活動」とは、誰がどのような基準で判断するのかという問題がある。

例えば、政治的立場によっては、基地建設反対運動、マンション建設反対運

動、安保法制成立阻止運動等が、正当な活動ではないという「認定」もありうるかもしれない。

　しかし、結合関係の基礎としての共同の目的は、別表第三に掲げる罪に当たる行為にあるか、そうでないのかということが問題になるのであるから、その活動が、別表第三に掲げる罪を行うことを目的としていない場合には、その活動は正当な活動とされなければならない。

　捜査当局による恣意的な判断が許されないのは当然のことである。

　オ　一般の集団に対して共謀罪を適用するおそれ
　　――環境保護・人権保護が「隠れみの」である可能性を表明

　政府は、金田法務大臣などが、「一般の方々がテロ等準備罪に関する捜査、調査あるいは検討の対象となることはない」【5月19日　衆議院法務委員会(逢坂議員)】などと繰り返し述べ、一般人が共謀罪の疑いをかけられることを否定し続けてきた。

　しかし、その後、金田法務大臣は、「対外的には環境保護や人権保護を標榜していたとしても、それが言わば隠れみのであって、実態において、構成員の結合関係の基礎としての共同の目的が一定の重大な犯罪等を実行することにある団体と認められるような場合には組織的犯罪集団と認められ、その構成員はテロ等準備罪で処罰され得ることになります。我々は、テロ等準備罪との関係においては、一般の方々とは、組織的犯罪集団と関わりがない方々という意味で用いておりまして、対外的には環境保護や人権保護を標榜しているものの、実態は組織的犯罪集団と認められる団体の構成員は一般の方々とは言えないことは当然であると考えております。」【5月29日参議院本会議（古川俊治議員)[20]】と答弁するに至った。

　これは、共謀罪が一般市民の集団に適用される危険性を認めた答弁である。

　国会で法務大臣や刑事局長が共謀罪の要件についていかに厳格な解釈を述べたとしても、一般市民に共謀罪が適用される危険性は、やはりあると考えなければならない。捜査機関が、環境保護や人権保護が「隠れみの」に過ぎないのではないかとの観点で、これまで以上に市民団体に対する監視と情報収集を強める可能性があることは否定できない。

しかし、すでに述べた通り、共謀罪の要件は限定して解釈されなければますます憲法違反の疑いが濃厚になる。だからこそ政府は、世論の批判をかわして共謀罪法案を成立させるため、国会で厳格な解釈を述べ、一般人が共謀罪に関する捜査、調査、検討の対象となることはない旨の答弁を繰り返して、憲法違反の疑いを払拭しようとしたのである。

共謀罪は、限定的な解釈をすれば、一般市民に適用されることは簡単ではない。

安易に広範な解釈をし、共謀罪で摘発するための情報収集や捜査などを進めることは重大な憲法違反である。一般市民に共謀罪が適用された場合には、共謀罪に基づく捜査活動及び処罰の憲法違反性を強く主張し、共謀罪の適用を排除しなければならない。

⑸ 「結合関係の基礎としての共同の目的」の要件を満たすために、違法性の認識が必要であること

組織的犯罪集団とは「結合関係の基礎としての共同の目的が別表第三に掲げる罪を実行することにあるもの」であるが（法6条の2第1項）、「別表第三に掲げる罪を実行する」目的があるというためには、その罪（目的犯罪）を実行する行為が違法であることまで認識している必要があるか、それとも違法性の認識までは不要で、単に行為そのものの実行を目的としていれば「目的」としては十分なのか、という問題がある。

具体的には、例えば、他人の著作物の一部を著者に無断でコピーして配布する行為を共同の目的としている団体がある場合に、その行為が著作権法違反であること又は法律上許されない行為であることを認識していなければ「結合関係の基礎としての共同の目的」とはなり得ないのか、それとも無断でコピーして配布するという行為そのものを認識してさえいれば「共同の目的」が認められるのか、という問題である。

この問題は、犯罪の成立要件としての「故意」に違法性の意識が必要かどうかという論点とは意味が異なる。故意犯が成立するためには違法性の意識は不要とするのが判例・通説である。その意味では共謀罪そのものも同様であり、

「計画」の主観的要素としては違法性の意識は不要である。しかし、ここで問題とするのは、あくまでも組織的犯罪集団の要件としての「結合関係の基礎」としての「目的」の内容である。

この点について、林刑事局長は、「仮に、構成員らが客観的に犯罪に該当する行為を反復継続しているが、当該行為が違法であることを知れば、あるいは違法性の意識がなかった者が違法であることを知るに至ればそのまま結合し続ける……ことがないと言えるような場合になりますと、当該団体の結合関係の基礎としての目的において、犯罪を実行することにあるとは言えない、このように考えられる場合もございます。」と述べ、違法性の意識の問題は、結合関係の基礎としての共同目的が犯罪の実行にあったかどうかの認定にあたり、「かなり大きなファクターを占めてくる」【4月21日衆議院法務委員会(枝野委員)】と述べている。

すなわち、「結合関係の基礎としての共同の目的」が別表第三に掲げる罪を実行するものといえるためには、当該行為が違法であると認識したとしてもなお、その行為を実行するという「共同の目的」を持ち続けたといえる必要があるということであり、この意味で、政府は、違法性の認識を「結合関係の基礎としての共同の目的」の認定において重要な要素ととらえていると言える。[*21]

上記政府の解釈は適切である。

共謀罪が「組織的犯罪集団」という要件を設けた最大の趣旨は、一般人に共謀罪が適用されないようにすることであるとされている。そして、ある行為が違法であることを認識していれば、一般人は当該行為をすることをためらい、まして違法行為を行なうことを共通の目的として集うことなどないのが通常である。したがって、そうした規範的障害を越えて、違法行為、犯罪行為を実行することを共同の目的として結集しているような団体だけを「組織的犯罪集団」と認め、その団体の活動として別表第四の犯罪の実行を計画した者に限って共謀罪の成立を認めることが、「組織的犯罪集団」の要件を置いた趣旨に合致する。

したがって、「結合関係の基礎としての共同の目的」が別表第三の罪に当た

る行為であるというためには、団体の構成員が当該行為の違法性を認識していたことが必要である。

例えば、他人の著作物を著者に無断で配布する行為が共同の目的になっている集団において、その行為が著作権法違反の罪に該当すること、少なくとも違法な行為であることを構成員が共通して認識していなければ、その集団は組織的犯罪集団には該当しないということになる。

こうした解釈は、一般人に共謀罪の適用をしないという政府が繰り返し言明した趣旨からも導かれるものであるから、厳格に解釈されなければならない。

(6) 「団体」の中の「団体」が組織的犯罪集団となるか
ア 「団体」の中の「団体」の認定の可否

ある団体の中に、他の団体があると認定できるかは重要な問題である。

具体的には、ある団体（団体Aとする）について、その構成員全員が共謀罪の対象犯罪の実行を目的としているわけでないため組織的犯罪集団の要件を満たさないが、団体Aの構成員の一部は対象犯罪の実行を共同の目的としているという場合において、その一部の構成員の集団を「団体」（団体Bとする）と認め、団体Bについては組織的犯罪集団の要件を満たすとして、共謀罪を適用できるかという問題である。

正確には「団体」の要件における論点ではあるが、組織的犯罪集団の成否に関わるので、ここで論じる。

イ 団体の認定

前述のとおり、**団体は、「継続的な結合体」であり、集まった個人とは別個独立の社会的存在でなければならない**（なお、本項では、その余の要件については、満たしていることを前提とする）。

「社会的存在」とは、社会的にも一個の存在として認められるような存在という意味になるであろう。典型例は、法人や法人格なき社団といえるような場合である。

もちろん、犯罪の構成要件であるから、権利義務の主体となれるかどうかという観点により要件が決まっている法人や法人格なき社団などとは要件は異な

る。

　しかし、**単なる共犯と異なり、「団体」という概念を用いて、犯罪の処罰範囲を限定している以上は、社会的に一個の存在として認められるか否かは厳格に認定されるべき**である。

　社会的に一個の存在として認められるか否かという観点では、グループに名称があることは、当該グループが社会的に一個の存在と認める積極的な間接事実となるであろう。

　また、名称がなくても、振り込め詐欺グループや、薬物密売組織など、一つの目的に向かって、一定の人数が集まり、そのグループ単位で活動が継続されていることは、一個の社会的存在と認める積極的な要素となると思われる。

　　ウ　「団体」の中の「団体」

　　(ア)　条文上、「団体」の中の「団体」は認められること

　条文上、「団体」要件に特に限定がないため、ある団体（団体Ａ）の中に、団体Ａとは別に「団体」（団体Ｂ）があると認定することは、理論上は否定されない。

　もちろん、団体Ａ及び団体Ｂのいずれについても、「団体」の要件を満たすことが必要であることは言うまでもない。

　林刑事局長は、「団体の中に組織的犯罪集団があり得るということでありました。そのことはそのとおりだと思います。」と述べ、その大集団の中の部分集団たる組織的犯罪集団にも、この二条の要件はかぶるということでいいですねという質問に対し、「それはかぶります。なぜならば、第二条で、まず団体の定義を置いております。そして、団体の定義は『以下同じ。』という形で二条に書いてございます。それを受けて、六条の二は、組織的犯罪集団という用語を掲げた中で、その次の括弧の中で『団体のうち、』とございますので、二条における団体の定義が六条の二の中に入っているという理解でございます。」【５月12日衆議院法務委員会（枝野委員）】と答弁しており、肯定している（**解説**118頁）。[22]

　　(イ)　「団体」の中の「団体」の認定

　もっとも、現実的に、団体Ａの中に団体Ｂがあるという認定ができるかは厳

格に解されるべきである。

　問題になりうるのは、団体Aのうち、一部構成員のみを取り出して、当該一部構成員の集団をもって団体Bと認定することができるかということである。

　前述の通り、団体とは社会的に一個の存在として認められる必要があるのだから、通常は、団体Aの一部構成員の集団が、団体Aとは別に団体Bと認められることはほとんどなく、「団体」要件を満たすことは考えにくい。一部構成員の集団が、団体Aとは別に社会的に一個の存在として認められることは考えにくいからである。

　団体Aの一部構成員の集団が、対外的にも、「団体」といえる場合としては、一部構成員の集団が、一定の名前をもって、独立して活動している場合などである。たとえば、A社の子会社であるB社があり、B社の構成員は、A社の構成員でもあるような場合や、A団体の地方支部であるB支部があり、B支部の構成員はA団体にも所属しており、B支部はA団体とは独立して活動しているような場合である。

　他方で、例えば、Bを含むAが社会的に一個の単位の存在として認められており、Bがその中の一部署にすぎず、社会的に、BがAから独立した存在とは認められないような場合は、Bは社会的に一個の存在とはいえず、団体とは認められない。

　　エ　政府答弁
　この点に関し、政府答弁として、次の答弁がある。
　㋐　**会社とその中のプロジェクトチーム**
　林刑事局長は、「会社というだけではなくて、その中にある組織としてのプロジェクトチーム、……これについては、……それ自体が独立の会社から独立した団体という形で認められる必要があるわけでございますが、こうした、会社の組織のために、その中でプロジェクトチームというものが設けられているということにつきますれば、これはそのプロジェクトチーム自体が独立の団体と認める余地はない、こう考えております。」【6月2日衆議院法務委員会（階委員）】と、会社の中のプロジェクトチームは独立した団体とは認められない旨を答弁している。

これは、会社のプロジェクトチームが、社会的に一個の存在としての実態がないからである。

(イ) **学校法人とその理事長等**

林刑事局長は、団体の中の一部、例えば学校法人だったら理事、理事長、副理事長を構成員とする場合、その一部だけが組織的犯罪集団に該当することがあり得るのか、と問われて、「団体の内部の集団でありましても、この団体とその内部の集団との指揮命令関係、あるいは集団の位置付けや構成、またその集団の活動の実情や、その活動によって当該団体が享受する利益、こういった利益、効果とか利益の帰属関係などを考慮して、この団体の内部の集団自体がその外側にある団体とは別個独立した社会的存在であって、独立の団体であると認められることもこれはあり得ると考えておりますけれども、そのためにはこういった別個独立した社会存在であるということが認められなければなりません。例えば、今委員御指摘のような理事とか理事会というようなものについては、これはあくまでもその外側、当該法人と別個独立の存在とは考え難いものですから、それ自体を別個独立の団体として捉えて組織的犯罪集団であるというふうに認定することは困難であろうかと思います。」【6月8日参議院法務委員会（東委員）】と答弁し、学校の理事とか理事会は、当該法人と別個独立の存在とは考え難いと答弁している。

同様に、株式会社の役員会や役員も、当該株式会社と別個独立の存在とは考え難いであろう。

このように、政府答弁も、団体の中の団体が別個独立の存在に該当するかどうかについて、限定的に解釈している。

「団体の中の団体」を安易に認めると、容易に「組織的犯罪集団の団体の活動として」との共謀罪の要件を充足してしまい、本来ならば犯罪の実行がなされてから共同正犯として処罰されるべき事案が、話し合いをしただけの段階で共謀罪として広範に処罰されることになり、極めて問題である。したがって、団体概念を厳格に解釈する政府答弁は適切であり、共謀罪の運用においては、このように解釈されるべきである。

⑺　「結合関係の基礎としての共同の目的」の認識がない構成員

ア　「共同の目的」の認識がない構成員についての二つの解釈

「結合関係の基礎としての共同の目的」とは、結合体の構成員が共通して有し、その達成または保持のために結合している目的である。

しかし、団体の中には、共同の目的を有していない構成員がいることは十分想定される。

この場合に、当該目的が、構成員全員が共通して有しているとは言えない、すなわち「共同の目的」とは言えないと解釈し、その団体が組織的犯罪集団とは認められないとするのは一つの素直な解釈論であり、十分に成り立つものである。

なぜなら、「団体」は客観的に存在しており、その団体の構成員か否かは、名簿、活動実態などにより、共同の目的の有無とは関係がなく、客観的に判断でき、その上で、構成員の全員に共通する目的があるか否かを検討できるからである。

しかし、林刑事局長は、「結合の目的というものを認識していない者というものについては、組織的犯罪集団の構成員ということにはならないと考えております。」【4月21日衆議院法務委員会（枝野委員）】と答弁し、共同の目的を有していない者は、組織的犯罪集団の構成員とはならないとしている。要するに、共同の目的を有している者だけで構成される組織的犯罪集団を認めようとする見解である。

この解釈も、一つの解釈論として成り立ちうる。政府は、団体の構成員とは、当該団体の共同の目的を有する者をいう（団体とその構成員を結ぶものが、「共同の目的」）と解していると思われ、このように解するのであれば、共同の目的を有していない者は、構成員ではないからである。政府がこのような立場を採るのは、団体の規模が大きくなればなるほど、結果発生の危険性は高まるという見解もありうるところ、いわゆる幽霊部員のような、実働していない構成員がいる場合に、組織的犯罪集団と認定できなくなる可能性が高まり、共謀罪により一定の行為を犯罪として当該行為を規制するという趣旨を全うできなくなるからである。

しかし、この解釈は、次の点で非論理的である。

共同の目的とは、「結合体の構成員が共通して有し、その達成又は保持のために構成員が結合している目的」であり、結合体の構成員の目的が何かという検討をして認定するということにならざるをえない。しかし、同時に、共同の目的を有している人が構成員であると解するのであれば、トートロジーにならざるを得ず、共同の目的を認定できないからである。

仮にこの政府解釈を採る場合、共同の目的を有していない者は構成員とはならず、その構成員でない人を除いた残りの集団（「共同の目的」を認識している者のみを構成員とする集団）が観念されることになる。

例えば、会社Aが100人からなる会社であったときに、共同の目的を認識していない人が10人いた場合、その10人を除いた残りの90人からなる団体としての会社Aを観念するということになる。

しかしながら、実際に存在しているのは100人の構成員からなる会社Aであり、90人の構成員からなる団体としての会社Aというものは現実には存在せず、観念上の存在に過ぎない。

このように、構成員から除外される人数が増えれば増えるほど、実際の団体と、共同の目的を有していない構成員を除外した後の団体とは、乖離が大きくなるのであり、除外した後の団体の非現実性が高まっていく。

そうすると、政府の解釈は、実態に合わないものと言わざるを得ず、原則として許されないというべきである。

このように、政府の解釈が非現実的な結果をもたらすのは、前述のとおり、団体とその構成員を結ぶものが「共同の目的」であるというトートロジーを採っており、この解釈がそもそも非現実的だからである。

したがって、政府の解釈を採ることが許されるのは、ごく一部の構成員（せいぜい、全体の人数から言って数パーセントくらいの人数）の幽霊部員について共同の目的が欠けている場合に限定されるべきである。

そのため、主要な構成員について共同の目的が欠けている場合には、当該団体にとって共同の目的とは言えないと解釈されるべきである。

イ　政府解釈を前提にした場合の解釈

　政府解釈を前提とすると、「共同の目的」を有していない者は、当該団体の構成員ではないということになる。

　このとき、「共同の目的」を有している者のみを構成員とする集団（集団Ａ）を、共同の目的を有していない者を除外する前の集団（集団Ｂ）とは別の独立した団体と評価することができる場合には、前述の「団体の中の団体」として、組織的犯罪集団となり得ることになる。もっとも前述のとおり、会社の中の一部署や学校法人の中の理事会等は、団体として独立の存在とは認められないため、組織的犯罪集団とはならない。

　なお、後述（50頁）のとおり、共謀罪の主体は「計画した者」であって、組織的犯罪集団の構成員全員ではない。したがって、構成員であるかどうかは、共謀罪で処罰されるかどうかと直結するものではない。

4　別表第三に掲げる罪（目的犯罪）

◎ポイント

組織的犯罪集団といえるためには、「結合関係の基礎としての共同の目的」が「別表第三に掲げる罪を実行することにあるもの」でなければならない。

　組織的犯罪集団に該当するためには、「結合関係の基礎としての共同の目的が別表第三に掲げる罪を実行することにあるもの」でなければならない。

　別表第三は、組織的犯罪集団の共同の目的となる犯罪（目的犯罪）を掲載したものである。

　基本的に、別表第四に掲げられた犯罪（対象犯罪）と同一であるから、詳細な説明は、以下の**第2「『計画』の意義」**の「**別表第四**」の項目（68頁）で論じる。

第2 「計画」の意義

1 はじめに

　共謀罪の構成要件的行為の一つは、「別表第四に掲げる罪に当たる行為で、組織的犯罪集団の団体の活動として、当該行為を実行するための組織により行われるものの遂行を二人以上で計画」することである。
　以下、解説する。

2 「二人以上で」の意義

　法文上、「二人以上で」と記載されている理由について、林刑事局長は「二人以上で計画という部分がなぜ共謀という形になっていないのかということでございます。共謀ということであれば、当然1人で共謀ということはございませんので、共謀という言葉が使えます。一方で、計画となりますと、計画という言葉は、1人で計画することもございます。今回は、1人での計画というのは、当然、組織犯罪対策でございますので、1人での計画というようなことは考えずに、2人以上、こういう限定を付しました。まず、その意味で、今回、2人以上というものがここの計画という言葉の関係で入っている」【4月28日衆議院法務委員会（井出委員）】と答弁している。
　すなわち、計画するという行為自体は1人でできるため、2人以上で計画する場合にのみ、共謀罪の犯罪行為とする趣旨である。

3 「計画」の意義

> ◎ポイント
>
> 共謀罪における計画は、犯罪の遂行を具体的かつ現実的に合意することである。

(1) 「共謀」と同義であること

「計画」は、2017年より前の組織犯罪処罰法改正案において、「共謀」とされていたことからわかる通り、「共謀」と同義である。

共謀共同正犯に関する判断をした最高裁昭和33年5月28日判決（刑集12巻8号1718頁）は、共謀に関し、「二人以上の者が、特定の犯罪を行うため、共同意思の下に一体となつて互に他人の行為を利用し、各自の意思を実行に移すことを内容とする謀議」と判示している。[*23]

また、かつての共謀罪の審議過程において、大林宏刑事局長は、「共謀とは、二人以上のものが特定の犯罪を実行する具体的、現実的な合意をすることをいう。」【2005年7月12日衆議院法務委員会（漆原委員）】とし、共謀罪の共謀と、共謀共同正犯の共謀の意義が同義であることを述べている。

「共謀」と「計画」の関係について、林刑事局長は、「計画の方は、このテロ等準備罪における計画でございます。一方で、共謀というものについては、かつての組織的犯罪の共謀罪における共謀という共謀もございますが、一方で、現行の刑法の体系で認められております共謀共同正犯という共謀という言葉等もございます。それらの違いで申し上げれば、組織的犯罪の共謀罪もテロ等準備罪の計画における計画も、これは組織性を持った合意、共謀、こういったものを内容としているものでございまして、共謀共同正犯という意味での共謀、これについては組織性を全く前提としておりませんので、その意味では意味内容は異なると思います。」【5月30日参議院法務委員会（糸数委員）】と答弁し

ている。

　すなわち、「共謀」においては組織性が必ずしも必要ではなく、「計画」においては必ず組織性を持った合意、計画であるという点の違いがあるとされる。

　しかし、この答弁は、「テロ等準備罪における計画」と「共謀共同正犯における共謀」の状況設定の違いを説明しただけのものであって、「共謀」と「計画」の意義自体は、「犯罪を実行することを合意する」ということで何ら違いはない。

　政府が、「共謀」とされていた条文を「計画」に変えたのは、「共謀罪」に対する批判、懸念が高まり、廃案になった過去の例を踏まえ、実態は「共謀罪」であるにもかかわらず、それを隠し、「テロ等準備罪」と呼称して、共謀罪ではないとアピールするためであった。

(2)　**計画の意義**
ア　犯罪の合意
　「計画」の日常的用語の意味からすれば、単に犯罪の手順などについて考えをめぐらすだけでも「計画」といえるとも思える。

　しかし、計画は共謀と同義であるから、犯罪の手順などについて確定し、犯罪を行うことを合意しなければならない。

　林刑事局長も**「テロ等準備罪の計画とは、組織的犯罪集団の構成員らが、組織的犯罪集団が関与する一定の重大な犯罪の遂行を具体的かつ現実的に合意すること、これが計画の意味となります。」**【5月30日参議院法務委員会（糸数委員）】とか、「テロ等準備罪の計画でございますが、単に漠然と犯罪の実行を考えるだけでは足りず、計画をした犯罪の実行性の可能性が高いものであって、かつ、組織的犯罪集団の構成員が指揮命令や任務の分担なども含めて具体的に合意する必要がございます。こういった具体的かつ現実的だと言えるかどうかということについての判断は、これは個別の事案においての具体的な事実関係に基づいて、総合的な考慮で判断されることになろうかと思います。」【4月19日衆議院法務委員会（國重委員）】答弁している（**解説**120頁）。

　共謀罪は、計画及び準備行為の段階で罪となるのであるから、計画及び準備行為の段階で、客観的に相当な法益侵害の危険性がなければならない。

抽象的な犯罪計画では、法益侵害の客観的に相当な危険性があるとは言えないから、犯罪計画は抽象的では足りず、その計画が具体的かつ現実的でなければならないとする政府の解釈は相当であり、このように解釈されなければならない。

犯罪の合意であるから、犯罪計画を考えただけで、実際に実行に移すことについて合意がなければ、計画には当たらない。

　　イ　具体的かつ現実的な計画

　「計画」が、具体的かつ現実的なものといえるか否かは、一義的に明らかではないから、個別の事案における具体的な事実関係に基づき、社会通念に従って総合的に判断される。

　政府は、この考慮要素について、「目的、対象（被害者）、手段、実行に至るまでの手順、各自の役割等、具体的な犯行計画を現に実行するために必要とされる各種の要素を総合的に考慮して、具体性、現実性を持った犯罪実行の意思の連絡とその合意がなされたといえるかによって判断されることとなる」（**解説**120頁）としている。

　また、林刑事局長は、「一般に、具体的かつ現実的な合意と認められるためには、仮に概括的にではあっても被害者が特定されていることが必要であると考えます。」【6月8日参議院法務委員会（東議員）】と答弁しており、正当である。

　結論として、**計画とは、犯罪の遂行を具体的かつ現実的に合意することであり、目的、対象（被害者）、手段、実行に至るまでの手順、各自の役割等、具体的な犯行計画を現に実行するために必要とされる各種の要素を総合的に考慮して、具体性、現実性を持った犯罪実行の意思の連絡とその合意がなされたといえるかによって判断される。**

(3)　**順次共謀、現場共謀**

　ア　順次共謀（順次計画）

　㈠　**順次共謀が成立しうること**

　計画と共謀は同義であるから、順次共謀により共謀罪が成立することもあり

うる。

　林刑事局長は、「(テロ等準備罪の)計画について、計画者が一堂に会して行わなくても、計画者が順次話し合い、合意するということによってもこの計画は成立し得ると考えます。したがいまして、順次の合意によりテロ等準備罪の計画が成立することはあり得ますが、その内容は当然、指揮命令系統や任務の分担を含む具体的かつ現実的なものであることは必要であることは言うまでもございません。」【5月30日参議院法務委員会（糸数委員）】と答弁しており、同様の解釈を採っている。

　(イ)　**順次共謀の危険性**
　LINEやTwitterなどのSNSにおいて、当該計画に共感を示すこと（共感の意味を有する「いいね！」などのアイコンをクリックすることを含む）が、順次共謀にあたるとされる可能性がある。

　もっとも、いまだ計画が具体的かつ現実的ではない状況において、SNSにおいて共感を示したとしても、具体的かつ現実的な計画行為とは言えないから、「計画した」とは言えない。

　しかし、具体的かつ現実的な計画がSNSで提案され、それに対して共感を示した場合、対象犯罪の計画をしたとされる可能性があるのである。

　なぜなら、条文上は、共謀罪における「計画した者」は、「組織的犯罪集団」の団体の活動としての犯罪を計画すれば足り、当該団体の構成員である必要はないからである（詳細は後述〔57頁〕する）。

　とはいえ、後述（57頁）の通り、政府は、団体の構成員以外の者について共謀罪が成立する要件として、「当該犯罪を実行するための組織により行われるもの」（犯罪実行部隊）の1人として関与することが必要であるとしているから、この政府解釈によれば、一般の人がSNSで共感を示しただけでは、順次共謀が成立しないことになる。

　イ　**現場共謀（現場計画）**
　「計画」は「共謀」と同義である以上、現場共謀も含む。
　したがって、一般の集団がデモ行為などを行っているときに、一部の人たちが業務妨害のような行為を行う計画を立てた行為について、共謀罪を適用され

る危険性は否定できない。

ただし、以下に述べるとおり、他の要件との関係で共謀罪が成立しない可能性は高い。

例えば、団体要件との関係では、継続的な結合体でなければならないから、単に数人ないし数十人の人が集まっているだけの場合には、現場共謀により団体が成立するということはない。したがって、この場合には、「団体の活動として」の要件を欠き、共謀罪が成立することはない。

他方で、もともと団体が存在するような場合には、団体要件自体は満たされる。しかし、この場合でも、当該団体が組織的犯罪集団である必要がある。結合関係の基礎としての共同の目的は、継続的な目的である必要があり、正当な活動を行っていた団体の構成員が別表第三に掲げる罪にあたる行為を計画したからと言って、直ちに団体の共同の目的が別表第三に掲げる罪にあたる行為にあるとはいえない（**第2、3、(3)**〔26頁〕）。したがって、この場合も、「組織的犯罪集団の団体の活動として」の要件を欠き、共謀罪が成立することはない。

よって、もともと組織的犯罪集団に該当する団体が存在するような場合でなければ、現場共謀による共謀罪が成立する余地はないと解される。

なお、もともと組織的犯罪集団に該当する団体が存在し、その構成員が現場で別表第三の犯罪を計画した場合であっても、直ちに「組織的犯罪集団の団体の活動として」の要件を満たすものではない。この点については次項で検討する。

4　計画の内容

◎ポイント

共謀罪の計画は、①計画の内容が別表第四の罪に当たる行為の遂行であること、②組織的犯罪集団の意思決定に基づく犯罪の遂行であること、③犯罪行為の効果、利益が組織的犯罪集団に帰属するものであること、④その犯罪行為がその実行のための組織により行われるものであることについての、具体的かつ現実的な犯罪の合意でなければならない。

(1) **計画の内容**
ア　**条文から導かれる計画の内容**

　共謀罪においては、「別表第四の罪に当たる行為で、テロリズム集団その他の組織的犯罪集団の団体の活動として、当該行為を実行するための組織により行われるものの遂行」を2人以上で計画することが必要である。

　したがって、**計画の内容とは、具体的には、**

① 　計画の内容が別表第四の罪に当たる行為の遂行であること、
② 　組織的犯罪集団（団体のうち、その結合関係の基礎としての共同の目的が別表第三の罪に当たる行為である団体）の意思決定に基づく犯罪の遂行であること
③ 　犯罪行為の効果、利益が組織的犯罪集団に帰属するものであること
④ 　その犯罪行為がその実行のための組織（指揮命令に基づいてあらかじめ定められた任務の分担に従って構成員が一体として行動する人の結合体（いわば、犯罪実行部隊））により行われるものであること

の全てについて、具体的かつ現実的な意思に合致がないと、共謀罪（テロ等準備罪）の「計画」とは言えない。

　上記②、③は、「団体の活動として、当該行為を実行するための組織により行われるものの遂行」の要件に基づくものである（詳細は後述〔57頁〕する）。

イ　**政府答弁における計画の内容**

　林刑事局長は、「計画者の間での意思の合致を要する事項は、……一つは、一定の重大な犯罪の行為の遂行であること、また、結合関係の基礎としての共同の目的が一定の重大な犯罪の行為である組織的犯罪集団であること、さらには、組織的犯罪集団の意思決定に基づく犯罪の遂行であること、さらに、その犯罪行為の効果、利益が当該組織犯罪集団に帰属すること、最後に、その犯罪行為が指揮命令に基づいてあらかじめ定められた任務の分担に従って構成員が一体として行動する人の結合体により行われるものであること、この全てについての意思に合致がないと計画とは言えない」【6月13日参議院法務委員会(小川委員)】と答弁しており、同様の解釈をしている。[24]

また、犯罪の故意の面から考えれば、計画の内容が上記①ないし④の内容であることの一部を認識していない者については、共謀罪の計画の故意がないということから、共謀罪は成立しない。

以下、各要件について詳述する。

(2) 「組織的犯罪集団の団体の活動として、当該行為を実行するための組織により行われるもの」の意義

ア　要件

共謀罪が成立するためには、2人以上が計画した犯罪行為が、「組織的犯罪集団の団体の活動として、当該行為を実行するための組織により行われるもの」でなければならない。

イ　「組織的犯罪集団の団体の活動として」の意義

(ア)　「団体の活動として」の意義

「組織的犯罪集団の団体の活動として」については、組織的殺人等について定める法3条1項で規定されている。

すなわち、法3条1項は、「次の各号に掲げる罪に当たる行為が、団体の活動（団体の意思決定に基づく行為であって、その効果又はこれによる利益が当該団体に帰属するものをいう。以下同じ。）として、当該罪に当たる行為を実行するための組織により行われたときは、その罪を犯した者は、当該各号に定める刑に処する。」と規定している。よって、「団体の活動」とは、「団体の意思決定に基づく行為であって、その効果又はこれによる利益が当該団体に帰属するもの」である。

したがって、**法6条の2第1項の共謀罪の解釈としても、別表第四に掲げる罪に当たる行為が、組織的犯罪集団の意思決定に基づく行為であり、かつ、その効果又はこれによる利益が当該団体に帰属するものでなければならない。**

(イ)　団体の意思決定に基づく行為であること

別表第四に掲げる罪に当たる行為が、団体の意思決定に基づく行為である必要があるから、団体が当該犯罪行為を行うことを決定しなければならない。

団体が意思決定をしたか否かということは、犯罪の構成要件なのであるから、

厳格に解釈されなければならず、当該団体の意思決定の手続に則っているか否かを厳格に検討しなければならない。

詳細は後述（61頁）する。

(ｳ) その効果又はこれによる利益が当該団体に帰属すること

計画された犯罪行為の効果または、これによる利益が当該団体に帰属するものでなければならない。

犯罪という性質上、その効果・利益は法律上の効果・利益に限定されず、広く事実上の効果・利益も含む。

利益が当該団体に帰属するということも、効果・利益が法律的に団体に帰属する場合に限られず、事実上の効果・利益を当該団体が享受しうる場合も含む（**三法の解説**87頁）とされる。

ウ　「当該行為を実行するための組織により行われるもの」（犯罪実行部隊としての組織）の意義

(ｱ)　「当該行為を実行するための組織により行われるもの」の意義

法3条1項で定義される「当該行為を実行するための組織により行われるもの」のうち「組織」の意義は、法第2条第1項に規定されるとおり、「指揮命令に基づき、あらかじめ定められた任務の分担に従って構成員が一体として行動する人の結合体」をいう。

「当該行為を実行するための組織」における「当該行為」とは、計画の対象である具体的かつ現実的な別表第四に掲げる罪に当たる行為である。

したがって、**「当該行為を実行するための組織」とは、計画された犯罪を具体的かつ現実に実行するための組織である。**

政府も、「当該行為を実行するための組織」とは、「第6条の2第1項の罪（共謀罪、政府の表現では「テロ等準備罪」）の対象犯罪（別表第4に掲げる罪）に当たる行為を実行するための組織であり、当該行為を実行するために設けられ、又は使われる、いわば犯罪実行部隊としての組織がこれに当たり得る（**解説**120頁）」としており、同様に解釈している。

前述の通り、計画は具体的なものでなければならないから、計画の内容として、ある程度具体的に、組織的犯罪集団の構成員や関係者のうち、誰がどのよ

うな役割を担って犯罪を行うかということも計画されなければならない。

　したがって、そのようにして計画された犯罪において、実際に犯罪を行う組織的犯罪集団の構成員や関係者が、「当該行為を実行するための組織」である。

　以下では、便宜上、「当該行為を実行するための組織」を「犯罪実行部隊としての組織」と呼ぶことがある。

(イ)　組織的犯罪集団と犯罪実行部隊との関係

❶　犯罪実行部隊としての組織は、臨時的なもので良いこと

　以上の基本的考え方に立てば、組織的犯罪集団と犯罪実行部隊との関係は、ⓐ組織的犯罪集団自体が犯罪実行部隊となっているか、又はⓑ組織的犯罪集団の中に、犯罪実行部隊としての組織があるという関係にある。

　そして、前述（20頁）のとおり、「組織」とは、「指揮命令に基づき、あらかじめ定められた任務の分担に従って構成員が一体として行動する人の結合体」であり、「団体」ではないから、「犯罪実行部隊としての組織」は、「団体」と異なり、継続性や反復性、独立性までは求められない。一時的なものであても、「組織」にあたるということになる。

　林刑事局長は、「このような犯罪実行部隊としての組織は、犯罪の実行のためのものとして臨時的なものであってもよく、また、構成員の交代によってもその同一性が保持されるという意味での独立性も必要としないと解されております。このように、その組織の定義からも、また組織の役割からしても、通常、組織は団体の構成員から成り、組織的犯罪集団の内部にあって団体の意思決定に基づく犯罪の実行に当たるものでございますけれども、組織が臨時的なものであってもよく、指揮命令によってあらかじめ定められた役割分担に従って一体として行動することによって犯罪を実行する者であればそれは足りることでございますので、構成員以外の者が当該罪に当たる行為を実行するための組織に含まれているということを否定するものではございません。」【6月8日参議院法務委員会（糸数委員）】[*25]と答弁しており、同様に解釈している。

　なお、計画した犯罪が、犯罪実行部隊としての組織により行われるものであるかが問題になるだけであるから、犯罪実行部隊としての組織は、組織的犯罪集団の中に複数あってもよい。

❷ 犯罪実行部隊としての組織とその構成員

　他方で、犯罪実行部隊としての組織は、組織的犯罪集団の活動としての犯罪を実行する組織であるから、通常は、組織的犯罪集団の構成員で構成される。ただし、条文上は、組織的犯罪集団の構成員であることは要求されておらず、構成員以外が含まれることもあり得る。

　林刑事局長は、「指揮命令によってあらかじめ定められた役割分担に従って一体として行動することによって犯罪を実行する者であればそれは足りることでございますので、構成員以外の者が当該罪に当たる行為を実行するための組織に含まれているということを否定するものではございません。」【6月8日参議院法務委員会（糸数委員）】と答弁し、同様に解釈している。

　他方で、犯罪実行部隊としての組織に、組織的犯罪集団の構成員が全く含まれていない場合や、犯罪実行部隊の主要な構成員が、組織的犯罪集団の構成員ではない場合に、その組織は犯罪実行部隊としての組織といえるのかという問題がある。

　条文上は、犯罪実行部隊としての組織の構成員について、特段の限定はなく、犯罪実行部隊としての組織に組織的犯罪集団の構成員が含まれていなくともよいことになる。典型的な例としては、組織的犯罪集団が、殺し屋集団など外部の者を雇い、犯罪を計画するような場合である。

　しかし、前述のとおり、林刑事局長は、「通常、犯罪実行部隊としての組織は、団体の構成員から成る」とし、「構成員以外の者が組織に含まれることを否定するものではない」と答弁している。したがって、組織的犯罪集団の構成員ではない者だけで「犯罪実行部隊」が構成されることを前提に共謀罪の成立を認めることは、政府解釈、すなわち、立法趣旨としては想定していないというべきであろう。

(ウ) 裁判例

　前述の最高裁判決では、法3条1項の解釈として、「詐欺罪に当たる行為を実行するための組織により行われた」ものにあたるかどうかについては、主要な構成員が、A社が実質的な破綻状態にあり、集めた預託金等を返還する能力がないことを認識したにもかかわらず、それ以降も、組織による営業活動とし

て、Bクラブの施設利用預託金及び施設利用料の名目で金銭を集める行為を継続したことから、上記営業活動は、客観的にはすべて「人を欺いて財物を交付」させる行為に当たることとなるから、そのような行為を実行することを目的として成り立っている上記組織（A社の中にある、相被告人Yを始めとする役員及び従業員（営業員、電話勧誘員ら）によって構成される組織）は、「詐欺罪に当たる行為を実行するための組織」に当たると判断されている。また、それは、「上記組織が、元々は詐欺罪に当たる行為を実行するための組織でなかったからといって、また、上記組織の中に詐欺行為に加担している認識のない営業員や電話勧誘員がいたからといって、別異に解すべき理由はない。」とされている[*26]。

この最高裁判決を共謀罪の構成要件に照らして検討すれば、犯罪実行部隊としての組織の中には、いわば、間接正犯における道具的役割の構成員がいたとしてもよいということになる。

犯罪実行部隊としての組織の条文上の定義からは、このように解釈されることになろう。

エ　計画行為と「組織的犯罪集団の団体の活動として、当該行為を実行するための組織により行われるもの」の関係

(ア)　問題点

共謀罪が成立するためには、組織的犯罪集団の団体の活動として、当該行為を実行するための組織により行われるものの遂行を、2人以上で計画しなければならない。

「組織的犯罪集団の団体の活動として、当該行為を実行するための組織により行われるもの」の意義は、前述のとおり、「組織的犯罪集団の意思決定に基づく行為であって、その効果又はこれによる利益が当該組織的犯罪集団に帰属するもの」で、「当該行為を実行するための組織により行われるもの」である。

計画行為を行う者と、組織的犯罪集団の意思決定を行う者は必ずしも同一とは言えないため、「組織的犯罪集団の団体の活動として、当該行為を実行するための組織により行われるもの（犯罪）」を計画したとしても、実際に組織的犯罪集団が当該犯罪を行うことを意思決定するとは限らず、直ちに共謀罪が成

立するわけではない。計画した者が組織的犯罪集団に当該計画を説明したときに、実際には、組織的犯罪集団が当該犯罪を実行することを決定せず「組織的犯罪集団の団体の活動として」行われる犯罪とは言えない場合や、組織的犯罪集団が当該犯罪を実行することを決定したとしても、組織的犯罪集団の構成員ではない第三者に犯罪を行わせることとしたため、「当該行為を実行するための組織により行われるもの」とは言えなかったりする場合がありうる。

　そのような場合に、共謀罪の成否が問題となる。なお、以下では、計画の内容自体が具体的かつ現実的であることは前提とする。

　(イ)　**解釈**

　まず、計画行為を行う者が、組織的犯罪集団の意思決定をする権限を有していたり、権限を有していなくても、構成員の犯罪計画の提案に対して、組織的犯罪集団が必ず意思決定をするという前例が確定したりしている場合など、計画を行えば、ほぼ必ず、実際に「組織的犯罪集団の団体の活動として、当該行為を実行するための組織により行われるものの遂行」となる場合は、当該計画は、「組織的犯罪集団の団体の活動として、当該行為を実行するための組織により行われるものの遂行」の計画として現実的なものといえる。

　他方で、計画をした者が、組織的犯罪集団の意思決定をする権限を有しておらず、実際に「組織的犯罪集団の団体の活動として、当該行為を実行するための組織により行われるものの遂行」になるかどうかが、計画をした者が組織的犯罪集団に諮らなければ確定しない場合には、組織的犯罪集団に諮り、当該組織的犯罪集団が当該計画のとおり意思決定を行った段階で、初めて計画は「組織的犯罪集団の団体の活動として、当該行為を実行するための組織により行われるものの遂行」として現実的となると解するべきである。

　したがって、この場合、組織的犯罪集団が意思決定を行うまでは、計画は現実的なものとは言えないので、「組織的犯罪集団の団体の活動として、当該行為を実行するための組織により行われるものの遂行を計画した」とはいえない。

　さらに、計画をした者が、組織的犯罪集団に諮ったが、組織的犯罪集団がその計画（当初の計画）を修正し、具体的な内容において異なる計画で意思決定を行った場合は、当初の計画は、「組織的犯罪集団の団体の活動として、当該

行為を実行するための組織により行われるものの遂行」としては現実的なものではなかったということであるから、当初の計画行為をもって、共謀罪の「計画」とはいえず、新たな計画について、共謀罪の成否が検討されることになる。

(3) 別表第四に掲げる罪

計画は、別表第四に掲げる罪に当たる行為の計画でなければならない。
別表第四の内容については後述（65頁）する。

5　犯罪の主体

◎ポイント

共謀罪の主体は、計画した者であり、組織的犯罪集団の構成員に限られない。
ただし、組織的犯罪集団の構成員以外の者が、「計画した者」の要件を満たすためには、当該計画した者が犯罪実行部隊としての組織の一員として関わる場合でなければならない。

(1) 犯罪の主体

条文上、共謀罪の犯罪の主体は「計画した者」であり、組織的犯罪集団の構成員であることなどの身分犯ではない。その意味で、共謀罪の主体に限定はない。これは、政府も同様の解釈を採っている（**解説**114頁）。

(2) 政府解釈による限定

しかし、共謀罪の構成要件である「計画」は、前述（56頁）のとおり、
① 計画の内容が別表第四の罪に当たる行為の遂行であること、
② 組織的犯罪集団（団体のうち、その結合関係の基礎としての共同の目的が別表第三の罪に当たる行為である団体）の意思決定に基づく犯罪の遂行

であること
③　犯罪行為の効果、利益が組織的犯罪集団に帰属するものであること
④　その犯罪行為がその実行のための組織（指揮命令に基づいてあらかじめ定められた任務の分担に従って構成員が一体として行動する人の結合体〔いわば、犯罪実行部隊〕）により行われるものであることの全てについて、具体的かつ現実的な意思の合致を必要とする。

計画の内容からすれば、組織的犯罪集団の構成員や組織的犯罪集団と密接にかかわる人物でなければ、このような計画をすることは想定しづらい。

林刑事局長は、「今回のテロ等準備罪につきましては、その計画の……対象として、当該行為を実行するための組織に行われるものの遂行を計画ということがございますので、前提となる組織的犯罪集団の構成員であるかどうか、すなわち、組織的犯罪集団という団体を認識しているかどうかということに加えて、当該行為を実行するための組織により行われるものの遂行の計画ということに加わるためには、構成員でない場合には、実際の犯罪を実行するための組織の一員であるということが通常想定されるわけでございます。それ以外には、現実的には想定できないと考えております。」【5月12日衆議院予算委員会（枝野委員）】と答弁している。

すなわち、政府答弁によれば、組織的犯罪集団の構成員以外の人物が計画にかかわる場合としては、当該人物が犯罪実行部隊としての組織（「当該行為を実行するための組織により行われるもの」）の一員である場合に限られる[*27]、とされる。

条文上の限定はないが、共謀罪の運用においてはそのように解釈されるべきである。

第3　別表第三（目的犯罪）、第四に掲げる罪（対象犯罪）

1　別表第三、第四の対象犯罪の選別方法

◎ポイント

別表第三は、組織的犯罪集団の共同の目的の内容となる犯罪（目的犯罪）であり、別表第四は、計画の対象となる犯罪（対象犯罪）である。

(1)　別表第三、第四に掲げられた罪の内容

別表第三、第四に掲げられる罪について、政府は、国際組織犯罪防止条約第5条1(a)(i)の規定の要請に適合するよう、国際組織犯罪防止条約上の「重大な犯罪」（国際組織犯罪防止条約第2条(b)）に該当する死刑又は無期若しくは長期4年以上の懲役若しくは禁錮の刑が定められている罪のうち、犯罪の主体、客体、行為の態様、犯罪が成立し得る状況、現実の犯罪情勢等に照らし、組織的犯罪集団が実行を計画することが現実的に想定される罪が選択されている、と解説している[*28]（**解説**114頁）。

国際組織犯罪防止条約第5条1(a)(i)の規定は次の通りである。

国際組織犯罪防止条約
第5条　組織的な犯罪集団への参加の犯罪化
1　締約国は、故意に行われた次の行為を犯罪とするため、必要な立法その他の措置をとる。
　(a)　次の一方又は双方の行為（犯罪行為の未遂又は既遂に係る犯罪とは別個の犯罪とする。）

> (i) 金銭的利益その他の物質的利益を得ることに直接又は間接に関連する目的のため重大な犯罪を行うことを一又は二以上の者と合意することであって、国内法上求められるときは、その合意の参加者の一人による当該合意の内容を推進するための行為を伴い又は組織的な犯罪集団が関与するもの

「重大な犯罪」とは、同条約2条に規定されているとおり、[*29]「長期四年以上の自由をはく奪する刑又はこれより重い刑を科することができる犯罪を構成する行為をいう。」

したがって、別表第三、第四は、死刑又は無期若しくは長期4年以上の懲役若しくは禁錮の刑が定められている罪の中から選択されて記載されている。

しかし、「重大な犯罪」と言っても、日本の刑法の法定刑の幅の広さからいえば、万引きや軽微な傷害罪も含まれるのであり、真に重大な犯罪にのみ共謀罪が適用されるわけではない。

また、政府は、国際組織犯罪防止条約の国内担保法を制定することを立法事実とし、「組織的犯罪集団が実行を計画することが現実的に想定される罪が選択されている」と説明をするが、条約上は、「金銭的利益その他の物質的利益を得ることに直接または間接に関連する目的のため」に犯罪の合意をすることを処罰するよう求めているのに対し、別表第三、第四には金銭的利益等を得ることには全く関連しない犯罪が大量に含まれている。しかも、政府は共謀罪がテロ対策であることを全面的に打ち出して世論対策を行ったのであり、この意味でも条約の趣旨とはかけ離れた法律になっている。

このように、共謀罪は、国内担保法と言いながら、条約の趣旨を完全に逸脱し、処罰の範囲を著しく広範囲に広げたものであり、別表第三及び別表第四に挙げられた300近い犯罪は、そのことを顕著に物語るものである。

(2) 別表第三、第四から除外された犯罪の内容

政府は、国際組織犯罪防止条約2条(b)が「重大な犯罪」であるとする「死刑又は無期若しくは長期4年以上の懲役若しくは禁錮の刑が定められている罪」

のうち、「組織的犯罪集団が実行を計画することが現実的に想定される罪を選択した」とし、その選択の結果として、政府の説明によれば、以下のものが除外されている（**解説**115頁）

① 過失犯、未遂犯、結果的加重犯のように6条の2第1項の罪における「計画」の対象となることが観念し得ない類型の罪[*30]

② 予備罪・準備罪のように、その計画が認められる場合には、同時に目的とする犯罪の遂行の計画も認められることが通常であり、独立して6条の2第1項の罪の対象とする必要がない類型の罪

③ 内乱罪（刑法77条1項）や爆発物使用罪（爆発物取締罰則1条）のように、その罪についての陰謀・共謀を処罰する特別の規定があり、国際組織犯罪防止条約上の義務を履行するために新たに合意を犯罪化する必要がないと考えられる類型の罪

④ 営利目的覚醒剤輸入罪（覚せい剤取締法41条2項）のように、処罰範囲が重複する他罪（覚醒剤輸入罪〔同条1項〕）を対象犯罪としており、対象犯罪とする必要がない類型の罪

⑤ 組織的犯罪集団が実行を計画することが現実的に想定し難い類型の罪

こうして、別表第四に記載された犯罪の数は、277（または衆議院調査局法務調査室による数え方によれば316）と言われている[*31]。

法6条の2第2項についても、同数の共謀罪が規定されているから、組織犯罪処罰法には、約600もの共謀罪が規定されたということになる。

過去の「共謀罪法案」の際には、対象となる犯罪は611もあり、政府はこれについて、277に「限定した」と主張したが、上記①〜④は、そもそも共謀罪の目的犯罪、対象犯罪とされる必要が一切ないものであり、実質的に対象犯罪を限定したものとはいえない。

他方で、上記⑤の理由で除外された類型の罪としては、特別公務員職権乱用罪、特別公務員暴行陵虐罪[*32]、公職選挙法などがある。除外された理由は、「組織的犯罪集団が実行することが想定し難い」ということであるが、国際組織犯罪処罰法は、マフィアなどの組織犯罪集団が国家機関に働きかけて不正を行う

ことを規制する趣旨であるから、条約上は除外する理由はないであろう。結局、政府が権力犯罪を除くなどの恣意的な選別をしたといわざるを得ない。

2 別表第四の対象犯罪の分類とその内容

> ◎ポイント
> ・対象犯罪は、一般市民が犯しうるものが多く含まれている。
> ・一般市民が対象犯罪の共謀をした場合でも、他の要件は厳格であるから、共謀罪の成立が否定される可能性が高い。

対象犯罪は、政府の説明によれば、おおむね
① テロの実行に関する犯罪
② 薬物に関する犯罪
③ 人身に関する搾取犯罪
④ その他組織的犯罪集団の資金源に関する犯罪
⑤ 司法妨害に関する犯罪
に大別される*33（**解説**115頁）。

ただし、例えば、組織的な殺人等を「テロの実行に関する犯罪」と分類することは、暴力団による組織的な殺人を「テロの実行としての殺人」と評することができないことを考えると、極めて政治的、恣意的な分類でしかないと考えられる。共謀罪法の適用に当たっては、意味のない分類であると言わざるを得ない。

共謀罪は刑罰の要件と効果を定めるものであり、国民の権利、利益を侵害する可能性があるのだから、その必要性や立法事実については、他の法律にもまして議論がされるべきである。まして、共謀罪は、現行の刑罰に比べて、はるかに前段階の行為を処罰するものであるから、より厳格な審理が不可欠である。

しかしながら、共謀罪は300にも及ぶ多くの犯罪が別表第四に挙げられたにもかかわらず、そのほとんどについて、立法事実、必要性についての議論がな

されなかった。これは、刑事法の制定過程としては、極めて問題が残るものである。

なお、別表第四には、法6条の2第1項1号及び、同条第2項1号の罪が挙げられていないため、共謀罪を共謀した行為は罪とならない。

以下では、国会審議で具体的に挙げられ、その立法事実が議論された犯罪につき解説する。

3 個別具体的な犯罪について

(1) 森林法
ア 森林法違反を対象犯罪とする立法事実

別表第四の25には、森林法198条（保安林の区域内における森林窃盗）、201条2項（森林窃盗の贓物の運搬等）又は第202条1項（他人の森林への放火）の罪が挙げられている。[*34]

これに関し、国会では、「組織的犯罪集団が行うことが現実的に想定されるとは言い難いのではないか」という疑問が呈された。

これに対し、金田法務大臣は、「組織的犯罪集団が組織の維持運営に必要な資金を得るために計画することが現実的に想定される」とし、具体的には、「森林内の鉱物その他の土砂、岩石など無機物産出物も森林窃盗の客体となり、これを窃取する行為は、相当の経済的利益を生じる場合もあることから、組織的犯罪集団が組織の維持運営に必要な資金を得るために計画することが現実的に想定される」と説明している。[*35] すなわち、実際に、良質の山砂を盗掘して、販売する目的で、保安林の区域内である国有林の中で長期間にわたり継続的に従業員等を使って重機を用いて山砂の掘削を繰り返して、時価約4千万円にも相当する約5万立方メートルを超える山砂を窃取したという事例があり、暴力団等が、土砂を販売して利益を得る目的で保安林内の土砂を大規模に掘削して盗むことを計画することなどが想定されるというのである。

他方で、海産物を窃取する行為は別表第四に掲げられていないが、これは、漁業法138条、143条において、長期4年以上の懲役刑となっていないから

とされる。*36

　ところが、鉱業法147条違反*37の罪は長期4年以上の懲役刑を定めているが、対象犯罪とはなっていない。

　これについて、林刑事局長は、「鉱物の掘採や探査により経済的利益を得るためには、通常、多額の資本をもとに高度の技術及び設備を備えた上で大規模に掘採等を行う必要が（あるが、）組織的犯罪集団が、組織の維持の拡大のために、資金を得るために、こうした形での罪を実行することは現実的に考えがたい。また、組織的に鉱業権によらない鉱物の掘採や探査が行われた事例（もない）」ため、組織的犯罪集団がこれらの罪を実行することが現実的に想定しがたいからであると説明している。*38

　しかしながら、前述のとおり、長期間にわたり、保安林で重機を用いて土砂を窃取する事例という、多額の資本をもとにしたと考えられる犯罪があったのであるから、多額の資本をもとに、鉱物の採取を行うことも想定されるはずであり、政府の説明には説得力がない。

イ　一般人に適用される可能性

　また、国会の審議過程では、「保安林でキノコを採取する行為など、一般人が当該行為を行う可能性があり、共謀罪の対象とされるのではないか」という懸念が出されていた。

　例えば、キノコ狩りをすることを目的とする市民サークルがキノコを採ることを計画した場合、キノコを採取する場所が保安林であった場合には、保安林でのキノコ採取は客観的には森林窃盗の罪に該当するため、そのサークルは組織的犯罪集団に該当し、共謀罪が成立するのではないかと思われるからである。

　しかしながら、具体的に、共謀罪の成否を検討すれば、次の通りとなると考えられる。

　まず、キノコ採りのサークルのようなものは「団体」に該当しない。この点、当該サークルに、リーダーがいて、会計や広報がいたとすれば、条文上、「団体」要件を満たすことはありうるが、政府は、一般のサークルは指揮命令要件を満たすことは想定しがたく、そもそも「団体」といえないとしている。したがって、このようなサークルは団体とはいえず、そもそも組織的な犯罪集団になりえな

いことになる。

　仮にサークルが「団体」に該当するとしても、さらに、「組織的犯罪集団」の要件としての「結合関係の基礎としての共同の目的」が別表第三に掲げる罪にあたる行為にあるといえるか。

　組織的犯罪集団に該当するためには、保安林でのキノコ狩りが違法であるとサークルの構成員が認識してもなお、これがそのサークルの共同の目的になっている必要がある（違法性の認識が必要―前掲政府答弁〔41頁以下〕）。

　しかし、通常のキノコ狩りサークルの構成員は、違法性を認識していないであろう。仮に違法性を認識していた場合でも、違法なキノコ狩りをしないのであれば構成員が当該団体を辞めるというほどの、結合関係の基礎としての共同の目的になっていることは考えにくいであろう。そうであれば、保安林での違法なキノコ狩りは、そのサークルの結合関係の基礎としての共同の目的にあるとはいえず、組織的犯罪集団に該当する可能性は乏しい。

　したがって、キノコ狩りという森林法違反の罪を対象犯罪とする共謀罪について、一般人を対象とすることはできない。

(2) 脱税、詐欺破産

ア　脱税や詐欺破産を対象犯罪とする立法事実

　別表第四は、所得税法違反、法人税法違反などの脱税行為が対象となっている。[*39]

　また、破産法違反、民事再生法違反、会社更生法違反など、詐欺破産（詐欺再生）罪も対象となっている。[*40]

　林刑事局長は、立法事実について、例えば暴力団が、その組織の維持運営に必要な資金を得るために、組織的に所得を隠匿して脱税をすることを計画したり、暴力団が、組織の維持運営に必要な資金を得るために、破産手続が見込まれる会社の財産を隠匿してその分け前を得るといったことを計画したりすることが考えられたため、組織的犯罪集団がその組織の維持運営に必要な資金を得るために実行を計画することが現実に想定されるとしている。[*41]

　前述（49頁）のとおり、組織的犯罪集団と言えるためには、別表第三に掲

げる犯罪を結合関係の基礎としての共同の目的としなければならないが、脱税や詐欺破産自体は、組織的犯罪集団の共同の目的となることは考えにくい。

脱税は、他の収益活動で得られた利益がなければ意味がないため、他の収益活動で得られた利益に課税されることを防ぎ、利益を最大化するための手段であり、それ自体が目的とは言いづらいからである。

また、詐欺破産についても、詐欺破産だけを目的とする団体はおよそ存在しえないであろう。

以上のことからは、脱税や詐欺破産を目的犯罪（別表第三の罪）に位置づけたこと自体に問題があったと言わざるを得ないが、あえて政府の立場を想定してみると、脱税や詐欺破産は、「団体の利益を拡大するという目的」の手段であると言える。したがって、その手段が目的と一体となり、その手段をとらないのであれば団体から離脱するといえるような場合でなければ、結合関係の基礎としての共同の目的になっているとは言えない、つまり、組織的犯罪集団とは言えないということとなろう（28頁）。

イ　一般の法人や一般人に適用される可能性

(ア)　一般の法人や一般人が共謀罪の対象となる危険性

脱税や詐欺破産は、一般の法人や一般人も行いうる犯罪であるから、一般人が共謀罪の対象となる可能性が懸念される。

特に、脱税の問題は、第三者である弁護士や税理士、商工会等が関与する可能性があり、その第三者との共犯関係が、組織的犯罪集団にあたるとして、共謀罪の適用がありうる。

これについては、林刑事局長は、「テロ等準備罪につきましては、対象となる団体を組織的犯罪集団に法律上限定した上で、今回の構成要件としているわけでございます。……こうした構成要件の全体の中で、対象となる団体の限定などによりまして、一般の方々がテロ等準備罪の処罰の対象となることはないわけでございますので、こうした構成要件のつくり方は合理的なものであると考えております」【4月28日衆議院法務委員会（平口委員）】と答弁し、一般の会社や一般人は、組織的犯罪集団に関与しないから、共謀罪の対象とならないと説明をしている。

そして、林刑事局長は、「あくまで一般論として申し上げれば、正当な事業活動を行っている一般の会社につきましては、通常、結合関係の基礎としての共同の目的、それは犯罪を実行することにあるとは認められませんので、御指摘のように、毎年脱税を繰り返しているというだけで組織的犯罪集団に当たるということはないと考えられます。」【平成29年4月14日衆議院法務委員会（國重議員）】と答弁している。

これは、当該団体が正当な事業活動を行っている場合には、結合関係の基礎としての共同の目的は当該正当な事業活動であり、毎年脱税を繰り返していたとしても、当該脱税が、脱税をしなければその団体から離脱するというほどの共同の目的になっていることは通常は考えにくいからであろう。

(イ) **団体性の否定**

また、何ら違法性のない営利活動を行っている会社において、脱税を計画し、実行している部門が「組織的犯罪集団」に該当するのではないかという懸念もある。

しかし、「団体の中の団体」の項目（43頁）で論じたとおり、会社の一部署や一部門は、社会的に一個の団体として独立した存在とは認められないことが通常であり、団体にあたらないと解するべきである。

(ウ) **専門家が脱税に関わる場合**

一般人や一般の法人が、家族や、専門家である税理士や弁護士と相談しながら納税の手続を進める場合などが想定される。

節税と脱税の区別は難しく、節税と考えた税金対策が、税務当局から脱税と判断されることは十分考えられる。

そのような場合に、一般人、一般法人と、家族や専門家との関係が組織的犯罪集団に該当すると判断される懸念がある。

まず、一般人と一般法人を区別して考える必要がある。

① 一般人と専門家の関係

当該一般人と専門家との関係は、社会的に一個の存在とはいえず、「団体」と認定することは困難である。

② 一般法人と専門家の関係

一般法人と専門家の関係も、両者が社会的に一個の存在とはいえず、「団体」とは認定することは困難である。

　しかし、一般法人自体は「団体」と認められる可能性があるため、一般法人自体が、脱税を目的とした「組織的犯罪集団」と認定される可能性がある。そのため、一般法人の役員と専門家が「組織的犯罪集団」の活動として行われる犯罪を計画したとして、共謀罪が適用される危険性があるのである。

　この場合、(ｱ)で述べた通り、当該法人が「組織的犯罪集団」に当たらないという解釈がされるべきである。

　③　専門家は組織的犯罪集団の構成員ではないことの意味

　なお、専門家は通常組織的犯罪集団の構成員ではないが、当該犯罪計画を具体的に策定したとされる場合が多い。前述の政府の説明によれば（63頁）、組織的犯罪集団の構成員でなくても「犯罪実行部隊」としての組織の一員であれば「計画」の主体となり得るのであるから、その専門家に共謀罪が成立すると判断される可能性は十分にある。

　④　結局、当該法人が組織的犯罪集団にあたるとされれば、専門家も共謀罪の適用がされる危険性があることには留意しなければならない。しかし、「団体」ないし「組織的犯罪集団」の要件が国会での政府の説明どおり厳格に解釈されれば、専門家について共謀罪が成立するとされることはあり得ない。

(3)　**著作権法違反**

ア　著作権法違反を対象犯罪とした立法事実

　著作権法における著作権侵害等の罪は、著作権、出版権又は著作隣接権を侵害するなどの罪であるが、政府は、組織的犯罪集団が組織の維持運営に必要となる資金を得るためにこの実行を計画することが現実的に想定されるということから対象犯罪としている。例えば、組織的犯罪集団が海賊版のＣＤなどを販売することを計画するような場合である。[*42]

イ　一般人に適用される可能性

　著作権法違反の罪についても、一般人が対象とならないかが問題となる。

　これについては後述（99頁）する。

(4) 司法妨害の罪

ア　司法作用に対する罪を対象犯罪とした立法事実

　司法作用に対する罪としては、刑法では、法廷で虚偽の事実を証言する偽証罪、被拘禁者を逃走させる被拘禁者奪取罪、逃走援助罪、司法妨害の目的で暴行、脅迫をするような行為は刑法上の強要罪、裁判官の公務の遂行を妨害する目的で暴行、脅迫するような場合には公務執行妨害罪あるいは職務強要罪などがある。

　また、特別法では、裁判員等に対する請託罪、裁判員等に対する威迫罪などがある。組織的犯罪処罰法には、組織的な犯罪に係る証拠隠滅、犯人蔵匿罪、今回の改正で追加された証人等買収罪（法7条の2）などがある。

　これらの罪を共謀罪の対象犯罪とした理由について政府は具体的に説明をしていないが、参考人質疑で自民党が推薦した井田良参考人は、「刑罰法規を整備しても、裁判を含めた司法活動を妨害する行為が行われて犯罪の立件、処罰が不可能になれば、刑罰法規により処罰をすることができない。現行刑法の規定は、この点において不備があるが、司法活動妨害に関する犯罪についての共謀罪の創設により、そうした司法妨害行為に対処することが可能となるからである」と説明している。[*43]

　しかしながら、現行刑法でどのように不備があるのかは特に議論されておらず、それに加えて、なぜ、これらの犯罪について共謀段階から処罰可能にすれば不備が解消されるのかは説明されていない。

　司法妨害の例として、林刑事局長は「例えば、近年、暴力団幹部によりまして、殺人未遂事件における裁判員裁判に関しまして、その暴力団幹部の関係者二名がその裁判を担当していた裁判員二名に対して、これに対して話しかけて、裁判員に不安、困惑を生じさせるなどとした事案、これが裁判員の参加する刑事裁判に関する法律違反ということで起訴され、処罰されているということがございます。」【6月8日参議院法務委員会（古川委員）】と述べているが、[*44]これは、実行行為が行われた段階で容易に発覚し、検挙、処罰可能である。仮に共謀段階に処罰対象を前倒ししたとしても、抑止効果に違いが生じるとは考えられない。

立法事実に関する審理が不十分であった一例である。

イ 一般人に適用される可能性

国会審議では、えん罪の救済のために救援する市民活動に、偽証の共謀罪が適用される可能性があることが指摘された。

えん罪を訴える裁判で、捜査過程で一度証言し、供述調書を作成された関係者などに真実を話して欲しいと働きかけるなどが弁護活動として考えられる。このような行為は、検察官からみれば、「偽証」を持ちかけていると見なされ、前の証言を撤回すると約束してもらうと、弁護士も証人候補も偽証の共謀罪でともに逮捕され、冤罪を晴らすことはできなくなることが危惧されたのである。

このように、司法妨害の罪に関して、一般人が現実に関わり得る場面は、被疑者・被告人の家族、支援者、弁護人等が、偽証（被告人・弁護人にとっては真実の証言であっても）や法7条の2第2項に規定する行為（同条1項各号に掲げる罪）をすることを共謀した場合である。

しかし、この場合でも、被疑者、被告人が特に団体に所属しておらず、被疑事実も組織的犯罪集団とは関係がない犯罪で起訴されているような場合には、当該被疑者・被告人と弁護人、家族、証人らとの関係及び、弁護人、家族、証人ら相互の関係は、団体としての独立した社会的実態は存在しないので、これらの者らが組織的犯罪集団を構成することはあり得ず、これらの罪の共謀罪は成立しない。

他方で、被疑者・被告人が組織的犯罪集団の犯罪を行ったということで起訴された場合には、共謀罪の適用の可能性は否定できない。

組織的犯罪集団の犯罪について、被疑者・被告人と弁護人、証人、家族等が「偽証」を計画する、もしくは、弁護人、証人、家族等の間で「偽証」を計画するということになれば、組織的犯罪集団の活動として、別表第四に掲げる罪に当たる行為を計画することになり、共謀罪の適用の可能性がある。

政府は、前述のとおり（63頁）、組織的犯罪集団の構成員以外の人物が共謀罪の適用を受けるには、当該人物が犯罪実行部隊としての組織の一員として関わる場合でなければ想定できないなどとするが、この場合、弁護人、証人、家族等は、組織的犯罪集団の構成員でなくとも、当該偽証罪に当たる行為を実際

に計画し、実行する者であるから、「犯罪実行部隊としての組織」の一員であると評価される危険性は十分にある。したがって、政府の上記解釈は歯止めにならない。

　もちろん、このような結論は、弁護活動、被疑者・被告人の防御の権利を大きく侵害することになり、極めて問題が大きい。

　当然のことながら、証人は自己の記憶に反する供述をするつもりがなければ「偽証」には該当しない。また、正当な弁護活動や防御の権利の行使は、正当行為であり犯罪とはならない。したがって、話し合いの内容がそもそも別表第四の「犯罪」に該当しない以上、共謀罪は成立し得ないものである。そもそも冤罪事件等の支援や弁護活動について、司法妨害を対象犯罪とする共謀罪を適用することは、共謀罪法の濫用の最たるものである。警戒は必要であるが、萎縮することなく、冤罪への救援活動に対する世論を盛り上げ、捜査機関に違法、不当な逮捕、起訴をさせないよう監視を図ることによって濫用を阻止すべきである。

4　別表第三と別表第四の関係

◎ポイント

具体的な共謀罪の成否に際しては、組織的犯罪集団の共同の目的である犯罪（目的犯罪）と、実際に計画された犯罪（対象犯罪）が異なることがありうる。この場合には、計画の具体性、現実性をより厳格に考慮しなければならない。

(1)　別表第三と別表第四の関係

　別表第三に掲げる罪は、組織的犯罪集団の共同の目的となる犯罪を列挙したものである（目的犯罪）。他方で、別表第四は、計画の対象となる、組織的犯罪集団の団体の活動として、当該行為を実行するための組織により行われる犯

罪（計画の対象となる行為）を列挙したものである（対象犯罪）。

　両者は大部分が重複するが、別表第三に掲げる罪のうち法第11条の犯罪収益収受罪等その法定刑の長期が４年未満の懲役又は禁錮であって、別表第四の犯罪に該当しないものや、爆発物取締罰則第１条の爆発物使用罪のように組織的犯罪処罰法改正法施行以前から共謀罪・陰謀罪が別個に設けられていたものについては、別表第四には掲げられていない（別表第四第１号参照）。

　他方で、別表第四に掲げられる罪のうち、法第７条の組織的な犯罪に係る犯人蔵匿等の罪などのいわゆる司法妨害罪（別表第四第２号から第６号まで）は、司法妨害は犯罪の発覚を防ぐための手段であり、それだけを目的とする組織的犯罪集団が存在することは考えられないから、組織的犯罪集団の結合目的となることが現実的に想定されないものであるとして、別表第三には掲げられていない。

(2)　**目的犯罪の個数と団体要件**
ア　**目的犯罪の個数**

　条文上、目的犯罪については、組織的犯罪集団の認定に当たり、これを特定する必要があるが、必ずしも１つである必要はなく、複数であっても構わない。

　この場合、すでに述べた通り(27頁)、結合関係の基礎としての共同の目的は、継続的な目的である必要があり、いずれの目的についても要件を満たす必要があるのはいうまでもない。

イ　**政府答弁**

　政府は、これに関し、例えば、振り込め詐欺集団であれば、組織的な詐欺が目的犯罪であると考えられるが、暴力団の場合、種々の犯罪行為を行うことにより組織を維持拡大し、また、構成員も、そのような組織を背景として暴力的な威力を利用してそれらの犯罪行為を行うことにより生計を維持しているので、その目的犯罪は、当該暴力団が傷害、組織的な殺人等の凶悪重大殺傷犯を含む種々の犯罪行為全般であることもありうると解説している（**解説**119頁）。

　ただし、結合関係の基礎としての共同の目的が何かということは、前述のとおり、客観的に認定されるものであるから、暴力団であるから当然に犯罪行為

全般が目的犯罪であると認定できるわけではなく、当該暴力団の活動実態に照らして個別具体的に判断されるものである。

(3) 目的犯罪と対象犯罪の齟齬
ア 計画された犯罪が目的犯罪ではない場合

計画された犯罪が、組織的犯罪集団の目的犯罪ではない場合がありうる。

そもそも司法妨害の類型の犯罪のように、別表第四の対象犯罪が別表第三の目的犯罪とされていない場合もあるが、問題は、それ以外の場合である。

例えば、振り込め詐欺集団の共同の目的（目的犯罪）は組織的詐欺であるが、その集団が、組織から脱会を申し出たメンバーの一人に対し、リンチを行うことを計画したような場合（対象犯罪は傷害）である。

このような場合であっても、条文上は、計画した犯罪が「結合関係の基礎としての共同の目的」でなくとも、犯罪の成立要件に欠けるところはないように読める。

政府も、福島みずほ議員の質問主意書に対する答弁書（平成29年参質75）において、「お尋ねの『その実行を共同の目的とする犯罪』は、収集された証拠に基づき個別具体的に判断されるべきものであるところ、例えば、薬物密売の構成員らが組織的殺人を実行する場合のように、お尋ねの『計画した犯罪』が『その実行を共同の目的とする犯罪』とは異なる場合もあり得る。」との答弁をしている。

そのため、共謀罪の運用においては、このように解釈されて、適用される可能性が高い。

ただし、このように解釈したとしても、当該犯罪の計画は、組織的犯罪集団の団体の活動として、当該行為を実行するための組織により行われるものでなければならない。

イ より限定的に解釈されるべきであること

しかし、そもそも共謀段階で処罰の対象とする理由は「組織的犯罪集団によって計画される犯罪が実行される可能性が高い」というものである。それは、より具体的に言えば、組織的犯罪集団の共同の目的が犯罪行為である場合には、

組織的犯罪集団は、当該犯罪行為をしなければ脱会するという構成員から成り立つ団体であるから、当該犯罪行為が実際に行われる可能性が高いということである。しかし、団体の目的となる犯罪と、共謀の対象たる犯罪が異なる場合、対象犯罪が組織的犯罪集団の活動であったとしても、構成員が当該犯罪をやらなければ脱会するという関係にないのであるから、当該対象犯罪の実現可能性が特に高いということはいえない。

したがって、**目的犯罪と対象犯罪に離齬がある場合には、計画に現実性がなく、また、計画及び準備行為について対象犯罪実現の客観的に相当な危険性がない場合が十分に考えられる。**計画に現実性がなく、また、後述の通り（84頁）、客観的な相当な危険性がない場合には、共謀罪の計画、準備行為には該当せず、共謀罪は成立しないというべきである。

第4　準備行為

1　準備行為は構成要件であること

◎ポイント

準備行為は構成要件として解釈されるべきである。

共謀罪は、計画に加えて、「その計画をした者のいずれかによりその計画に基づき資金又は物品の手配、関係場所の下見その他の計画をした犯罪を実行するための準備行為が行われたとき」に成立する。

林刑事局長は、「実行するための準備行為は、計画行為とともにテロ等準備罪の成立要件でございまして、したがいまして、同罪の、テロ等準備罪の構成要件でございます。」【4月19日衆議院法務委員会（國重委員）】と答弁しており、構成要件であるとされる（**解説**121頁）。なお、政府は「準備行為」を「実行

準備行為」と呼ぶ。

しかし、この点については、条文の文言からすれば、処罰条件であるという反論がある。

たとえば、共謀罪の審議過程において、意見陳述をした松宮孝明教授は、詐欺破産罪の文言との類似性を挙げ、条文の文言からすれば、処罰条件であると指摘する[*45]。

この指摘は条文の規定内容からすればもっともであるし、2005年共謀罪法案の修正案提出者や政府参考人の答弁でも、「実行に資する行為」（共謀罪法の「実行するための準備行為」と同様の位置付けで2005年共謀罪法案に追加されたもの）は処罰条件であるとされていた。しかし、立法府において政府が「構成要件」であると説明して立法した以上は、法の文言が不明確であっても、準備行為は構成要件として解釈、適用されるべきである。

2　準備行為の内容と予備行為との相違

◎ポイント

準備行為は、法益侵害結果発生の客観的かつ相当な危険性がある行為でなければならないと解釈されるべきである。

(1)　準備行為の内容

準備行為の意義について、林刑事局長は、「準備行為とは、まず、計画行為とは別の行為であること、それから、計画に基づいて行われること、そして、計画が実行に向けて前進を始めたことを具体的に顕在化させるもの、これを内容とすると考えております。条約の五条の『合意の参加者の一人による当該合意の内容を推進するための行為を伴い』という条約のオプションを利用したものでございますので、合意の内容を推進する行為であれば足りるということから、三つ目の要件でございますところの、計画が実行に向けて前進を始めたこ

とを具体的に顕在化させるものであれば足りるということになろうかと思います。」【4月19日衆議院法務委員会（國重委員）】と答弁している。

すなわち、準備行為とは計画とは別の行為で、計画に基づき、計画が実行に向けて前進を始めたことを具体的に顕在化させるような行為をいう（**解説121頁**）、とされる。

準備行為は国際組織犯罪防止条約から導かれた要件であるから、「合意の内容を推進するための行為」であり、政府が解説するように、「計画が実行に向けて前進を始めたことを具体的に顕在化させるもの」という解釈は相当であろう。

また、条文上、「計画に基づき」とあり、計画とは別に準備行為を構成要件としているのであるから、計画とは別の行為で、計画に基づく行為でなければならないことは当然である。

この内容については後述（85頁）するが、準備行為は極めて曖昧で広範な概念であり、これにより犯罪の成立場面が厳格に限定されるという性質のものではないことに注意するべきである。

(2) **予備行為との相違**

現行刑事法における「予備（予備行為）」（以下、単に「予備行為」という。）と共謀罪法における「計画をした犯罪を実行するための準備行為」（以下、単に「準備行為」という。）は異なる。

予備行為とは、犯罪の実現を目的とする行為でその実行に着手する以前の準備段階にあるものである（後掲東京高裁判決〔83頁〕）。

他方、準備行為について、岸外務副大臣は「客観的に相当の危険性の認められる程度の準備が整えられた場合にしか成立しない予備罪の予備行為のみを推進行為とすることは本条約の趣旨に反するおそれが高いと言うべきでございます。したがいまして、政府としては、合意内容を推進するための行為に対応するものとしてそのような予備行為を規定して本条約を締結することは憲法九十八条二項が規定する条約の成立履行義務に反して許されない、このように考えているところでございます。」【5月19日衆議院法務委員会（階委員）】と

述べている。[*46]

　他方で、次頁で説明するとおり予備行為は、法益侵害の客観的に相当な危険性を有する行為でなければならないと解釈されているため、政府解釈によると、準備行為は、予備行為よりも前段階の行為であって、客観的に相当な法益侵害の危険性がない行為であっても良いことになる（もちろん、予備行為と認められる行為であっても、法的には準備行為にはなり得る。）。

　しかしながら、次頁で説明するとおり、それが犯罪を構成するとされる以上、準備行為も、客観的に相当の危険性のあるものに限定されると解すべきである。

(3) 準備行為と客観的に相当な危険性
ア　政府の立場

　前述のとおり、政府は、予備罪は、客観的に相当の危険性が認められる程度の準備が整えられた場合にしか成立せず、このような予備罪を「合意を推進する行為」とすることはできず、準備行為は、客観的に相当の危険性がない行為でもよいと説明している。

　この「予備罪は、客観的に相当の危険性が認められる程度の準備が整えられた場合にしか成立しない」という考え方は、東京高裁昭和42年6月5日判決の判示に基づくものである。[*47]

イ　判決の判断内容

　同判決は、「予備行為の態様が」「きわめて無定型、無限定であり、」「犯罪の完成からは比較的遠いところにあり、犯罪の類型や規模によっては、その完成までの途中において、種々の迂余曲折により犯罪意思がしばしば動揺を示して不安定であることが多く、したがつて一般には刑法上も不可罰として扱われ、保護法益がとくに重大であるかあるいは予備行為等それ自体の危険性が極めて大きい場合にのみ、その可罰性が認められている、」とし、予備行為は、「要するに当該犯罪類型の重い可罰性とその犯罪類型との関連においてその予備行為等それ自体のもつ客観的危険性（つまり、実行の着手可能という観点からみて、客観的に重要と思われる程度の実質的な準備がされたこと。）に着目すればこそ、その可罰性が認められる」ため、「実行行為着手前の行為が予備罪として処罰

されるためには、当該基本的構成要件に属する犯罪類型の種類、規模等に照らし、当該構成要件実現（実行の着手もふくめて）のための客観的な危険性という観点からみて、実質的に重要な意義を持ち、客観的に相当の危険性の認められる程度の準備が整えられた場合たることを要する、と解するのが、前述のような予備行為の態様の無定型と無限定という特徴を把握する一方、罪刑法定主義の要請をも顧慮する目的論的解釈の立場からみて、もつとも当を得たものと思われる。」としている。

このように、予備罪について、客観的に相当の危険性が認められる程度の準備がある場合のみを可罰的とするのは、罪刑法定主義、すなわち、憲法31条に基づく要請である。

また、犯罪の違法性の本質は、法益侵害及びその危険性であるのだから、客観的に相当の危険性が認められない場合には、そもそも処罰に値する違法性がないのである。

ウ　準備行為と予備行為の類似性

準備行為は予備罪より前段階であり、予備行為以上に不定型、不限定であり、上記判決の理由が該当することからすれば、共謀罪（計画及び準備行為）も、「組織的犯罪集団の活動としての犯罪」という特殊な考慮要因は加わったとしても、客観的に相当の危険性が認められる場合でなければ、可罰的とはいえない、と解すべきである。

さらに、法益侵害の危険性という観点から言えば、共謀罪の保護法益は対象犯罪の保護法益と同じなのであるから、組織的犯罪集団による犯罪であろうと、個人による犯罪であろうと、法益侵害の結果の重大性の程度は変わらないことも、同様に解釈するべき理由となる。

最高裁も、いわゆる堀越事件判決について、法律の文言を実質的に解釈し、実質的に法益侵害の危険性がない行為について、処罰しない旨判示している。[*48]

したがって、**共謀罪における組織的犯罪集団による準備行為も、準備行為実行者の主観的要素だけでなく、客観的に相当の危険性のあるものに限定して適用されるべきである。**

3 「準備行為」の意義

> ◎ポイント
>
> 準備行為とは、①計画行為とは別の行為であり、②計画に基づいて行われる③計画が実行に向けて前進を始めたことを具体的に顕在化させる行為をいう。

準備行為は、計画に基づく行為でなければならないため、計画が完成した後の行為でなければ、準備行為には当たらない。

(1) 要件

準備行為とは、前述のとおり、①計画とは別の行為で、②計画に基づき、③計画が実行に向けて前進を始めたことを具体的に顕在化させるような行為をいう。

(2) 計画とは別の行為

計画とは別の行為でなければならない。したがって、計画行為と評価される行為は、準備行為には該当しない。

これに関し、金田法務大臣は、「計画をした後に時間と場所を変えて犯罪の実行についてさらに具体的に話し合う行為は、通常は、計画を立て、またはこれを練るものにすぎない、計画とは別の行為とは言えないために、実行準備行為には当たらないものと考えられますし、計画をした後に計画内容を紙に書きとめる行為、いわゆるリマインドメールを送る行為についても、通常は、先行する計画の内容を確認するものにすぎない、したがって、計画とは別の行為とは言えないため、これも実行準備行為には当たらないものと考えられるわけであります。」【4月17日決算行政監視委員会（階委員）】と答弁している。

このように、犯罪の計画を練りなおす行為、計画内容を確認する行為、紙に

書き留める行為などは、あくまでも先行する計画の内容を確認するにすぎず、計画行為の一部であり、計画とは別の行為とはいえないとするのは相当である（**解説**122頁）。

また、計画に加わる者を増やす（仲間に参加することを呼びかける）行為も、計画の具体化であり、計画とは別の行為とは言えず、準備行為には当たらないと解するべきである。

(3) **計画に基づき**

ア 「計画に基づき」の意義

「計画に基づき」とは、具体的かつ現実的に合意された計画の内容を踏まえて、客観的にそれに基づいて行われたと認められることを意味する。

林刑事局長は「『計画に基づき』というのは、計画を基礎としているという意味でございます。計画において合意がなされた内容、例えば具体的な犯罪の態様や準備行為、あるいは犯行後の罪証隠滅行為などの内容を踏まえまして、客観的にそれを基礎として行われたと認められるものであることを要するものと考えております。」【4月19日衆議院法務委員会（國重委員）】と答弁し、同様の解釈を採っている（**解説**121頁）。

したがって、計画内容と準備行為の内容が異なる場合には、計画に基づいているとはいえず、共謀罪に規定する「準備行為」に当たらない。

例えば、林刑事局長は「テロ組織が毒殺計画を立てた場合において、計画者の一人がナイフを買った、こういった事案におきましては、ナイフによる刺殺が計画の中で想定されていないのであれば、これは計画に基づくものとは言えず、実行準備行為に当たらないと考えられます。そのような場合にはテロ等準備罪は成立しないということになります。他方で、毒殺が奏功しない場合には刺殺に切りかえたり、あるいは逃走時に逮捕を免れるためにナイフを用いることなどが計画の内容に含まれているような場合であれば、これは計画に基づいて行われ、かつ、先ほど申し上げました、計画が実行に向けて前進を始めたことを具体的に顕在化させるものといたしまして実行準備行為に当たり、テロ等準備罪が成立する場合があると考えます。」【4月19日衆議院法務委員会（國

重委員）】と答弁しており、この解釈は適当である。

　イ　計画行為と準備行為の時間的関係

準備行為は計画に基づいて行われなければならないから、計画より前に準備行為が行われても、それは計画に基づいたものとは言えない。

　林刑事局長は「実行準備行為とは計画に基づき行われるものであるというものが法律上明確になっておりますので、計画が成立していない段階の行為が実行準備行為に該当すると認められることはございません。

　したがいまして、計画が成立したとは言えないような段階で仮に下見行為を行ったといたしましても、その下見自体は実行準備行為とは認められないということになります。」【４月28日衆議院法務委員会（吉田委員）】と答弁し、同様の解釈を採っている。

　したがって、計画が成立する前に行われた準備行為は、共謀罪の適用に当たっては、共謀罪に規定する準備行為には該当しないので、共謀罪は成立しない。

　ウ　計画の成立時期

　このため、計画の成立時期（終了時期）が重要になる。

　計画とは、前述のとおり、「一定の重大な犯罪を、組織的犯罪集団の団体の活動として、当該犯罪を実行するための組織により実行することについて、具体的かつ現実的な合意をすること」であるから、計画が「具体的かつ現実的」でない段階は、いまだ計画が成立したとは言えず、また、犯罪を行うことについて意思の合致がなされていない段階も、計画が成立したとは言えない。

　したがって、このような段階で、準備行為と思しき行為がされたとしても、それは、計画に基づいた準備行為とはいえず、共謀罪は成立しない。

　この意味で、「具体的かつ現実的な計画」が完了したと認められるか、また、いつ完了したかという問題は、構成要件とされる「計画に基づく準備行為」が行われたと認められるかどうか、すなわち共謀罪が成立するかどうかに直結する重大な問題であることに注意すべきである。

(4)　**計画が実行に向けて前進し始めたことを顕在化させる行為**

　計画が実行に向けて前進を始めたことを具体的に顕在化させるような行為の

具体例は、条文に記載されているとおり、「資金又は物品の手配、関係場所の下見、その他の計画をした犯罪を実行するための準備行為」である。

　これに関し、林刑事局長は「『その計画に基づき資金又は物品の手配』……は、計画した犯罪をその計画に基づいて実行するために必要となる資金または物品を準備する行為や、入手に向けて働きかける行為をいうわけでございます。また、『関係場所の下見』というのは、その計画した犯罪の実行に関係ある場所に赴いてあらかじめ確認をするという行為でございます。こういった行為が例示されておるわけでございますが、これらの例示によって示されるとおり、その他の実行準備行為も、一つには、計画とは独立した行為でなければならないこと、もう一つには、その計画が実行に向けて前進を始めたことを具体的に顕在化させる行為でなければならないこと、こういった意味において、『その他の計画をした犯罪を実行するための準備行為』は、例示されているこれらの行為と共通性を持つものでなければならないと考えております。（『その他の計画をした犯罪を実行するための準備行為』）は、例えばその計画後において、犯行手順の訓練をすること、あるいは犯行の標的の行動監視を行うこと、こういったことなどが考えられると考えます。」【4月19日衆議院法務委員会（國重委員）】と答弁している。

　政府の説明は、例示の文言の解釈としては適当な解釈と思われるが、準備行為は広範な行為を含んでいることから、犯罪の構成要件として処罰範囲を限定する効果はほとんどないものといわざるをえない。

第5 故意

1 共謀罪の故意の内容

> ◎ポイント
>
> 共謀罪は故意犯であるから、構成要件に対する認識又は予見がなければならない。

共謀罪は故意犯である。

したがって、構成要件事実に対する認識又は予見がなければならない。

具体的には、次の認識又は予見がなければならない。

① 計画が、次の内容であることを認識していること
  ⓐ 別表第四規定の犯罪の行為の遂行の計画であること
  ⓑ 組織的犯罪集団の意思決定に基づく犯罪の遂行であること
  ⓒ その犯罪行為の効果、利益が当該組織犯罪集団に帰属すること
  ⓓ その犯罪行為が指揮命令に基づいてあらかじめ定められた任務の分担にしたがって、構成員が一体として行動する人の結合体(いわば、組織的犯罪集団のうち、犯罪実行部隊としての組織)により行われるものであること
② ①の計画が、二人以上でなされたこと
③ その計画をした者のいずれかによりその計画に基づき計画をした犯罪を実行するための準備行為(資金又は物品の手配、関係場所の下見等)が行われたことの認識又は行われることの予見

2　故意が欠ける者

> ◎ポイント
>
> 共謀罪は、故意犯であるから、故意が欠ける者について、犯罪は成立しない。

　したがって、例えば、A及びBの2人で計画した場合に、そのうちAについて、上記の認識のいずれかが欠けているときは、Aについては共謀罪が成立しないことになる。

　他方で、Bについて共謀罪が成立するのかが問題となる。

　これに関し、林刑事局長は、上記Aについて、「当該犯罪を計画している対象が組織的犯罪集団が関与する犯罪であるということについての認識のない場合には、これは計画者とは認められません。」とし、上記Bについては、「二人以上で計画した場合に、他方に故意の認識がなければ、その者については成立しませんが、故意の認識のある者については成立いたします。」【5月12日衆議院予算委員会（枝野委員）】と答弁し、故意がない計画者は、「計画者にはならない」としつつ、故意がある者については共謀罪が成立するとしている。[*49]

　共謀罪の要件との関係では、

① 　別表第四に掲げる罪に当たる行為で、

② 　組織的犯罪集団の団体の活動として、当該行為を実行するための組織により行われるものの遂行を

③ 　2人以上で計画した者は、

④ 　その計画をした者のいずれかによりその計画に基づき計画をした犯罪を実行するための準備行為が行われたとき

　　　という4つの要件を満たせば、共謀罪は成立することになる。

　政府の説明は、2人で計画した場合に、客観的には、上記①〜④の要件を満たし、その上で、そのうち1人については上記①〜④のいずれかの故意が欠け

るだけであり、他方の1人のみは、客観的な要件も、故意もかけるところはないから、共謀罪が成立するということであろう。

共謀罪の成立要件を形式的に検討するのであれば、このような解釈は可能であろう。

しかし、組織的犯罪集団の活動としての犯罪であることなどについて故意がない人と2人で計画したとして、現実的に組織的犯罪集団の活動としての犯罪が実現するかは疑問がある。

「計画」の項目で述べた通り、計画が「組織的犯罪集団の活動として」の犯罪として、具体的かつ現実的なものになっているかは、厳格に検討する必要がある。

3　未必的故意

> ◎ポイント
>
> 共謀罪は、未必的故意でも成立しうる。

(1) 未必的故意も故意と認められること

共謀罪の故意は、理論上は、未必的認識でよいことになろう。

これに関し、政府は、「実際に実行準備行為を行った者以外の者から見て、実際に行われた実行準備行為が計画において明示的に合意されていなかったものであるとしても、計画をした者にとって未必的に認識していたものであると認められる限り、故意に欠けるところはない（**解説**123頁）」とする。

すなわち、計画において準備行為の内容が明示されていなかったとしても、計画者にとって未必的に当該準備行為を行うことが認識または予見されていれば、故意があると認められるということである。

確かに、計画において、準備行為の内容は明示されていなくともよいかもしれない。しかし、計画をした誰かによって何らかの準備行為がなされることを

「認容」していただけで準備行為の故意が認められるのであれば、準備行為の故意はほとんど常に認められることになろう。これは、準備行為といった曖昧で意味のない要件が共謀罪の構成要件とされたことによる結論といわざるを得ない。

なお、計画は具体的かつ現実的なものでなければならず、かつ、準備行為は計画に基づいていなければならないから、単に準備行為の内容が明示されていないというにとどまらず、当該準備行為が計画に基づくものと認められない場合には、故意の問題以前に、準備行為自体がないということになる。

(2) 共謀罪の故意等の立証

さらに、計画者にとって未必的に当該準備行為を行うことが認識又は予見されていれば故意に欠けるところはないのはその通りであるが、その立証をいかにするかということは別に考えなければならない。

計画も当事者の認識であるし、準備行為が計画に基づいているかどうかも、当事者の認識の内容に大きく関わる事実である。さらに、準備行為に関する未必的故意も、当事者の認識の問題である。

このように、共謀罪は構成要件的行為が、行為者の認識内容に密接に関わるため、立証活動としてはその内心がどのようなものであったかという供述証拠が極めて重要である。

そのため、必然的に、捜査機関としては供述証拠に頼り、自白を採るために厳しい取調べを課すことになり、冤罪の危険性は大きいと言わざるを得ない。

これに関する詳細は、**第2部第2章**を参照していただきたい。

4 事実の錯誤

また、事実の錯誤に関し、政府は次のような見解に立っている。

「裁判例においては『「犯人が認識した罪となるべき事実と現実に発生した事実とが必ずしも具体的に一致することを要するものではなく、両者が法定の範囲内において一致することをもって足りる」』とされており、この考え方は、

第6条の2第1項の罪における実行準備行為の場合にも妥当する(**解説**123頁)。

実行準備行為は、特定の犯罪の実行の計画の実現のために行われるものであるので、計画をした者が、計画に基づいて行われた実行準備行為の内容を具体的に認識していなかったとしても、当該計画をした犯罪の実行準備が行われるという認識の範囲内で一致していれば、故意は認められると考えられる(**解説**136頁・注31)」。

政府の説明を前提とすれば、例えば、2人で、ナイフを用いて特定の人物を殺害する計画をした場合に、うち1人が、その準備としてナイフを購入し、他の1人はナイフの購入を認識していなかったような場合、ナイフの購入を予見していなかった一人についても、準備行為についての故意が認められるということになるであろう。

このように解すると、準備行為は極めて広範な行為が含まれていることと相まって、実質的には、準備行為に対する認識がなくとも処罰されることになり、望ましくない。

少なくとも、準備行為が行われることの認識がない場合には、準備行為に対する故意が欠けると解釈されるべきである。この場合には、準備行為が行われるという認識自体がなく、錯誤を論じる前提がないからである。

さらに、2人で、ナイフを用いた特定人物の殺害を計画した後で、うち1人が、ナイフが奏功しない場合には毒殺に切り替えようと考え、毒物を購入した場合、計画をした2人の罪責が問題となる。

この場合、形式的に考えれば、特定人物を殺害する計画という点では、ナイフでの殺害も、毒殺も共通するため、共謀罪の故意に欠けるところはないという解釈もありうる。

しかし、このような解釈は、処罰範囲を不当に広範にするため、許されるべきではない。

また、前述(52頁)のとおり、共謀罪の計画は具体的かつ現実的でなければならないのであるから、ナイフによる殺害と毒物による殺害は、計画としては別個の行為と評価されるべきである。そして、毒物の購入は、ナイフによる殺害という計画に基づく準備行為とは言えない。したがって、故意の成否以前

に、構成要件として、計画及び準備行為の要件を満たさないと解釈されるべきである。

したがって、安易に故意があると判断するのではなく、このような観点から、具体的に故意の内容を検討するべきである。

第6　共謀罪が一般市民に適用される危険性

1　共謀罪適用の危険性

◎ポイント

共謀罪の構成要件を、政府解釈の通りに厳格に解釈すれば、一般市民について共謀罪が成立する可能性は皆無である。

共謀罪は、一般市民の通常の活動に適用され、一般市民の活動に対し重大な制限が課せられる危険性について、市民から懸念の声が出されている。

それに対し、政府は何度も、一般市民に共謀罪は適用されることはないという趣旨の答弁を繰り返した。もちろん、捜査機関がこの答弁に従い、一般市民に共謀罪が適用されないよう、共謀罪を運用しなければならないことは言うまでもない。

ここでは、共謀罪の構成要件及び政府答弁から、このような政府答弁の妥当性、一般市民に共謀罪が適用される危険性はないのか、解説する。

性質上、今までの解説（69頁）と重複する部分があるので、適宜、当該箇所の解説も参照されたい。

また、別表第四に関する解説においても、一般市民に共謀罪が適用される危険性について言及しているので参照（69頁）されたい。

2 団体、組織的犯罪集団

(1) 一般市民と団体要件の関係

共謀罪は、団体である組織的犯罪集団の活動としての犯罪を計画しなければ成立しえない。

そこで、まず、政府は、団体要件に関して一般市民には共謀罪が成立しない旨を答弁ないし解説している。

(2) 群衆について

政府は、「「群衆」のように、共同の目的が欠如しており、構成員が相互に結合していないものは「団体」に該当せず、ひいては、「組織的犯罪集団」に該当しない(**解説**116頁)」と解説している。

群衆とは、「群がり集まった大勢の人(広辞苑)」とされる。

政府が、群衆は「共同の目的」が欠如しているとしているとするのは、前述(27頁)のとおり、「共同の目的」及び「結合関係の基礎としての共同の目的」は、一時的な目的では足りず、継続的な目的である必要があるためである。

群衆とは、通常は一時的に集まっているものであるから、継続的な目的を欠き、「共同の目的」ないし、「結合関係の基礎としての共同の目的」の要件を満たすことは考えにくい。

また、群衆については、組織性の要件、すなわち、「指揮命令に基づき、あらかじめ定められた任務の分担に従って構成員が一体として行動する人の結合体」という要件を欠くことが通常であろう。

指揮命令については、その場で指揮を行う者が名乗り出ることにより、要件を満たすこともありうるとは思われるが、一時的な集団であるから、「あらかじめ定められた任務の分担」という要件を満たすことは考えにくい。

よって、政府の解釈は適切である。

(3) 座り込みなど

ア　政府答弁

　団体に関し、金田法務大臣は、「(政府が沖縄県民の意思を無視して基地建設を強行するとき、意思表示の最後の手段である抗議行動、座込み、ブロックを積む行為、それが共謀罪の……適用の対象になるかと問われ)あくまで一般論として申し上げれば、御指摘のような集団は、団体の要件をそもそも満たさないと思われる。【5月30日参議院法務委員会（糸数委員）】と答弁している。

　これは、一般の集団が、偶発的に違法な行為を行ったとしても、それは共謀罪の「団体」には当たらないとする答弁であり、共謀罪の適用が否定されるべきであることは言うまでもない。

　もっとも、金田大臣の答弁は、団体性のどの要件を欠くと考えているのか、明らかではない。

　おそらく、政府が団体性を否定している「群衆」と同様のものと解し、その集団が、「継続的結合体」（2条）ではなく、一時的な集団に過ぎないと理解しているのではないかと思われる。

イ　政府答弁の検討

(ア)　組織的背景がない場合

　たしかに、特に組織的な背景がない住民が集まり、座り込みをするような場合には、「団体」の要件を満たさない場合は多いであろう。

(イ)　特定かつ単一の組織的背景がある場合

　しかし、平和団体など、一定の集団に参加している人たちが座り込みをしていた場合には、そもそも「団体」要件を満たす団体が存在していることは十分ありうるから、団体要件を欠くとは言い切れない。

　とはいえ、このように、団体要件を満たす場合でも、組織的犯罪集団といえる場合は皆無であろう。

　組織的犯罪集団といえるためには、結合関係の基礎としての共同の目的が別表第三に掲げる罪に当たる必要があるところ、この目的は一時的なものでは足りない。座り込みの現場で犯罪が行われたとしても、それは一時的な目的にすぎないから、共同の目的とは認められないためである。

また、「結合関係の基礎としての共同の目的」は、その目的がなければ構成員が組織的犯罪集団を脱退するというような目的でなければならないところ、平和団体に所属する構成員の共同の目的は、平和運動である。したがって、一時的に違法な犯罪行為をしたとしても、それはそもそも団体の目的とはいえない。

　仮に、別表第三に掲げる違法な行為が平和運動の手段であるとして、共同の目的の要件を満たさないかを検討するにしても、当該違法な行為という手段により平和運動をするのでなければ、構成員が当該団体を脱退するというように、当該違法な行為という手段が目的と一体化し、かつ、共同の目的といえる場合は皆無であろう。

　(ウ)　**複数の組織的背景がある場合**

　複数の平和団体が座り込みを企画するような場合に、実際に犯罪行為を計画した人たちが、それぞれ、別々の平和団体に所属していたような場合は、「団体」要件を満たすかは問題が残る。

　共謀罪の構成要件との関係で言えば、「組織的犯罪集団の活動として」犯罪を計画したといえるかが問題になるから、計画した人たちが、その団体のいずれかの団体の活動として犯罪を計画する場合でなければ、そもそも単なる群衆と同じように、「団体」要件を満たすことはない。

　仮に、ある団体の活動として犯罪を計画する場合でも、当該団体が組織的犯罪集団といえるかという点で、(イ)で述べた問題があり、組織的犯罪集団に該当する場合は皆無であろう。

　さらに、ある団体の活動として犯罪を計画するにしても、当該団体の構成員以外の人物も計画しているのであるから、実際に当該団体の活動になるか、すなわち、団体の意思決定に基づき、効果が当該団体に帰属するという要件を満たすことは考えられない。

　ウ　**捜査機関の逸脱、濫用**

　ただし、捜査機関が共謀罪の解釈を誤り、もしくは共謀罪を悪用し、市民の活動を弾圧することを目論み、平和運動におけるデモなどの場面における、偶発的な行為に共謀罪を適用することは十分にありうることである。

　上記の解釈に照らし、共謀罪が成立しないことを主張し、弁護活動をするこ

とが必要である。

(4) 組織的犯罪集団に該当しないとされた例
ア 政府答弁
　政府によると、次の団体は、結合関係の基礎としての共同の目的が別表第三に掲げる罪に当たらず、組織的犯罪集団に該当しない。
(ア) 普通の団体、会社、労働組合、NPO団体
　金田法務大臣は、「その組織的犯罪集団、すなわちそもそもその団体の結合の目的が犯罪を実行することにある団体、これだけに限られることになります。したがいまして、そのような普通の団体、通常の団体、会社、労働組合、NPO団体、こういったものはそういった犯罪を実行する目的で結合しているわけではございませんので、犯罪主体からは除外されるということになります。」【2月8日衆議院予算委員会（逢坂委員）】と答弁している。
　この答弁のうち、普通の団体、通常の団体、会社、労働組合、NPO団体は犯罪主体から除外されるという部分については、そもそも共謀罪の犯罪主体は団体ではなく、「計画した者」であるから、正確ではない。
　金田大臣の答弁は、これらの団体は、組織的犯罪集団からは除外されるという意味であろう。
　前述（39頁）のとおり、別表第三に掲げる罪に当たる行為を結合関係の基礎としての共同の目的としていない団体は、正当な目的の団体である。上記普通の団体、通常の団体、会社、労働組合、NPO団体は、正当な目的を有した団体であることが通常であり、一時的に別表第三に掲げる罪を行ったとしても、そのような犯罪を手段として当該目的を達成しないのであれば、当該団体に結合しない、もしくは脱退するというような団体であることは考えにくい。
　したがって、これらの団体は組織的犯罪集団に該当しない。
　もっとも、「普通」「通常」の団体というときの、「普通」「通常」か否かは、結局は政府や捜査機関が判断することであり、誰が判断するのかは重要な問題である。
　必ずしも共謀罪の要件に直結するわけではないが、政府や捜査機関が、政府

に都合の悪い考えを持っている団体を、「普通」「通常」ではない団体だと評価し、監視や共謀罪の適用を検討することは十分にありうることである。

共謀罪の解釈としては、上記のとおり、正当な目的の団体について、共謀罪の要件を満たすことは考えにくいが、捜査機関による逸脱、濫用的な解釈の恐れがあることは警戒しなければならない。

(イ) **一般の同窓会やサークル**
　ⓐ　政府答弁

金田法務大臣は、「一般の同窓会やサークルの目的、これらは懇親等が目的でございまして、一定の重大な犯罪を実行することを構成員の結合の目的としているということは考えられない」【3月7日衆議院法務委員会（宮崎委員）】と答弁している。

一般の同窓会やサークルの目的は、懇親等であり、別表第三に掲げる罪に当たる行為が共同の目的ではないということであり、同窓会やサークルが組織的犯罪集団に該当しない。

ここでも、「一般」の同窓会、サークルについて、どのような団体を「一般」と判断するのかということについては、(ア)で述べた危険性は存在する。

　ⓑ　組織的犯罪集団に該当しうるサークル

もっとも、サークルについても、たとえば、著作権法に違反するような同人誌を制作するサークルについて、当然に組織的犯罪集団に該当しえないかは検討の余地がある。

林刑事局長は、「一般に同人サークルは、創作活動を行い、意見交換をしたり、創作物を発表、頒布することなどを目的として結合しているのでありまして、著作権あるいは著作者人格権侵害行為を結合目的とするような団体とは考え難いものでございます。言い換えれば、著作権、著作者人格権侵害行為をしないのであれば結合しないんだと、そのような団体と認めることは困難であろうと思います。このように、一般に、同人サークルについては組織的犯罪集団に該当するとは考えられない」【6月8日参議院法務委員会（山口委員）】と答弁し、組織的犯罪集団に該当しないと明言している。

しかし、存在する作品をもとに、その作品の別のストーリーを創作するよう

な、いわゆる二次創作は、著作権法上の同一性保持権を侵害し、著作権法に違反する可能性がある。

このような二次創作を目的とした同人サークルは存在しうるところ、この同人サークルが組織的犯罪集団に該当しないかは問題がある。

ⓒ　団体要件が欠けるとする政府解釈

これに関し、林刑事局長は「一般に、サークルと呼ばれる集団につきましては、構成員の間に指揮命令関係やあらかじめ定められた任務の分担がなく、したがって、この指揮命令に基づき任務の分担に従って行動する組織による団体の活動が行われないことから、団体の定義のうち、その目的又は意思を実現する行為の全部又は一部が組織により反復して行われるものには該当しない」【6月8日参議院法務委員会（山口委員）】と答弁していることは前述のとおりである。

理論的に言えば、同窓会やサークルでも、組織性の要件を満たすことはありえるが、同窓会やサークルについては「団体」と評価しないというのが立法趣旨であり、団体要件を否定する政府答弁に沿って解釈されるべきである（詳細は、「団体」要件の項目に譲る）。

ⓓ　組織的犯罪集団の要件

仮にサークルなどが団体であると認められるとした場合、組織的犯罪集団に該当しうるかということが問題になる。

二次創作を行うことを目的としたサークルであれば、二次創作という目的は、二次創作をしなければ当該団体で結合しない、もしくは脱退するというような目的であると評価される余地はあり、この場合、この目的は団体の継続的な目的であることも十分ありうる。

その場合でも、違法性の認識の観点で、組織的犯罪集団であることが否定される。

すなわち、結合関係の基礎としての共同の目的が別表第三に掲げる罪に当たる行為にあるといえるためには、二次創作が著作権法に違反しているという共通の認識（違法性の認識）が必要であり、しかも、仮に認識していたとしても、なお、当該違法な二次創作をしなければ当該団体で結合しない、もしくは脱退

するというような目的にまでなっていなければならない。

　特に、著作権法違反は親告罪であり、共謀罪についても同様に親告罪である（法6条の2第3項）。日本において、二次創作について、著作権法違反の被害を申告する著作者はさほどおらず、他方で、二次創作について明確に許容する旨を表明している著作者も存在する。

　そうなると、同人サークルについても、具体的な二次創作の作品について、著作権法違反であるということについて認識がなかった場合、また認識があったとしても、二次創作が、そのような違法な行為をしなければ当該団体で結合しない、もしくは脱退するというほどの目的になっていなければ組織的犯罪集団とはいえない（41頁）。

　政府は、このような観点で、「同人誌創作サークルは創作活動を行い、意見交換をしたり、創作物を発表、頒布したりすることなどを目的として結合しており、著作権や著作者人格権を侵害する行為を共同の目的とする団体、すなわち、著作権、著作者人格権の侵害行為をしないのであれば結合しないという団体とは認められない」としているものであり、妥当な解釈である。

(ウ)　**アマチュアの合唱団、オーケストラなど**

　林刑事局長は、「アマチュア合唱団、オーケストラなどが、個々の場合に、楽譜を複写するということを繰り返していると仮定いたしましても、それによってこの団体が犯罪の実行を目的として結合している団体であるということを認定することは困難であろうと思っております。[*50]」【4月21日衆議院法務委員会（枝野委員）】と答弁し、アマチュア合唱団やオーケストラなどは、組織的犯罪集団に認定することは困難であるとしている。

　これについては、基本的に(イ)で述べたことが当てはまるが、特にアマチュア合唱団やオーケストラなどは、目的は楽器の演奏などであり、楽譜の複写などはその手段に過ぎない。しかも、楽譜の複写、入手という手段は、楽曲の演奏という目的との関係でいえば、一回的行為であり、しかも、毎回の楽曲の練習などに比して重要性が薄い。

　したがって、楽譜の複写という手段が、団体の共同の目的と不可分一体化するということは考えにくい。

さらに、楽譜の入手方法については、購入することも可能であるから、楽譜を複写する方法で楽曲の演奏をしなければ、当該団体で結合しないとか、脱退するというように、楽譜の複写が、団体の結合関係の基礎としての共同の目的にまでなっていることはおよそ考えにくい。
　よって、アマチュア合唱団やオーケストラなどは、組織的犯罪集団には該当しないといえるのである。

　　(エ)　軍事基地建設に反対する団体、環境保全団体など
　すでに紹介したが、金田法務大臣は、「(政府が沖縄県民の意思を無視して基地建設を強行するとき、意思表示の最後の手段である抗議行動、座込み、ブロックを積む行為、それが共謀罪の、つまりその適用の対象になるというふうにお考えでしょうかとの質問に対し)あくまで一般論として申し上げれば、御指摘のような集団は、団体の要件をそもそも満たさないと思われる上、基地建設反対又は基地建設に反対することによる地域の負担軽減や自然環境の保全を目的としており、一定の重大な犯罪等の実行を目的として構成員が結合しているものとは考え難いので、テロ等準備罪が成立することはない」【5月30日参議院法務委員会(糸数委員)】と答弁した。
　軍事基地建設に反対する団体、環境保護団体、マンション建設に反対する団体などが、組織的犯罪集団に該当しないとする理由も、上記のアマチュア合唱団などと同じである。すなわち、マンションの反対などが共同の目的であっても、その共同の目的を達成するために様々な手段があり、必ず業務妨害という手段でなければマンション反対の運動をしない、活動をしない、そういうことでなければ、犯罪の実行が共同の目的になっているわけではないからである。

　　(オ)　会社が毎年脱税を繰り返すような場合
　林刑事局長は「通常の営利活動を行っている会社において、会社の活動として反復継続して脱税を行っていたといたしましても、そのことで、当該会社の結合関係の基礎が、その共同の目的が脱税、すなわち犯罪の実行となるわけではございませんので、それだけで組織的犯罪集団と認められるものではございません。」【4月14日衆議院法務委員会(國重委員)】と答弁している。
　これは、当該「通常の営利活動」を行っている会社において、結合関係の基

礎としての共同の目的は、「通常の営利活動」であり、一般の事業を営んでいる会社が毎年脱税を繰り返していたような場合であっても、脱税という手段をとる方法で当該営利活動をしなければ、当該団体で結合しない、もしくは脱退するというような目的であることは考えにくいからであろう。

　この場合でも、会社全体の共同の目的が脱税といえない場合であっても、経理部や会社首脳陣など、会社の一部集団がその会社とは別の独立した社会的実体がある団体として組織的犯罪集団に該当するかが問題となる。

　詳細は「団体の中の団体」の項目（43頁）で論じた通りであり、会社の一部集団は、通常、独立した社会的実態があるとはいえず、団体要件を満たさない。

　林刑事局長は「会社というだけではなくて、その中にある組織としてのプロジェクトチーム……、これについては……それ自体が独立の会社から独立した団体という形で認められる必要があるわけでございますが、こうした、会社の組織のために、その中でプロジェクトチームというものが設けられているということにつきますれば、これはそのプロジェクトチーム自体が独立の団体と認める余地はない」【6月2日衆議院法務委員会（階委員）】と答弁しており、同様に解している。

　イ　政府答弁等の例示の問題点

　上記の政府答弁等で示された例では、その中で使われている「普通の」、「一般の」等がどのような基準によって判断されるのか明確ではない。これは、条文の文言が曖昧であることが根本的な原因である。そのため、捜査当局によって恣意的に条文の趣旨、解釈を逸脱、濫用した解釈がされ、一般の市民に共謀罪法が適用されるおそれがあることは警戒しなければならない。

第3章

法6条の2第2項の共謀罪

第1　法6条の2第2項の共謀罪の立法趣旨

1　法3条2項との比較

　法6条の2第2項は、国会でも時間不足のためほとんど審議されなかったこともあり、きわめてわかりにくいものであるが、これも1項と同様、共謀罪である。

　同項は、「組織的犯罪集団に不正権益を得させ、又は（中略）組織的犯罪集団の不正権益を維持し、若しくは拡大する目的で」行われる別表第四の犯罪の計画及び準備行為を内容とする共謀罪を定めている。

　これと深く関連するのが法3条（組織的殺人等）2項の罪である。法3条2項は、「目的」について「団体に不正権益（中略）を得させ、又は団体の不正権益を維持し、若しくは拡大する目的で」と、法6条の2第2項と同じ文言を使い、こうした目的で法3条1項各号の組織的殺人等を実行した場合には、法3条1項と同じ刑で処罰されるとしている。

　そこで以下、まず法3条と法6条の2第2項を改めて引用する。

（組織的殺人等）

法第3条第1項　次の各号に掲げる罪に当たる行為が、団体の活動（団体の意思決定に基づく行為であって、その効果又はこれによる利益が当該団体に帰属するものをいう。以下同じ。）として、当該罪に当たる行為を実

行するための組織により行われたときは、その罪を犯した者は、当該各号に定める刑に処する。

（著者注――以下、1〜15号の条文引用は省略し、罪名のみ箇条書きで紹介する。）

　一　封印等破棄（刑法96条）
　二　強制執行妨害目的財産損壊等（刑法96条の2）
　三　強制執行行為妨害等（刑法96条の3）
　四　強制執行関係売却妨害（刑法96条の4）
　五　常習賭博（刑法186条1項）
　六　賭博場開張等図利（刑法186条2項）
　七　殺人（刑法199条）
　八　逮捕及び監禁（刑法220条）
　九　強要（刑法223条1項又は2項）
　十　身の代金目的略取等（刑法225条の2）
　十一　信用毀損及び業務妨害（刑法233条）
　十二　威力業務妨害（刑法234条）
　十三　詐欺（刑法246条）
　十四　恐喝（刑法249条）
　十五　建造物等損壊（刑法260条前段）

第2項　団体に不正権益（団体の威力に基づく一定の地域又は分野における支配力であって、当該団体の構成員による犯罪その他の不正な行為により当該団体又はその構成員が継続的に利益を得ることを容易にすべきものをいう。以下この項及び第六条の二第二項において同じ。）を得させ、又は団体の不正権益を維持し、若しくは拡大する目的で、前項各号（第五号、第六号及び第十三号を除く。）に掲げる罪を犯した者も、同項と同様とする。

> **（テロリズム集団その他の組織的犯罪集団による実行準備行為を伴う重大犯罪遂行の計画）**
> **法第6条の2**
> 　**第2項**　前項各号に掲げる罪に当たる行為で、テロリズム集団その他の組織的犯罪集団に不正権益を得させ、又はテロリズム集団その他の組織的犯罪集団の不正権益を維持し、若しくは拡大する目的で行われるものの遂行を二人以上で計画した者も、その計画をした者のいずれかによりその計画に基づき資金又は物品の手配、関係場所の下見その他の計画をした犯罪を実行するための準備行為が行われたときは、同項と同様とする。

　このように比べてみると、法6条の2第2項の共謀罪は、あたかも法3条2項の罪を共謀段階で処罰するものであるかのように見える。ところが実際は、法第3条の対象犯罪は上記のとおりわずか12であるのに対し、法6条の2第2項の共謀罪は「別表第四」の277もの犯罪を対象としており、処罰の範囲が著しく広範である。

　以下、まず法3条2項の罪の立法趣旨を説明し、そのあと法6条の2第2項の共謀罪について解説する。

2　法3条2項の立法趣旨

　法3条は、刑法で定められた一定の犯罪が、組織的な態様または団体の不正権益との関連で犯された場合に、その法定刑を加重するものである（「**三法の解説**」81頁）。

　法3条2項の立法趣旨は次の通りである。

　不正権益とは、暴力団の縄張りを典型とするものであり、団体の構成員による犯罪その他の不正な行為により、当該団体又はその構成員が継続的に利益を得ることを容易にするような団体の威力に基づく支配力である。このような不正な利益を獲得することの源泉ないし温床となる団体の支配力の維持、拡大を

目的とし、あるいは、団体にそのような支配力を得させることを目的として行われる犯罪は、特に違法性、反社会性が高い。刑法の一部の罪については、このような目的で犯されることが多いと認められるにもかかわらず、その場合の法定刑としては十分ではないと考えられたことから、不正権益の維持拡大のための一定の犯罪について加重類型を設けたとされる（**三法の解説**82頁、83頁）。

そして、法3条2項が、3条1項の第5号、第6号及び第13号（順に、常習賭博、賭博場開帳図利及び詐欺）を除くとしたのは、これらの罪が「団体が不正権益を得させ、または団体の不正権益を維持し、もしくは拡大する」ことを直接の目的として犯されることが想定しにくいと考えられるためである（**三法の解説**89頁）。

3　法6条の2第2項の趣旨

法第6条の2第2項の趣旨について、**解説**は次の通り説明する。

国際組織犯罪防止条約5条1(a)(i)は、重大な犯罪の合意罪の立法化に際して、「国内法上求められるときは」、①「その合意の参加者の一人による当該合意の内容を推進するための行為」、②「組織的な犯罪集団が関与するもの」という要件を付加するオプションを採用することを認めているところ、我が国においては、この2つのオプションの双方が採用された。

そして、②「組織的な犯罪集団が関与するもの」という要件を付加するオプションに関して、我が国において、組織的な犯罪に対処するための法律である組織的犯罪処罰法において、組織的な態様に着目した要件（法3条1項等）と、不正権益関連目的に着目した要件（同条2項等）という2つの観点からの要件により、組織的な犯罪に対する特別の法規制が講じられていた。

第6条の2第1項又は第2項の罪は、このような枠組みを有する組織的犯罪処罰法に新設されるものであるから、国際組織犯罪防止条約にいう「組織的な犯罪集団が関与するもの」という要件を付加するオプションを実体化するものとして、国内法制との整合性を図る観点から、組織的な態様に着目した類型（6条の2第1項）と不正権益関連目的に着目した類型（同条2項）が設けられた

（以上、**解説**112頁）。

　しかし、仮に上記の法務省刑事局の解説のとおり、国際組織犯罪防止条約の要請から法3条2項の罪について共謀罪を設ける必要があったというのであれば、本来、「不正権益関連目的に着目した類型」の共謀罪は、法3条2項の罪の計画・準備行為であればよく、対象犯罪は、法3条2項と同内容（同条1項各号のうち12の犯罪）とされるべきであった。

　そして実際、共謀罪の対象犯罪である別表第四には、法3条（1項及び2項）の罪が全部含まれているのである（別表第四の一号は「別表第三に掲げる罪」であり、別表第三の一号には「第3条（組織的な殺人等）」が1項2項の区別なく掲げられている）。

　それにもかかわらず、実際にできた法第6条の2第2項は、別表第四の277の罪のすべてについて、不正権益を維持もしくは拡大する目的で行う別表第四の罪の計画、準備行為をもって罪とすることとされたのである。

　前述の**解説**にみられる法務省刑事局の見解の決定的な誤りは、条約第5条1(a)(i)が求めているのは「重大な犯罪」の合意罪の国内法化に過ぎないことを見落としている点にある。「重大な犯罪」とは条約第2条(b)により「長期4年以上の…刑を科することができる犯罪」と定義されているのであるから、仮に共謀罪の創設が条約の要請であるとしても、単純に現在国内法に存在する長期4年以上の罪の合意罪（組織犯罪処罰法6条の2第1項）を設ければ条約上の要請は完全に充たすのである。そのことを看過したのか、あるいは意図的に厳罰化を図ったのかは不明だが、今回の改正法6条の2第2項は、条約上の要請を大きく踏み越えて、「国内法制との整合性を図る観点」との名目で、12の対象犯罪で足りるはずの「不正権益関連目的に着目した類型」の共謀罪を277も新たに国内法として創設してしまったのである。

　その結果、共謀罪である法第6条の2第2項の対象犯罪は277もあるにもかかわらず、その本罪としての位置づけである法3条2項の対象犯罪は12しかないという極めて不合理な結果となった。

　しかも、法3条2項は、個別具体的に、「団体に不正権益を得させ、又は団体の不正権益を維持し、もしくは拡大する」ことを直接の目的として犯される

ことが想定できるか否かを検討し、これが想定できない罪は前述のとおり除かれているが（法３条２項で１項５号、６号及び13号が除外されている）、法６条の２第２項はそのような考慮は全く行われていない。そのため、法第３条第２項においては、詐欺罪が含まれていないにもかかわらず、その共謀罪である法６条の２第２項では、詐欺罪が含まれており、そのような適用がされる合理的な説明は一切されていない。

このように、法６条の２第２項の大多数の罪については、「国際組織犯罪防止条約締結のため」という立法事実がないにもかかわらず、犯罪とされたものであり、「テロ対策」を口実として、何ら立法理由のない犯罪が多数作りだされたものといわなければならない。立法事実がない以上は、法６条の２第２項のうち、法３条２項の対象犯罪以外の対象犯罪を計画する罪については、憲法違反であり、無効とされる余地が十分にあると言わざるを得ない。

第２　法６条の２第２項の共謀罪の要件

１　要件

法６条の２第２項の共謀罪の要件は次の通りである。
① 別表第四に掲げる罪にあたる行為を２人以上で計画すること
② その行為が、組織的犯罪集団に不正権益を得させ、又は組織的犯罪集団の不正権益を維持し、若しくは拡大する目的で行われるものの遂行であること
③ その計画をした者のいずれかによりその計画に基づき資金又は物品の手配、関係場所の下見その他の計画をした犯罪を実行するための準備行為が行われたとき

①及び③の要件は、法６条の２第１項と同じである。

ただし、①の計画要件においては、特定の犯罪を遂行することのみならず、②当該犯罪に当たる行為が、組織的犯罪集団に不正権益を得させ、又は組織的犯罪集団の不正権益を維持し、若しくは拡大する目的で行われるものであることについての意思の合致が含まれる必要があるとされる（**解説**125頁）。

以下では、②の要件について詳述する。

2 不正権益の獲得維持・拡大目的の犯罪の遂行

(1) 不正権益

「不正権益」の典型例は、暴力団がその縄張りとして設定した一定の地域内において、威力を背景として、当該暴力団又はその構成員が飲食店等からのみかじめ料等の獲得という不正な行為により継続的に利益を得ている場合における、当該縄張りである。

このほか、同業者団体が恒常的に談合を繰り返して構成員である各業者がこの談合により不当に高額の利益を得ているような場合であって、当該同業者団体に加入し、その意思決定に従わなければ、ある地域の当該事業分野から一切排除されてしまったり、あるいは各種の業務妨害的行為を受けて正常な営業がなしえないような実体が存在するような場合に、当該同業者団体のこのような支配力は、「不正権益」に該当しうるとされる（**三法の解説**89頁、90頁）。

ただし、法第6条の2第2項の罪においては、これらの暴力団や当該同業者団体が、組織的犯罪集団に該当しなければならない。

「不正権益」の定義は、法第3条第2項が定めるとおり、「団体の威力に基づく一定の地域又は分野における支配力であって、当該団体の構成員による犯罪その他の不正な行為により当該団体又はその構成員が継続的に利益を得ることを容易にすべきもの」である。

ここにいう「団体の威力」とは、団体の力を背景とする、人の意思を制圧するような勢力である。

「一定の地域又は分野における支配力」とは、一定範囲の地域又は分野において、人の意思や行動を左右することができる優越的な影響力をいう。

「不正な行為」とは、実質的に法秩序に反すると認められる行為をいう。犯罪はその典型であるが、それに限られず、例えば、暴力団員による不当な行為の防止等に関する法律に定める暴力的要求行為に該当する行為や、利息制限法に違反する高金利の取り立て行為などは、犯罪とは言えないが、「不正な行為」に該当する。

「継続的に」とは、組織的犯罪集団又はその構成員が、一定の利益を継続して得ることを言い、相手方が同一であることは要しない。

「利益を得ることを容易にすべきもの（支配力）」とは、それが存在することによって、利益を得ることが容易になるという効果を有する優越的な影響力をいう（以上、**三法の解説**90頁）。

(2) **目的**

「団体に不正権益を得させ……る目的」とは、ある団体に新たに不正権益を保有させようとする目的を言い、例えば、新たに結成された暴力団が飲食店からのみかじめ料獲得にかかる縄張りを新たに設定することを目的とする場合などである。

「団体の不正権益を維持……する目的」とは、ある団体がすでに保有している不正権益を維持しようとする目的であり、例えば、暴力団Aが一定の地域内に飲食店からのみかじめ料獲得にかかる縄張りを設定していたところ、暴力団Bが同一地域で同様に縄張りを設定しようとしたため、暴力団Aの従来からの不正権益が喪失ないし縮小することを防ぐことを目的とした行動などが該当する。

「団体の不正権益を…拡大する目的」とは、ある団体がすでに保有している不正権益の地域又は分野を拡大しようとする目的を言い、たとえば、分野を拡大する例として、おしぼりのリース料の名目で、飲食店一店舗当たり1か月10万円ずつみかじめ料を得ていた暴力団が、新たに生花の販売代金名目を加えて、一店舗当たり5か月に20万円ずつのみかじめ料を得ようとする場合が考えられる。（以上、**三法の解説**91頁、92頁）。

これらの目的が存在するといえるためには、実行する犯罪が、不正権益を得

させるなどの目的に直接資するものであることを要する（**三法の解説**92頁）。

3　犯罪の主体

　法6条の2第1項と同じく、犯罪の主体は、「計画した者」であり、他に限定はない。

　したがって、犯罪の主体は組織的犯罪集団の構成員である必要はない。

　これに関し、林刑事局長は、「第二項のテロ等準備罪について、これについては身分犯という構成は取っておりません。したがいまして、組織的犯罪集団の構成員でない者であってもテロ等準備罪の主体とはなり得るわけでございます。しかし、この第二項のテロ等準備罪につきましては、組織的犯罪集団に不正権益を得させ、又は組織的犯罪者集団の不正権益を維持、拡大する目的で犯罪の実行を計画することが必要な罪でございますので、そのような目的で犯罪を実行することができるものに限定されているわけでございます。そして、不正権益とは、この団体の威力に基づく一定の地域又は分野における支配力でありまして、当該団体の構成員による犯罪その他の不正行為により当該団体又はその構成員が継続的に利益を得ることを容易にすべきものということを意味しますので、組織的犯罪集団の構成員や、あるいは組織的犯罪集団と密接に関連して行動を共にしている者以外の者がこういった犯罪行為を行ったといたしましても、組織的犯罪集団又はその構成員が継続的に利益を得ることができる、例えばこの不正権益として縄張というものがございますが、そういった不正権益、縄張などを得ることにつながるわけではございませんので、その行動により組織的犯罪集団に不正権益を得させることをすることはできないと考えます。したがいまして、この第二項のテロ等準備罪の主体についても、身分犯の構成は取っておりませんけれども、組織的犯罪集団に不正権益を得させるなどすることができる者、すなわち、組織的犯罪集団構成員はもとよりでございますが、その組織的犯罪集団と密接に関連して行動を共にする者などに限定されていると考えております。」【6月8日参議院法務委員会（福山委員）】と答弁している。

　これは、前述のとおり、不正権益を得させる等の目的が存在するといえるた

めには、実行する犯罪が、不正権益を得させるなどの目的に直接資するものであることを要するところ、組織的犯罪集団の構成員や「組織的犯罪集団と密接に関連して行動を共にする者」以外の者が、法6条の2第2項の罪を行うことは想定できず、かつ、仮に行っても不正権益の拡大等に資することは考えにくく、不正権益を得させる等の目的を認定できないとの考えにもとづくものであり、このような限定的解釈自体は正当である。

しかしながら、「組織的犯罪集団と密接に関連して行動を共にする者」の例示はきわめて曖昧である上、条文上は、あくまでも「二人以上で計画したもの」なら誰でも犯罪の主体になるとされる恐れがあることに注意すべきである。

そもそも本項の共謀罪は、前述のとおり、対象犯罪が本罪にあたる法3条2項に比較して異常に広範であることからも、主体については最低限、政府答弁のように限定して解釈されなければ、憲法31条が定める刑罰法規の適正さに欠け、憲法に違反する疑いが濃厚となる。

4　故意

法6条の2第2項の罪の故意は、次の事実に対する認識又は予見である。
① 次の行為の計画であること
　ⓐ別表第四に掲げる罪に当たる行為で
　ⓑテロリズム集団その他の組織的犯罪集団に不正権益を得させ、又はテロリズム集団その他の組織的犯罪集団の不正権益を維持し、若しくは拡大する目的で行われるものの遂行であること
② ①の計画を2人以上で行うこと
③ その計画をした者のいずれかによりその計画に基づき資金又は物品の手配、関係場所の下見その他の計画をした犯罪を実行するための準備行為が行われたこと

詳細は法6条の2第1項の罪のうち、故意の項目（89頁）で述べた通りである。

第4章

法6条の2第3項、第4項、及び第1項、第2項に共通する論点

第1　親告罪になる場合

> **法第6条の2**
> **第3項**　別表第四に掲げる罪のうち告訴がなければ公訴を提起することができないものに係る前二項の罪は、告訴がなければ公訴を提起することができない。

　親告罪である対象犯罪についての共謀罪は、親告罪である。例えば、著作権法違反などが親告罪である。

　しかし、共謀罪は、実際に計画された犯罪が実行に着手すらされておらず、被害者が存在しないのではないかという問題がある。

　林刑事局長は「告訴との関係で申し上げれば……今回の計画において被害者とされている者、計画の中で被害者とされている者も告訴権を有すると考えられる」【5月30日参議院法務委員会（山口議員）】と答弁している。

　しかし、告訴権者は、「当該犯罪により害を被った者」（刑事訴訟法230条）であり、犯罪が実行に着手されていれば、害を被ったということは言えるが、それ以前の段階で、計画の中で被害者とされている者は「当該犯罪により害を被った者」とはいえない。したがって、共謀罪が成立しただけの時点では、告訴権者は存在せず、対象犯罪が親告罪の場合は、共謀罪の公訴提起はできないと解するべきである。

また、仮に政府の解釈を前提にしても、計画で被害者が特定されていない場合はいかに解するかという問題がある。

　これに関し、林刑事局長は「テロ等準備罪における計画とは組織的犯罪集団の構成員らが、組織的犯罪集団が関与する一定の重大な犯罪の実行を具体的かつ現実的に合意することをいいます。一般に、具体的かつ現実的な合意と認められるためには、仮に概括的にではあっても被害者が特定されていることが必要であると考えます。したがいまして、そうした場合、捜査機関において事案に応じて適切にこの告訴権者を特定し、その告訴意思を確認していくと、そういうことになるものと考えております。」【平成29年6月8日参議院法務委員会】と答弁し、概括的にでも被害者が特定されていなければ具体的かつ現実的な計画とは言えず、計画は成立しないとしている。この解釈は正当である。

　すなわち、概括的にすら被害者が特定されていないのであれば、「計画」とは認められない。したがって、そもそも共謀罪は成立せず、告訴は問題になり得ない。

第2　適正配慮条項

> **法第6条の2**
> **第4項**　第一項及び第二項の罪に係る事件についての刑事訴訟法（昭和二十三年法律第百三十一号）第百九十八条第一項の規定による取調べその他の捜査を行うに当たっては、その適正の確保に十分に配慮しなければならない。

　この規定の趣旨は、「テロ等準備罪の捜査における証拠収集方法として取調べが重要な意義を有することとなり、自白偏重の捜査が行われる懸念があるとの指摘など国会における議論を踏まえ、同罪にかかる取調べその他の捜査について、その適正の確保に十分配慮することを求めるものである。」とされる（**解**

説128頁)。

　すでに各項で指摘したとおり、法第6条の2第1項及び第2項の罪は、従来の刑事法に比して、処罰範囲を極めて広範化する内容であるにもかかわらず、その文言が極めて曖昧である。そのため、本書で詳述したとおり、政府答弁によりその解釈は厳格に規定されており、その厳格な解釈を取らなければ憲法違反の疑いが濃厚になるとはいえ、捜査機関が法第6条の2第1項及び第2項の規定の解釈を誤り、あるいは恣意的に逸脱、濫用的な解釈をし、一般市民が捜査対象となるなど、一般市民の権利を侵害する恐れが極めて高いと言わざるを得ない。

　特に、共謀罪は、現に犯罪が実行に着手される前の段階の行為を罪にするものであり、法益侵害の結果が発生していない段階で、「計画」とそれに基づく「準備行為」という内心に近い表現行為を処罰するものである。

　そのため、捜査により一般市民の表現活動、内心の自由に対する侵害の危険性が大きい。

　他方で、「計画」の内容や、準備行為が計画に基づいているか否かという共謀罪の構成要件は、客観的な証拠を伴わないことが多く、捜査機関が立証をするためには被疑者・被告人の供述内容に依存せざるを得ないという特質を有する。そのため、共謀罪の捜査活動は、捜査機関にとっては、自白を得るため、被疑者、被告人の権利を侵害するような違法、不当な取調べ、捜査に陥りやすい。

　したがって、そのような捜査活動を戒めるために、法第6条の2第4項が規定されたものである。

第3　法定刑

　共謀罪（法6条の2第1項及び第2項）の法定刑は、計画した別表第四の犯罪の法定刑に応じて変わる。

　すなわち、計画した犯罪が、死刑又は無期若しくは長期十年を超える懲役若しくは禁錮の刑が定められているものであれば、五年以下の懲役又は禁錮（法

6条の2第1項・第2項第1号)、計画した犯罪が、長期四年以上十年以下の懲役又は禁錮の刑が定められているものであれば、二年以下の懲役又は禁錮（法6条の2第1項・第2項第2号）

　これに関し、政府は、「対象犯罪にかかる法定刑の刑種が懲役のみである場合には、第6条の2第1項又は第2項の罪について言い渡すことができる刑種は懲役のみであり、対象犯罪にかかる法定刑の刑種が禁錮のみである場合には、第6条の2第1項又は第2項の罪について言い渡すことができる刑種は禁錮のみであると考えられる。」（解説127頁）とする。

　その理由は、「現行の刑罰体系において、非破廉恥罪に関して禁錮を定めることを基本としており、懲役を定める罪と禁錮を定める罪との間には性質的な違いがあり、犯罪の性質に従って法定刑の刑種が定められていると考えられるところ、現行法の共謀罪、陰謀罪及び予備罪は、いずれも、その共謀・陰謀の対象とされ、又は予備の目的とされた犯罪の法益が侵害される危険性に着目して処罰の対象とされるものであって、犯罪の性質がこれらの罪と同様であるとされており、第6条の2第1項又は第2項の罪についても、その性質が対象犯罪と共通しており、法定刑の刑種は対象犯罪と同種のものとなると考えられる」（**解説**127頁）からであるとされる。

　確かに、現行法上、禁錮刑を定める罪と懲役刑を定める罪との間には性質上の違いがあり、それに応じて、本罪と共謀罪の刑種は統一されるべきである。

　しかし、法6条の2第1項及び第2項の文言からすれば、共謀罪については懲役刑又は禁錮刑のいずれも選択しうるように規定されているのであり、上記政府解釈と異なる解釈が採られる可能性は否定できない。

　そのため、本罪が懲役刑である場合には共謀罪も懲役刑とし、本罪が禁錮刑である場合には共謀罪も禁錮刑とする旨を明確に法文に記載しておくべきであった。

第4　自首減免

　法6条の2第1項は、「ただし、実行に着手する前に自首した者は、その刑を減軽し、又は免除する。」と規定し、共謀罪が成立した後に、自首をすれば、その刑は必要的に減免される。

　これは、対象犯罪の実行を計画し、その計画に基づいた準備行為が行われたことによって共謀罪が成立した後であっても、自首を必要的減免とすることにより、さらに進んで実行の着手に至らないようするためであるとされる（**解説**127頁）。しかし、この規定は、犯罪の実行前に犯罪の実行を中止した場合であっても、共謀に加わった者は、捜査機関に自首する以外に刑罰を免れる手段がないことを示している。同種の規定は、戦前の治安維持法と軍機保護法にも見られた規定であり、密告を奨励する制度として機能した。共謀罪が監視社会化を進めるものとの批判を浴びた根拠でもある。

　このような規定を設けることには条約上、何の要請もない。過去の与党修正案では、このような規定は任意的な減免規定とするなどの案が示されていたのに、今回提案された法案では必要的減免規定を復活させ、どれだけ批判されても削除しなかった。

第5　中止犯

　刑法43条は、「犯罪の実行に着手してこれを遂げなかった者は、その刑を減刑することができる。ただし、自己の意思により犯罪を中止したときは、その刑を減軽し、又は免除する。」と定める。前半は未遂減刑の規定であり、但書は中止犯である。中止犯は、犯罪の実行に着手したものの自発的に実行行為を中止して結果発生を回避した者に対して必要的に刑を減免することにより、結果発生を抑止しようとする政策的意義をもつ。

　この中止犯が共謀罪に適用されるかどうかという問題があるが、否定せざ

を得ない。

「計画」をした者が、その後、自己の意思により「準備行為」に出ることを止めた場合には、準備行為が構成要件である以上、共謀罪そのものが成立しない。

問題は、「計画」と「準備行為」を行って共謀罪が成立した後、計画の内容である対象犯罪の実行を止めた場合である。

犯罪の実行に着手し、一定の法益侵害を発生させた場合ですら、自己の意思により犯罪を中止した場合に刑の減免が受けられるのであれば、実行の着手よりはるか前の共謀罪が成立しただけの段階で自己の意思により対象犯罪の実行を思いとどまった場合には、なおさら刑の必要的減免を認めて犯罪を抑止することが合理的である。

しかし、共謀罪は結果犯ではなく、「計画」と「準備行為」により犯罪は完成してしまうため、「中止」の観念をいれる余地がない。そのため、対象犯罪の実行を思いとどまった場合には共謀罪で処罰され、実行に着手した後中止した場合は刑の減免が受けられるという著しいアンバランスが生じる。

他方で共謀罪では、犯罪の実行前に自首した場合には、刑が必要的に減免される（法6条の2第1項但書）。共謀罪における自首は、共犯者を捜査機関に密告することに他ならない。犯行を思いとどまっても、自首する以外に共謀罪による処罰から解放される方法がないという法制度は、著しく不合理である。

なんらかの法的手当が必要である。

第6　共犯

1　共犯関係

(1) 教唆犯

共謀罪は、対象犯罪を2人以上で計画し、そのいずれかの者が準備行為を行

うことにより成立する罪であり、計画した者は共同正犯となる（**解説**126頁）。準備行為も構成要件である以上、準備行為だけに加担した者にも共犯が成立する。

また、共謀罪の教唆犯については、林刑事局長は、「理論的に教唆犯というものを観念することは可能なのかもしれませんが、今回のものは、犯罪行為を実行する者が重大な犯罪の実行を計画するわけでございます。そして、その計画が実際に実行された場合には、皆共同正犯になるというもの、これを計画者と考えております。したがいまして、それらの者が、他の者から教唆を受けて、そして犯罪の実行を思い立つということは想定できないと思います。」【5月12日衆議院法務委員会（枝野委員）】と答弁している。

教唆とは、人に犯罪意思を生ぜしめる行為を言うが、ある人が他人に対して共謀罪の計画をすることの犯意を生ぜしめるような働きかけをする場合には、共謀罪の構成要件に対する認識が必要であり、そのような場合には、教唆者の働きかけと被教唆者の犯意形成は、通常、計画に該当するので、教唆犯も計画者であると考えられるからであろう。

(2) 幇助犯

幇助とは、本犯の犯罪を容易にする行為をいう。

そして、政府は、組織的犯罪集団が計画を行う場所を提供する場合など、共謀罪の幇助犯が成立することはあり得るとされる。しかし、この場合においても、次の認識又は予見が必要である。

法6条の2第1項の幇助罪の場合、

① 法6条の2第1項各号に掲げる罪に当たる行為で、
② テロリズム集団その他の組織的犯罪集団の団体の活動として、当該行為を実行するための組織により行われるものの遂行を
③ 2人以上で計画すること
④ 本犯が実行準備行為を行うこと

また、法第6条の2第2項の幇助犯の場合、

① 法6条の2第1項各号に掲げる罪に当たる行為で、
② テロリズム集団その他の組織的犯罪集団に不正権益を得させ、又はテロリズム集団その他の組織的犯罪集団の不正権益を維持し、若しくは拡大する目的で行われるもの（第2項）の遂行を、
③ 2人以上で計画すること
④ 本犯が実行準備行為を行うこと

(**解説**126頁)[*51]。

2 共犯への加入

　実行行為（共謀罪においては、計画及び準備行為）が一部ないし全部が行われた後に共犯関係に入る者がいた場合の犯罪の成否が問題となる。

　共謀罪においては、計画が成立し、準備行為が行われる前に、新たにその計画に加わった者については、計画が一部変更されただけであり、その後、準備行為が行われれば、あとから計画に加わった者についても共謀罪が成立する。

　他方で、計画が行われ、準備行為も行われた後に、新たに第三者がその一連の計画に加わり、「計画した者」といえるような場合、その後に準備行為がない段階で、新たに加わった第三者について、共謀罪の罪責に問えるかが問題となる。

　政府は、このような第三者について、すでに準備行為が行われていることの故意があれば、共謀罪の罪責に問えるとしている[*52]（**解説**122頁）。

　この点、新たに第三者が加わることにより、具体的かつ客観的に合意されていた計画の内容が別の内容に変わった場合には、第三者が合意した計画は、当初の計画とは別の計画であるから、新たに準備行為がなされない限り、共謀罪は成立しない。

　他方で、第三者が計画に加わったとしても、その内容が変わらず、すでに準備行為が行われていた場合に、第三者が共謀罪の罪責に問えるかが問題となる。

　上記政府の解釈は、第三者が加わることにより、犯罪結果発生の危険性に対して心理的な因果性を与えることから、処罰根拠（違法性）があるという解釈

と思われる。

　しかし、共謀罪は計画及び準備行為により成立する罪であり、継続犯ではない。したがって、第三者が計画及び準備行為が行われた後に、計画に加わったとしても、すでに成立している共謀罪に対して心理的因果性を与えることはできない。よって、第三者が計画に加わっただけでは、共謀罪は成立しないと解するべきである。

　ただし、第三者が計画に加わった後に、別の準備行為が行われた場合には、当該第三者について、共謀罪が成立すると解される。

3　共犯からの離脱

　共犯からの離脱とは、共犯行為が一度行われた後、構成要件該当事実との間に因果関係が存在しなくなれば、共犯関係からの離脱が認められ、その後、他の共犯者により構成要件該当事実が引き起こされても、離脱者が共犯として罪責を負うことはないということである（山口厚『刑法総論（第3版）』〔有斐閣、2016年〕376頁参照）。

　共犯からの離脱の要件は、共犯行為による物理的因果性及び心理的因果性の両者を除去することである（同）。

　政府は、共謀罪を独立した犯罪として考え、他の既遂罪と同様に、共犯からの離脱をとらえている[*53]。

　そのため、共謀罪においては、計画行為後、準備行為が行われる前に共犯からの離脱がなされなければならない。

　しかしながら、問題は、どういう場合に共犯からの離脱が認められると考えるべきか、である。計画をして、それに基づいて準備行為をする以上は、計画に関わった者が、その計画に基づく準備行為との心理的、物理的因果関係を断ち切ることは困難であると思われる。

　なお、実行の着手前に翻意して離脱の意思を表示し、その他の共犯者も了承した場合には、共犯関係からの離脱が認められた裁判例がある（東京高判昭和25年9月14日高刑集3巻3号407頁）。しかし、共謀罪について共犯からの離

脱が問題になるのは、計画行為が行われた後、すなわち、共謀罪の実行に着手をした後の問題であり、この裁判例の事案と異なる。とはいえ、共謀罪はあくまで、その計画の対象となる本罪が行われれば、それに吸収されるという点で、本罪の実行の着手前の行為を犯罪とするものである。したがって、共謀罪が成立した段階では、いまだ本罪の実行の着手がされていないのであるから、この裁判例と同様、離脱の意思を表明し、他の計画者がそれを了承した場合には、共犯関係からの離脱が認められるべきであろう。

第7 罪数

1 共謀罪の罪数

共謀罪は、計画してその後準備行為が行われた段階で1つの犯罪となる。

しかし、あくまで、計画した犯罪（本罪）を実行するための計画段階であるから、本罪の実行に着手するまでの間に、複数回計画行為が行われ、また、複数回準備行為が行われたとしても、そのたびごとに別罪が成立するものではなく、計画された犯罪が実行されるまでの間の一連の計画行為を通じて1個の罪となるものである。

共謀罪が行われた後、本罪の実行が行われた場合には、計画をした者は当該実行された犯罪（本罪）の共同正犯として処罰されることとなり、第6条の2第1項又は第2項の罪は当該実行された犯罪（既遂罪又は未遂罪）に吸収されるとされる。（**解説**128頁）。

もっとも、計画をした者が本罪の実行行為を行なっていない場合、必ず本罪の共謀共同正犯が成立するとは言えないことに注意すべきである。共謀共同正犯は、あくまでも犯罪の実行が現実になされたことを前提として、実行行為に出ることなく共謀だけに加わった者も、実行行為を支配したといえるほどの影響力を持った場合には、正犯としての責任を認める理論である。ところが共謀

罪は、予備罪にも至らない段階で成立するのであるから、本罪の実行行為との間には予備罪以上の時間的間隙が想定される上、順次共謀など計画への関与の度合いが薄い場合も想定される。すなわち、共謀罪が成立する者の中には、本罪の実行行為の時点で本罪の正犯意思を持ち、なおかつ実行行為に支配力を持ったとは言えない者も含まれる余地がある。このような場合には共謀罪だけが成立し、本罪の共同正犯は成立しない。

他方で、共謀罪が成立し、さらに本罪の予備行為まで行われ、その後実行に着手する前に検挙された場合には、共謀罪と本罪の予備罪が成立し、包括一罪の関係に立つとされる（**解説**128頁）。[*54]

2 包括一罪とされる理由

なぜ、政府が、既遂罪と共謀罪の関係と異なり、共謀罪と予備罪の場合には包括一罪と解するかというと、共謀罪の法定刑よりも、予備罪の法定刑が低い場合があるからである。そのため、包括一罪と解釈することにより、軽い予備罪ではなく重い共謀罪の法定刑で処断することがかろうじて可能になると考えているからである。もっとも、犯罪が段階的、発展的に進む場合、より結果発生に近い犯罪の方が法益侵害の危険性が高く、法定刑が重くなるのが通常であって、たまたま予備罪より共謀罪の方が法定刑が重いからといって、重い共謀罪の法定刑を適用することには著しい違和感がある。

すなわち、通常、犯罪による法益侵害の危険性は、共謀、準備行為、予備行為、未遂、既遂に至るにしたがって高まる。このことは共謀罪と本罪の関係でも同様である。

そして、法益侵害の危険性の程度が違法性の根拠であるから、共謀から既遂に至るまで、通常は、法益侵害の危険性が高い行為の方が、法定刑が高い。法益侵害の危険性が高い行為が、法益侵害の危険性が低い行為と比較して、法定刑が低いことは、極めて不合理である。

それにもかかわらず、強盗予備（法定刑は2年以下の懲役）と強盗共謀罪（5年以下の懲役）など、予備罪と共謀罪で法定刑の逆転が起きている犯罪が

多く存在する。その他に、予備罪に選択刑として罰金刑があり、共謀罪には懲役刑しかないため、予備罪の法定刑の方が軽いというものもある。[*55]

これについて、政府は、組織的犯罪集団が関与する犯罪計画は、単独で行うような犯罪と比べて実際に犯罪行為が行われる可能性が非常に高い、あるいは一たび犯罪行為が行われた場合には重大な犯罪の結果が生じるため、特に悪質であって違法性も高いため、共謀罪と予備罪の法定刑の逆転については、おかしいことではないとしている。[*56]

しかしながら、組織的犯罪集団が関与する共謀罪と比較すべきは、単独の予備罪ではなく、組織的犯罪集団が行う予備罪である。これらを比較して、後者の法定刑の方が軽いのであるから、政府の説明には何ら合理性はない。

これは、明らかな法の欠陥というべきである。法技術的に見ても、法益侵害の危険性に照らして共謀罪の法定刑が高すぎることに根本的な問題があると思われる。予備罪との法定刑の逆転現象といった明白な矛盾は、国会審議で取り上げられていたのだから、せめてこうした矛盾だけでも解消すべく、何らかの修正がされてしかるべきであった。しかし、政府・与党はそのような修正に応じるという態度すら示さないまま、共謀罪法を成立させたのである。

このような法の欠陥により、予備罪で検挙された者が予備罪の法定刑を超える共謀罪の法定刑で処断されるのは著しく不合理である。共謀罪が予備罪の段階に進んだ場合、強盗予備罪のように予備罪の方が共謀罪よりも法定刑が低いときには、低い予備罪の法定刑で処断されるべきである。

3　法定刑の逆転現象が意味するもの——刑法体系の破壊

予備罪が設けられている数少ない犯罪については、たまたま法定刑の逆転という形で問題が顕在化したが、上記の共謀罪と予備罪の法定刑逆転の問題は、根本的には共謀罪法の違憲性の核心に関わる問題である。

日本の刑法では、犯罪は既遂処罰が大原則であり、ただ重大な犯罪についてのみ、実行に着手したがこれを遂げなかった場合を未遂罪として例外的に処罰し、実行の着手にも至らない段階については、例外中の例外として予備罪を設

けてきたに過ぎない。したがって、例えば窃盗罪では予備罪がないため、どれほど謀議を重ね、犯行に使う車両やカバンを準備し、目的の場所に近づいても、それだけでは何ら犯罪は成立せず、「物色行為を始めたとき」に初めて実行の着手ありとされて未遂罪が成立するのみであった。横領罪では未遂罪すらないため、現実に金品の領得行為が行なわれなければ罪とはならなかった。

このような刑罰の謙抑性は、国家刑罰権が国民の生命や自由を強制的に剥奪する強力な国家作用であることから、国民の人権を守るため濫りに発動されてはならないという罪刑法定主義（憲法31条）のあらわれであり、日本の刑法は曲がりなりにも、こうした謙抑性を貫いてきたのであった。

ところが共謀罪は、これまで長年の間不処罰とされてきた、実行の着手に至る前の予備段階のみならず、そのはるか前の「計画」の段階に、一斉に処罰の網をかけるものである。

窃盗罪でいえば、組織的犯罪集団とはいえない犯行グループが数億円を盗む目的で周到な準備を重ね、犯行場所に近づき、犯行に及ぶ直前に発覚した場合は何ら犯罪が成立しないのに対し、組織的犯罪集団の団体の活動として3か月後に金を盗むことを計画し、誰か1人が犯行場所の下見をしたことが立証できれば、計画した全員に共謀罪が成立し、2年以下の懲役又は禁錮で処罰されることになる。法益侵害の危険性の点では、後者ではその後、何らかの事情で犯行をとりやめる可能性もあり、明らかに後者の方が危険性が低いにもかかわらず、共謀罪が創設されたために、処罰されるのである。これも重大な逆転現象であり、罪刑の均衡の点でも刑罰の謙抑性の点でも、不合理という他ない。こうしたことが277もの対象犯罪について起きてしまったのである。

このように、共謀罪は日本刑法の法体系を破壊したものと言わざるを得ない。共謀罪と予備罪の法定刑の逆転現象は、その極めて乱暴な破壊ぶりを、はからずも露呈しているものである。

第5章

証人等買収罪（法7条の2）

第1　証人等買収罪の概要

（証人等買収）
第7条の2　次に掲げる罪に係る自己又は他人の刑事事件に関し、証言をしないこと、若しくは虚偽の証言をすること、又は証拠を隠滅し、偽造し、若しくは変造すること、若しくは偽造若しくは変造の証拠を使用することの報酬として、金銭その他の利益を供与し、又はその申込み若しくは約束をした者は、二年以下の懲役又は三十万円以下の罰金に処する。
　一　死刑又は無期若しくは長期四年以上の懲役若しくは禁錮の刑が定められている罪（次号に掲げる罪を除く。）
　二　別表第一に掲げる罪
　2　前項各号に掲げる罪に当たる行為が、団体の活動として、当該行為を実行するための組織により行われた場合、又は同項各号に掲げる罪が第三条第二項に規定する目的で犯された場合において、前項の罪を犯した者は、五年以下の懲役又は五十万円以下の罰金に処する。

　この証人等買収の罪は国際組織犯罪防止条約第23条に関連して設けられたものとされている。この規定は、「死刑又は無期若しくは長期4年以上の刑の定められた犯罪に関して、自己又は他人の刑事事件に関し、証言をしないこと、若しくは虚偽の証言をすること、若しくは偽造若しくは変造すること、若しく

は偽造若しくは変造の証拠を使用することの報酬として、金銭その他の利益を供与し、又はその申し込み若しくは約束をした者」を2年以下の懲役又は30万円以下の罰金に処するとしている。また、前記の罪が「団体の活動として、当該行為を実行するための組織により行われた場合」「団体に不正権益を得させ、若しくは団体の不正権益を維持し、若しくは拡大する目的で行われた場合」の法定刑は5年以下の懲役に加重されている。

第2　証人等買収罪の危険性

　このような規定が新設されると、刑事事件における当事者主義の根本をなす弁護士と検察官の対等性の原則が崩壊する危険性があることが批判されていた。

　現在でも、刑事事件について証人を威迫したり、故意に虚偽の証言をさせることは、証人威迫の罪や、偽証罪・罪証隠滅罪の教唆犯などとして取締りが可能である。後に冤罪事件であることが判決で確定している八海事件や甲山事件において、被告人に有利な証言を行った証人を検察官が偽証罪で逮捕、起訴した例がある。

　刑事事件において、被告人が無罪を主張し、検察官の提出する調書の内容を争って、証人が申請された場合、開示された調書の真実性を証人本人に面談して厳しくその証言をチェックすることは、弁護人としての当然の仕事である。そして、このような打ち合わせが、証人の自宅を避けて喫茶店や飲食店で行われた場合、証言のチェックのため時間をとってもらった証人のために、交通費や飲食の費用を弁護士が支払うのは、むしろ社会的な常識の範囲であると考えられてきた。しかし、このような処罰規定が新設されれば、検察官は、このような弁護活動を弁護人に飲食の提供を受けて証言を変えたと捉え、このような弁護活動のやり方そのものを犯罪視し、取り締まりの対象とする可能性がある。弁護活動自体が重大な制約を受けることになりかねないのである。

　捜査機関と被告人・弁護人・被告人の支援者が対等の立場で活動する中で真実を見出すという刑事訴訟の当事者主義の原則に照らせば、訴訟の一方当事者である検察官が、自らの意に添わない弁護側の証人への働きかけを「虚偽」の

証言を得るための証人等の買収と評価してこれに刑事罰を加えるということは明らかに行き過ぎである。

　日弁連は、2003年の意見書において、条約第23条に関しても「対象犯罪を組織犯罪集団の関与する、越境的な性質を有する犯罪に限定する。」及び「被疑者・被告人の防御活動に支障を及ぼすことのないよう留意する。」との解釈宣言を行うべきであり、国内法化に際しては、この規定の適用範囲を、条約に規定された「組織犯罪集団による越境的性質を有する」行為に限定するべきであると主張していた。

　この規定が、えん罪を晴らすための弁護活動の制約となることのないよう、監視を続けていかなければならない。

（やまだ・だいすけ／東京弁護士会）

【注】
第1章

＊１　平成29年６月１日参議院法務委員会における松宮孝明教授の指摘による。

＊２　組織犯罪処罰法の条文の構成を簡単に指摘する。

　　　組織犯罪処罰法第１条は目的規定、第２条は定義規定、第３条ないし第６条は、組織的な殺人等の犯罪について、通常の殺人等よりも重い刑を定める等の規定を置く。

　　　第６条の２は、組織的犯罪集団による計画及び準備行為を罪とする共謀罪を規定し、第７条及び第７条の２において、組織的犯罪に関する犯人蔵匿等の罪及び証人等買収罪を規定する。

　　　第８条ないし第17条は、犯罪収益に関する罪や没収等の規定である。

　　　第18条ないし第21条は、没収に関する手続等の特例、第22条ないし第53は、没収等のための財産の保全手続について、第59条ないし第74条は、没収及び追徴の裁判の執行及び保全についての国際共助の手続等を定める。

　　　第54条ないし第58条は削除されており、第75条以下は、雑則である。

＊３　安倍内閣総理大臣「なお、現在政府が検討しているテロ等準備罪は、テロ等の実行の準備行為があって初めて処罰の対象となるものであり、これを共謀罪と呼ぶのは全くの間違いです。」【１月23日衆議院本会議（大串委員）】

＊４　例えば、2003年３月、2004年２月及び2005年10月に提出された政府提出の共謀罪法案は、次のように規定する。

　　　第６条の２　次の各号に掲げる罪に当たる行為で、団体の活動として、当該行為

を実行するための組織により行われるものの遂行を共謀した者は、当該各号に定める刑に処する。ただし、実行に着手する前に自首した者は、その刑を減軽し、又は免除する。
　一　死刑又は無期若しくは長期十年を超える懲役若しくは禁錮の刑が定められている罪五年以下の懲役または禁錮
　二　長期四年以上十年以下の懲役または禁錮の刑が定められている罪二年以下の懲役または禁錮

＊5　最判昭和50年9月10日刑集29巻8号489頁参照。
＊6　最判昭和35年1月27日刑集14巻1号33頁参照。

第2章

＊7　他の関連する答弁として、金田法務大臣「組織的犯罪集団の対象には、例えば、暴力団、薬物犯罪組織、あるいは振り込め詐欺集団、そういうものがしっかりと、テロ組織の集団も入ります。」【2月8日衆議院予算委員会（逢坂委員）】。

＊8　法曹時報68巻8号212頁以下。同215頁において、「共同の目的とは、結合体の構成員が共通して有し、その達成または保持のために構成員が結合している目的を言い、その目的自体が違法・不当なものであることは必要とされていない。」と言及している。

＊9　法3条1項「次の各号に掲げる罪に当たる行為が、団体の活動（団体の意思決定に基づく行為であって、その効果又はこれによる利益が当該団体に帰属するものをいう。以下同じ。）として、当該罪に当たる行為を実行するための組織により行われた時は、その罪を犯した者は、当該各号に定める刑に処する。
　十三　刑法第246条の罪1年以上の有期懲役」

＊10　林刑事局長「……一般の意味で言いますところの一般の同窓会とかサークルというようなものについては、そもそもその構成員が指揮命令に基づき行動する団体とは言えませんので、この団体性、いわゆる組織的犯罪処罰法における団体というものには当たらない、通常当たらないと考えらえられます。」【3月7日衆議院法務委員会（宮崎委員）】

＊11　林刑事局長「元々かつての組織的犯罪の共謀罪の法案の場合には、団体の活動としてということの解釈を通じましてその団体の適用対象は限定されるというふうに説明させていただいたところでございますが、それではやはり団体というものが明文で規定されていないので、限定されていないので、場合によって通常の団体というものが適用対象になり得るのではないかと、こういう懸念、不安、批判がございました。そこで、当時も、共同の目的が犯罪の実行にあるということに限定するという考え方、現在の組織的犯罪集団の定義の持ち方と同様でございますけれども、そういったことでの修正案等も出ましたが、その場合に、実は共同の目的が犯罪実行の目的にあるということを表現した場合に、じゃ、その共同の目的というのは何

なんだというところでの議論がございまして、そのときには、我々としては、その共同の目的というのは、やはり結合関係の基礎としての共同の目的であると、そういった意味で結合関係の、結合体の構成員が共通として有して、その達成又は保持のために構成員が結合している目的であると、このように説明したところでございます。そうしたところ、やはり、それであれば、共同の目的というものの定義を、もう少し、結合関係の基礎としての共同の目的という意味合いで共同の目的を使うのであれば、そのことを法文上明文に書くべきであると、こういった議論がございまして、そのような定義が、経過を踏まえまして、今回、この共同の目的というものを犯罪実行の目的に限定するという形で、組織的犯罪集団の定義を置くに当たりましては、その共同の目的という言葉についても、結合関係の基礎としての共同の目的であるということを明確に今回させていただいた次第でございます。」【6月1日参議院法務委員会（古川委員）】。

＊12　林刑事局長「（「共同の目的」の前に「結合関係の基礎」という文言を加えておるんですが、これの趣旨についてお伺いをしたい、と問われて、）共同の目的とは、結合体の構成員が共通して有し、その達成または保持のために構成員が結合している目的のことをいいます。平成十七年に政府が提出していました法案では、組織的な犯罪の共謀罪の主体については、まず、「団体」と記載しておりましたけれども、この団体は、組織的犯罪処罰法上「共同の目的を有する多数人の継続的結合体」などと定義されております。この共同の目的は、一般に、その構成員の継続的な結合関係の基礎となっている目的と解されております。これに対しまして、この法案に対しまして、組織的な犯罪の共謀罪に関する国会審議におきましては、正当な活動を行っている団体も対象となるのではないかという不安、懸念が示されたところでございます。そこで、今回の法案では、そのような団体が適用対象とならないことを一層明確にするために、適用対象団体について、組織的犯罪集団に限ることを明文化いたしまして、その定義の中で、その「共同の目的」が「結合関係の基礎」となっている目的であることを条文上明確にしたところでございます。なお、平成十八年四月二十一日に提出されました、当時、与党の修正案におきましては、適用対象団体について、その共同の目的が、長期四年以上の懲役、禁錮等の刑が定められている犯罪を実行することにある団体とされていたわけでございますが、これに対して、構成員の継続的な結合関係を基礎づけている根本の目的という意味を明らかに、明確にすべきであるというような指摘がなされたことなども踏まえまして、同年五月十九日に提出された与党の再修正案では、「結合関係の基礎としての共同の目的」という文言を用いてその適用対象となる組織的な犯罪集団の定義を明文化したものと我々は承知しておりますけれども、今回の法案も、このような経緯、当時の経緯も踏まえたものでございます。」【4月21日衆議院法務委員会（藤原委員）】。

＊13　林刑事局長「委員御指摘の、まず宗教団体の中での経緯の中で、そのように教祖が例えば殺人でありますとかそういった犯罪実行について述べていくと、こうい

った事象をどのようにこのテロ等準備罪で捉えるかということでございますが、一つには、組織的犯罪集団と認めるためには、まず共同の目的が犯罪実行の目的、この目的で、ある集合している、そういった継続的集合体が、多数人の結合、集合体があるということが前提になりますので、そういった教祖がそのようなことを言ったことによって、その宗教教義とそれから具体的、具体的といいますか、犯罪実行というものが不可分に結び付いたような共同の目的が形成されたかどうか、そのためにその構成員が集まっているかどうか、こういったことが問題になろうかと思います。そこの段階だけで、そこが、そういった共同の目的が犯罪実行であると、宗教教義と結び付いた犯罪実行であると、こういったことの認定がで」きるかどうか、そういったことが」問題とされることになると思います。」【6月1日参議院法務委員会（有田委員）】。

その他の具体例として、政府は、ある団体が、崇高な政治上の主義主張の実現を対外的に掲げているものの、当該団体の構成員が共通して暴力的破壊活動等の犯罪活動によってその実現を目指しているなど、団体の構成員が共通して、特定の手段によって「共同の目的」の実現等を目指している場合を挙げる（解説117頁）

*14　林刑事局長「主たる目的であるかどうかということでございますが、その結合をしている目的というもので、当該結合体の構成員が共通して有して、その達成または保持のために構成員が結合している目的という場合には、当然、その目的が、多くの場合の目的があるなどと仮定したときには主たる目的である必要はございますが、その主たる目的だけでこの結合の目的とされるわけではないと思います。」

「主たる目的あるいは従たる目的、こういうふうなものが仮に併存するとしたときに、今回の結合関係の基礎の共同の目的という場合に、少なくとも従たる目的のものが結合関係の基礎となることはないですよということを申し上げたわけでして、目的の中にも、例えばその主従を、社会的実態の中では、主たる目的、従たる目的、あるいは、主たる目的が何％ぐらいあって、割合で従たる目的は何％ぐらいあるか、こういったことで今回のものが決められるわけではなくて、さまざまな目的がある中でも、結合関係の基礎の共同の目的が犯罪の実行の目的であるというところまで認定できなければ組織的犯罪集団に当たらないということを申し上げているわけです。」【4月19日衆議院法務委員会（枝野委員）】。

*15　ドイツ刑法第129条（犯罪団体の結成）
① 　その目的若しくはその活動が犯罪行為の遂行に向けられた団体を設立した者、又は、構成員としてそのような団体に関与し、そのために構成員若しくは支持者を募り若しくはそれを支援した者は、5年以下の自由刑または罰金に処する。
② 　1　当該団体が、連邦憲法裁判官により違憲宣告をなされていない政党であるとき
　　　2　犯罪行為の遂行が従属的な意味での目的若しくは活動にすぎないとき、又は

3　団体の目的若しくは活動が、第84条から第87条に定める犯罪行為に関わ
　　　　るとき
　　は、第1項は適用されないものとする。
　③　第1項に掲げる団体設立の未遂は罰せられる。
　④　省略
　⑤　その責任が軽微であり、その協力が従属的な意味しかもたない関与者について、
　　裁判所は、第1項及び第3項に定める処罰を免除することができる。
　⑥　省略

　　なお、訳は、法務省大臣官房司法法制部『ドイツ刑法典』（有斐閣、2007年）による。
＊16　金田国務大臣「隠れみの、環境保護や対外的には人権保護を標榜していたとしても、隠れみのであって、実態において、構成員の結合関係の共同の目的が一定の重大な犯罪等を実行することにある団体と認められるような場合には組織的犯罪集団と認められるのではないかという問いに対して、私は、そういうケースであれば、その構成員はテロ等準備罪で処罰され得るということを申し上げただけであります。そして、その趣旨は、御指摘の答弁は、ある団体が組織的犯罪集団に該当するか否かというのは、当該団体が標榜している目的や構成員らの主張する目的のみによって判断するのではなく、当該団体の活動実態等を総合的に考慮し、構成員の結合の目的が一定の重大な犯罪等を実行することにあるか否かにより判断するということを申し述べたものであります。すなわち、御指摘の実態というのは、ある団体の活動実態を指しているものであります。」【6月5日参議院決算委員会（仁比委員）】。
＊17　金田法務大臣「組織犯罪集団についてでございますが、例えば、重大な犯罪を、犯罪等を行うことを目的とする集団をいうわけでございますから、例えばテロ組織、暴力団、薬物密売組織といったものに限られることになろうと思います。重大な犯罪等を行うことを目的としているか否かは客観的に判断されるものと考えておりますし、したがって、正当な活動を行っていた団体がたまたま一回だけ犯罪を行ったことで組織的犯罪集団と認められるようなことはあり得ないと、このように考えております。」【1月30日参議院予算委員会（福山委員）】。
＊18　林刑事局長「もっとも、その団体が以前に正当な活動を行っていたということが認められる場合には、なお、その場合にも、結合関係の基礎としての共同の目的が犯罪を実行することにあるかどうかを検討する上で、その団体が有していた正当な目的の活動の実態なども踏まえまして、より慎重な認定が必要となると考えられます。そういった意味で、ある団体が過去に正当な活動を行っていたという事実、これは、当該団体が組織的犯罪集団であるという認定をする上で、有力な消極的な事情になろうかと考えます。（そのような有力な消極的事情があってもなお、組織的犯罪集団と認定できる場合はどういう場合かという質問に対し）一般的に申し上

げれば、当該事案の時点において、構成員の結合の目的が犯罪を実行することにあると判断するためには、例えば、団体の意思決定に基づいて、それまでに犯罪行為を反復継続するようになっている、こういった事情が認められる。こういったような事情が認められない限り、組織的犯罪集団と認められないのが通常であろうかと考えております。」【4月14日衆議院法務委員会（國重委員）】。

*19 金田国務大臣「性質が一変するのは極めて限定的な場合のみであるということを申し上げたいと思います。（中略）もともと正当な活動を行っていた団体につきましては、団体の意思決定に基づいて犯罪行為を継続するようになるなど、団体の結合の目的が犯罪を実行することにある団体に一変したと認められるような状況に至らない限り、犯罪を行うことを目的とするものと認められることはないものと考えているのであります。」【2月17日衆議院予算委員会（大西委員）】。

安倍内閣総理大臣「もともと正当な活動を行っていた団体については、通常団体の意思決定に基づいて犯罪行為を反復継続するようになるなどの状態にならない限り、組織的犯罪集団に該当すると認められることは想定しがたいと考えております。」【2月27日衆議院予算委員会（山尾委員）】。

林刑事局長「それまでは全く違う目的であったけれども、あるときから犯罪実行を目的とする団体に変わるということが理論的にはあり得るものだと思いますけれども、もし、かつてそうではなかった、犯罪実行の目的でなかった団体が組織的犯罪集団になっているという、これを認定するために、また立証するためには、やはりそれは、かつて犯罪を繰り返してもいないような団体がそのように組織的犯罪集団であるという認定をするためには、何らかの組織の目的を変えるという内部での行為であるとか、あるいはそのことについての意思統一をする行為でありますとか、あるいはそのために組織構造を変えますというような内部的な組織的な行為、こういうものがあって初めてその団体の性質が変わるということでございますので、そういったことが認められなければ、なかなかそういった認定はできないと思います。」【4月21日衆議院法務委員会（枝野委員）】。

*20 注16参照。

林刑事局長「そして、このある団体について、この結合関係の基礎としての共同の目的が何であるか、この認定の問題でございますが、これは特定の活動をしていたか否かだけで判断されるものではなくて、継続的な結合体全体としての活動実態等から見て、客観的に何が構成員の結合関係の基礎になっているかとどうか、なっているかについて社会通念によって認定されるべきものであります。」【6月8日参議院法務委員会（東委員）】。

*21 林刑事局長「（違法性の認識が必要かという質問に対し）基本的に、その故意の問題でも……違法性の認識というところまでは必要はないと考えております。……その上で、この犯罪の実行が結合関係の基礎となっているかどうか、この認定をする際に、やはりそれが、著作権法違反ということの行為をしている、そしてそのた

めに、それを知った上でこの結合関係を維持している、あるいはそのためにこの団体に加わっている、こういったことが立証できなければ結合関係の基礎としての共同の目的が犯罪の実行にあるということは言えないということを言っております。」【4月19日衆議院法務委員会（枝野委員）】.

　林刑事局長「ある団体の結合関係の基礎としての共同の目的が犯罪を実行することにあると言えるか否か、これは故意の問題とは別の次元でのまた論点でございまして、個別の事案における当該団体の構成員の結合の基礎が何であるかという認定の問題になりますと、仮に、構成員らが客観的に犯罪に該当する行為を反復継続しているが、当該行為が違法であることを知れば、あるいは違法性の意思がなかった者が違法であることを知るに至れば、それがそのまま結合し続けるとは言えないような、結合し続けることがないと言えるような場合になりますと、当該団体の結合関係の基礎としての目的において、犯罪を実行することにあるとは言えない、このように考えられる場合もございますので。こういった意味で、違法性の意識を要するか否かという点につきましては、故意の要件のもの以外では明確にその故意、違法性の意識というものは要らないということに考え方は立ちますけれども、結合関係の基礎としての犯罪が、共同目的が犯罪の実行にあるかどうか、認定の問題の中に入ってまいりますと、かなり大きなファクターを占めてくると考えております。」「確かに、違法性の意識がその犯罪の故意として必要かどうかという問題を離れても、結合関係の基礎としての共同の目的が犯罪実行にあるかということを認定する際においては、やはり、違法性の意識というものが生まれたときにそのままその集団に残るか残らないかということは当然問われてまいりますので、そういった意味で関係があるであろうというふうにお答えさせていただきます。」【4月21日衆議院法務委員会（枝野委員）】.

＊22　林刑事局長「（組織犯罪処罰法二条に規定する団体、大きい団体のごく一部が、まさにみんなで別表第三の罪を実行するという目的を共有して、ある集団をつくり、それが組織的犯罪集団となる、こういうことがあり得る。大集団は二条の団体、その中の部分集団が六条の二の組織的犯罪集団、こういうことがあり得る、これはいいですよね、と問われて、）今委員御指摘の中に、団体の中に組織的犯罪集団があり得るということでありました。そのことはそのとおりだと思います。ただ、御指摘の中に、ごく一部がとか、そういった量的表現を加えられますと、直ちにそのとおりというふうには言えませんが、団体という要件の認識と、今回は、団体のうちで、組織的犯罪集団というものは犯罪実行を共同の目的とするというもので定義しておりますので、そういったものについては、必ず一致するわけではございません。」【5月12日衆議院法務委員会（枝野委員）】.

＊23　最高裁昭和33年5月28日判決（刑集12巻8号1718頁）「共謀共同正犯が成立するには、二人以上の者が、特定の犯罪を行うため、共同意思の下に一体となつて互に他人の行為を利用し、各自の意思を実行に移すことを内容とする謀議をなし、よ

＊24　林刑事局長「テロ等準備罪の構成要件は、組織的犯罪集団の団体の活動として、当該行為を実行するための組織により行われるものの遂行を計画すること、この計画の対象は今申し上げたものでございます。それによりまして、単に犯罪行為を計画するだけでは、これは構成要件を満たしません。組織的犯罪集団の団体の活動として当該行為を実行するための組織により行われるものの遂行、これを計画した者でないと処罰の対象とはなりません。この場合に、計画するということはどのような場合にその意思の合致が、計画者の間での意思の合致を要する事項は、今の条文を説明いたしますと、一つは、一定の重大な犯罪の行為の遂行であること、また、結合関係の基礎としての共同の目的が一定の重大な犯罪の行為である組織的犯罪集団であること、さらには、組織的犯罪集団の意思決定に基づく犯罪の遂行であること、さらに、その犯罪行為の効果、利益が当該組織犯罪集団に帰属すること、最後に、その犯罪行為が指揮命令に基づいてあらかじめ定められた任務の分担に従って構成員が一体として行動する人の結合体により行われるものであること、この全てについての意思に合致がないと計画とは言えないわでございますので、このような認識を持てる者というものは一般人全てに広がるわけではございませんで、前から申しげておるように、組織的犯罪集団の構成員であるのはもちろん、場合はもちろんでございますが、構成員以外においても、この組織的犯罪集団と関わりを持っている者、こういう者でない限り、こういった計画としての意思の合致はできないと、このように考えております。」【６月13日参議院法務委員会（小川委員）】。

＊25　林刑事局長「まず、組織とは、指揮命令に基づき、あらかじめ定められた任務の分担に従って構成員が一体として行動する人の結合体をいいます。そして、組織的犯罪処罰法二条一項では、この団体の目的又は意思を実現する行為の全部又は一部について、この組織により反復して行われることを団体の要件として定めております。これを前提として、組織的犯罪処罰法三条一項は、同項各号に掲げる罪に当たる行為を実行するための組織により行われたことを構成要件の一つとして定めております。この組織が、先ほど申し上げた、いわゆる犯罪実行部隊でございます。このような犯罪実行部隊としての組織は、犯罪の実行のためのものとして臨時的なものであってもよく、また、構成員の交代によってもその同一性が保持されるという意味での独立性も必要としないと解されております。このように、その組織の定義からも、また組織の役割からしても、通常、組織は団体の構成員から成り、組織的犯罪集団の内部にあって団体の意思決定に基づく犯罪の実行に当たるものでございますけれども、組織が臨時的なものであってもよく、指揮命令によってあらかじめ定められた役割分担に従って一体として行動することによって犯罪を実行する者であればそれは足りることでございますので、構成員以外の者が当該罪に当たる行為を実行するための組織に含まれているということを否定するものではございません。」【６月８日参議院法務委員会（糸数委員）】。

*26　最高裁平成27年9月15日判決「ア　組織的犯罪処罰法において『団体』とは、共同の目的を有する多数人の継続的結合体であって、その目的又は意思を実現する行為の全部又は一部が組織により反復して行われるものをいう（同法2条1項）。リゾート会員権の販売等を目的とする会社であって、Cを始めとする役員及び従業員（営業員、電話勧誘員ら）によって構成される組織により営業活動を行うAが「団体」に当たることについては疑問の余地がない。」(中略)「問題は、上記行為が、「詐欺罪に当たる行為を実行するための組織により行われた」ものかどうか、すなわち、詐欺罪に当たる行為を実行することを目的として成り立っている組織により行われたといえるかどうかに尽きることになる。原判決の認定によれば、被告人はもとより、相被告人Yを始めとするA社の主要な構成員にあっては、遅くとも平成21年9月上旬の時点で、A社が実質的な破綻状態にあり、集めた預託金等を返還する能力がないことを認識したにもかかわらず、それ以降も、上記ア記載の組織による営業活動として、B倶楽部の施設利用預託金及び施設利用料の名目で金銭を集める行為を継続したというのである。上記時点以降、上記営業活動は、客観的にはすべて「人を欺いて財物を交付」させる行為に当たることとなるから、そのような行為を実行することを目的として成り立っている上記組織は、「詐欺罪に当たる行為を実行するための組織」に当たることになったというべきである。上記組織が、元々は詐欺罪に当たる行為を実行するための組織でなかったからといって、また、上記組織の中に詐欺行為に加担している認識のない営業員や電話勧誘員がいたからといって、別異に解すべき理由はない。

*27　林刑事局長「今、犯罪の実行に向けて非常に有益な知見を持っているような人、こういった者がこの計画に加わる、これはあり得ると思います。それが犯罪実行組織の一員として加わるわけでございまして、そういった者が、当該行為を実行するための組織により行われるものの遂行を計画、これを計画するために、そうした犯罪を実行するための組織にも全く無関係で、外部の人がこの計画に加わるということは想定できないということであります。」【5月12日衆議院予算委員会（枝野委員）】。

*28　金田国務大臣「ただいま外務省から説明がございました国際組織犯罪防止条約は、重大な犯罪の合意の犯罪化に当たりまして、締約国に対し、国内担保法上組織的な犯罪集団が関与するものとの要件を付すことを認めているわけであります。この要件を付した場合には、犯罪化が義務づけられる合意の対象は組織的な犯罪集団が関与する重大な犯罪となることから、組織的な犯罪集団が関与することが現実的に想定される罪を重大な犯罪の合意罪の対象とすれば、本条約の義務を履行する上で問題ないと解されているものと承知をするわけであります。そこで、このような解釈に基づきまして、長期四年以上の懲役、禁錮に当たる罪のうち、犯罪の主体、客体、行為の態様、犯罪が成立し得る状況、現実の犯罪情勢等に照らしまして、組織的犯罪集団が実行を計画することが現実的に想定されるか否かという基準によりまして

テロ等準備罪の対象犯罪を選択しまして、本法案により新設することとした証人買収罪を除きまして、二百七十七個としたものであります。」【4月28日衆議院法務委員会（平口委員）】。
＊29　国際組織犯罪防止条約第2条は次の通り定める。
　　第二条　用語
　　この条約の適用上、
　　(a)「組織的な犯罪集団」とは、三人以上の者から成る組織された集団であって、一定の期間存在し、かつ、金銭的利益その他の物質的利益を直接又は間接に得るため一又は二以上の重大な犯罪又はこの条約に従って定められる犯罪を行うことを目的として一体として行動するものをいう。
　　(b)「重大な犯罪」とは、長期四年以上の自由をはく奪する刑又はこれより重い刑を科することができる犯罪を構成する行為をいう。
＊30　水嶋光一外務省大臣官房審議官「今、未遂犯あるいは結果的加重犯についてお尋ねございました。当時の政府の御答弁でも、過失犯や未遂犯は性質上共謀の対象とならないというふうに認めておりました。ですから、そもそもその実行を合意することが想定し難いということで、未遂犯なり結果的加重犯については、過去の法案においても、犯罪、対象犯罪から除くということは可能であったというふうには考えております。」【5月30日参議院法務（古川委員）】。
＊31　林刑事局長「法務省におきましては、基本的に、犯罪行為の態様に着目して、犯罪行為が規定されている条や項ごとに数えております。その際、犯罪行為の態様が共通しており、細分化することが適当とは言いがたい罪については、条や項が異なっても一個と数えるようにしております。今回の罪の数え方でございますが、平成十七年当時の組織的な犯罪の共謀罪の際の数え方と比べると、犯罪行為の態様に着目し、条や項ごとに数えているという点では、これは同一でございます。
　　もっとも、平成十七年当時は、例えば同一の項の前段と後段について、例えば航空の危険を生じさせる行為等の処罰に関する法律第四条では、この前段と後段を別個のものとして掲上しておりましたけれども、一方で、刑法百七十六条強制わいせつでは、両者合わせて一個の罪として掲上している点がございました。また、刑法第二百三十六条第一項と第二項の強盗におきましては、行為の態様が共通しており、まとめて掲上しておりましたけれども、一方で、刑法第百二十五条第一項と同条第二項の往来危険では、行為の態様が共通しているにもかかわらず、これを細分化して掲上しておりました。このように、犯罪の個数という観点から見て、平成十七年当時の数え方は、その計上方法に必ずしも一貫していない面がございました。そこで、今回は、犯罪行為の態様に着目し、より適切と考えられる数え方というものを採用したわけでございます。以上のような数え方に基づきまして、平成二十九年一月一日時点で効力を有する罪について、法定刑が長期四年以上の懲役または禁錮の刑等が定められているものの個数を数えたところ、その個数は六百七十六でござい

ました。その上で、国際組織犯罪防止条約の解釈に従い対象犯罪をリスト化して明確化することとして、組織的犯罪集団が実行を計画することが現実的に想定される罪を選択した結果、その個数は、本法案により新設することとしている証人等の買収罪を除きまして、二百七十七ということになったものでございます。いずれにしても、この六百七十六という数字と二百七十七という数字については、同じ数え方の考え方を持って数えているものでございます。」【4月19日衆議院法務委員会（宮崎委員）】。

＊32　刑法第百九十四条「裁判、検察若しくは警察の職務を行う者又はこれらの職務を補助する者がその職権を濫用して、人を逮捕し、又は監禁したときは、六月以上十年以下の懲役又は禁錮に処する。」

第百九十五条「裁判、検察若しくは警察の職務を行う者又はこれらの職務を補助する者が、その職務を行うに当たり、被告人、被疑者その他の者に対して暴行又は陵辱若しくは加虐の行為をしたときは、七年以下の懲役又は禁錮に処する。

２　法令により拘禁された者を看守し又は護送する者がその拘禁された者に対して暴行又は陵辱若しくは加虐の行為をしたときも、前項と同様とする。」。

＊33　林刑事局長「このテロ等準備罪の対象犯罪、おおむね五つに大別できるものと考えております。まず、テロの実行に関する罪でございますが、これは、テロによる甚大な被害の発生を防ぐという観点から対象犯罪とするものでございます。具体的には、組織的な殺人や現住建造物等放火などが含まれます。次に、薬物に関する犯罪。これは、テロ組織を含む組織的犯罪集団が違法に資金を獲得する典型的な手段であることから対象犯罪とするものでございます。具体的には、覚醒剤、ヘロイン、コカイン、大麻の輸出入、譲渡などが含まれるわけでございます。次に、人身に関する搾取犯罪でございますが、これは、やはりテロ組織を含む組織的犯罪集団により行われるのが通常であり、違法に資金を獲得する手段ともなることから対象犯罪とするものでございます。具体的には、人身売買や集団密航者を不法入国させる行為などが含まれます。次に、その他の組織的犯罪集団の資金源に関する犯罪でございますが、これは、薬物に関する犯罪あるいは人身に関する搾取犯罪、今申し上げたこの二つの犯罪類型以外の、テロ組織を含む組織的犯罪集団が違法に資金を獲得する手段となる犯罪であることから対象犯罪とするものでございます。具体的には、組織的な詐欺や組織的な恐喝、高金利の契約などが含まれます。司法妨害に関する犯罪でございますが、これは、テロ組織を含む組織的犯罪集団が組織を維持するために行われることが想定されることから対象犯罪とするものでございます。具体的には、偽証でありますとか組織的な犯罪に係る証拠隠滅などがこれに含まれるものでございます。」【4月28日衆議院法務委員会（平口委員）】。

＊34　森林法第百九十八条「森林窃盗が保安林の区域内において犯したものであるときは、五年以下の懲役又は五十万円以下の罰金に処する。」。なお、森林窃盗の定義は、第百九十七条「森林においてその産物（人工を加えたものを含む。）を窃取し

た者は、森林窃盗とし、三年以下の懲役又は三十万円以下の罰金に処する。」。

*35　金田国務大臣「保安林の区域内の森林窃盗は、保安林の区域内においてその産物を窃取する罪であります。組織的犯罪集団ご組織の維持運営に必要な資金を得るために計画することが現実的に想定されることから、対象犯罪としたものであります。つまり、森林窃盗の対象となる産物には、立木、竹、キノコといった森林から生育、発生する一切のものが含まれるほか、森林内の鉱物その他の土砂、岩石など無機物産出物も含まれるものと言えるわけであります。このような森林窃盗の対象となる客体に鑑みた場合には、相当の経済的利益を生じる場合もありますことから、組織的犯罪集団が組織の維持運営に必要な資金を得るために計画することが現実的に想定されるのであります。」【4月17日衆議院決算行政監視委員会（山尾委員）】。

　　林刑事局長「森林法の百九十八条でございますが、これは、その区域内において産物を窃取する罪でございます。組織的犯罪集団組織の維持運営に必要な資金を得るために計画することが現実的に想定されることから、対象犯罪としたものでございます。この森林窃盗の対象となる産物でございますが、これは、樹木など森林から生育、発生するもののほかに、さらに森林内の鉱物、土砂、岩石等の産出物が含まれます。このような森林窃盗の対象となる客体には、例えば材木や工芸用としての価値の高い樹木、あるいはマツタケのような食材としての高価なもののほかに、水晶などの鉱物、あるいはコンクリート原料としての価値の高い砂などが含まれ、これらを大量に盗んで転売することにより相当の経済的利益を生ずる場合がございます。組織的犯罪集団が組織の維持運営に必要な資金を得るために保安林の区域内における森林窃盗の実行を計画する例といたしまして、例えば暴力団等が、土砂を販売して利益を得る目的で保安林内の土砂を大規模に掘削して盗むことを計画することなどが考えられるわけでございます。実際に、良質の山砂を盗掘して、販売する目的で、保安林の区域内である国有林の中で長期間にわたり継続的に従業員等を使って重機を用いて山砂の掘削を繰り返して、時価約四千万円にも相当する約五万立方メートルを超える山砂を窃取したという事例もあるものと承知しております。こうしたことから、組織的犯罪集団が計画をすることが現実に想定されるということから、こうした保安林内の区域内における森林窃盗というものは対象犯罪としておるわけでございます。」【4月28日衆議院法務委員会（平口委員）】。

*36　林刑事局長「お尋ねの海産物を盗むこと、すなわち一般に密猟と呼ばれるものにつきましては、例えば漁業法第百三十八条、百四十三条等の罪に当たる行為と考えられますところ、これらの罪は、法定刑は長期四年以上の懲役または禁錮には当たっておりません。TOC条約においてテロ等準備罪の対象犯罪とすることが求められている重大な犯罪には該当しないために、テロ等準備罪の対象犯罪とはしていないものでございます。」【4月28日衆議院法務委員会（平口委員）】。

*37　鉱業法
　　（鉱物の掘採及び取得）

第七条　まだ掘採されない鉱物は、鉱業権によるのでなければ、掘採してはならない。但し、左の各号に掲げる場合は、この限りでない。
　一　可燃性天然ガスを営利を目的としないで、単に一家の自用に供するとき。
　二　鉱業権の目的となつていない石灰石、ドロマイト又は耐火粘土を営利を目的としないで、単に一家の自用に供するとき。

第百四十七条
「次の各号のいずれかに該当する者は、五年以下の懲役若しくは三百万円以下の罰金に処し、又はこれを併科する。
　一　第七条の規定に違反した者
　二　前号の犯罪に係る鉱物を、情を知つて運搬し、保管し、有償若しくは無償で取得し、又は処分の媒介若しくはあつせんをした者
　三　偽りその他不正の行為により鉱業権の設定又は移転の許可を受けた者

*38　林刑事局長「今委員御指摘の鉱業権によらない鉱物の掘採等の罪でございます。鉱業法百四十七条第一項に規定する罪でございますが、これは、法定の除外事由がないのに、鉱業権によらずにまだ掘採されていない鉱物を掘採するなどをする罪でございます。鉱物の無許可探査等の罪は鉱業法第百四十八条第一項に規定する罪でありまして、これは、経済産業大臣の許可を受けないで鉱物の探査等を行う罪でございます。鉱物の掘採や探査により経済的利益を得るためには、通常、多額の資本をもとに高度の技術及び設備を備えた上で大規模に掘採等を行う必要がございます。組織的犯罪集団が、組織の維持の拡大のために、資金を得るために、こうした形での罪を実行することは現実的に考えがたいと考えました。また、組織的に鉱業権によらない鉱物の掘採や探査が行われた事例があるとも承知しておりません。このように、行為の態様、現実の犯罪情勢等を踏まえると、組織的犯罪集団がこれらの罪の実行を計画するということが現実に想定しがたいと判断したものですので、今回は、法案においてこれらの罪を対象犯罪としなかったものでございます。【4月28日衆議院法務委員会」（逢坂委員）】。

*39　所得税法第二百三十八条「偽りその他不正の行為により、第百二十条第一項第三号（確定所得申告）（第百六十六条（申告、納付及び還付）において準用する場合を含む。）に規定する所得税の額（第九十五条（外国税額控除）又は第百六十五条の六（非居住者に係る外国税額の控除）の規定により控除をされるべき金額がある場合には、同号の規定による計算をこれらの規定を適用しないでした所得税の額）若しくは第百七十二条第一項第一号若しくは第二項第一号（給与等につき源泉徴収を受けない場合の申告）に規定する所得税の額につき所得税を免れ、又は第百四十二条第二項（純損失の繰戻しによる還付）（第百六十六条において準用する場合を含む。）の規定による所得税の還付を受けた者は、十年以下の懲役若しくは千万円以下の罰金に処し、又はこれを併科する。」

*40　破産法第二百六十五条「破産手続開始の前後を問わず、債権者を害する目的で、

次の各号のいずれかに該当する行為をした者は、債務者（相続財産の破産にあっては相続財産、信託財産の破産にあっては信託財産。次項において同じ。）について破産手続開始の決定が確定したときは、十年以下の懲役若しくは千万円以下の罰金に処し、又はこれを併科する。情を知って、第四号に掲げる行為の相手方となった者も、破産手続開始の決定が確定したときは、同様とする。

一　債務者の財産（相続財産の破産にあっては相続財産に属する財産、信託財産の破産にあっては信託財産に属する財産。以下この条において同じ。）を隠匿し、又は損壊する行為

二　債務者の財産の譲渡又は債務の負担を仮装する行為

三　債務者の財産の現状を改変して、その価格を減損する行為

四　債務者の財産を債権者の不利益に処分し、又は債権者に不利益な債務を債務者が負担する行為

2　前項に規定するもののほか、債務者について破産手続開始の決定がされ、又は保全管理命令が発せられたことを認識しながら、債権者を害する目的で、破産管財人の承諾その他の正当な理由がなく、その債務者の財産を取得し、又は第三者に取得させた者も、同項と同様とする。」（特定の債権者に対する担保の供与等の罪）。

＊41　林刑事局長「これらの犯罪、こうした経済犯罪につきましては、組織的犯罪集団が組織の維持運営に必要な資金を得るために実行を計画することが現実に想定されると考えましたところから、対象犯罪としているわけでございます。例えば、組織的犯罪集団が、まず、偽りその他不正の行為による所得税の免脱等の実行を計画する例といたしましては、例えば暴力団が、その組織の維持運営に必要な資金を得るために、組織的に所得を隠匿して脱税をすることを計画するといったことは考えられるわけでございます。また、組織的な犯罪集団が詐欺破産の実行を計画する例といたしましては、例えば暴力団が、組織の維持運営に必要な資金を得るために、破産手続が見込まれる会社の財産を隠匿してその分け前を得るといったことを計画することなどが考えられるわけでございます。こういったことから、これらの犯罪も、組織的犯罪集団がその組織の維持運営に必要な資金を得るために実行を計画することが現実に想定されますことから、今回の対象犯罪として掲げているわけでございます。」【4月28日衆議院法務委員会（平口委員）】

＊42　林刑事局長「著作権法における著作権侵害等の罪は、著作権、出版権又は著作隣接権を侵害するなどの罪でございますけれども、組織的犯罪集団が組織の維持運営に必要となる資金を得るためにこの実行を計画をすることが現実的に想定されるということから今回対象犯罪にしております。例えば、その例といたしましては、組織的犯罪集団が海賊版のCDなどを販売することを計画する、こういったことが想定されると考えております。」【6月8日参議院法務委員会（山口委員）】

＊43　井田良参考人「テロ等準備罪を新設したことのほか、マネーロンダリング罪の

前提犯罪を拡大して犯罪収益規制を強化したこと、贈賄罪について国民の国外犯の処罰を可能としたこと、証人等買収罪の規定を新設したことなども組織犯罪に対する有効な対応を可能にするものでしょう。特に私が注目するのは、提案されている証人等買収罪です。幾ら刑罰法規を整備しても、裁判を含めた司法活動を妨害する行為が行われて犯罪の立件、処罰が不可能になれば、刑罰法規はまさに絵に描いた餅になります。現行刑法の規定は、この点において相当に不備でありますけれども、法案に見られる対応により、そうした司法妨害行為に対処することが可能となります。」【4月25日衆議院法務委員会】

*44 林刑事局長「現在の具体的な組織犯罪における組織的な司法妨害活動の実態というものにつきましては、もちろん、これにつきましては非常に密行性高く顕在化し難いものでございますので、実態全部把握できているわけではもちろんないわけでございますが、例えば、近年、暴力団幹部によりまして、殺人未遂事件における裁判員裁判に関しまして、その暴力団幹部の関係者二名がその裁判を担当していた裁判員二名に対して、これに対して話しかけて、裁判員に不安、困惑を生じさせるなどとした事案、これが裁判員の参加する刑事裁判に関する法律違反ということで起訴され、処罰されているということがございます。」【6月8日参議院法務委員会（古川委員）】。

*45 松宮孝明参考人「準備行為は何々したときという規定ぶりから見て、詐欺破産罪に言う破産手続開始の決定が確定したときと同じく、客観的処罰条件です。」【6月1日参議院法務委員会参考人招致】。

*46 岸外務副大臣「ここで言います合意の内容を推進するための行為とは、合意の成立以降に行われる未遂に至らない何らかの行為を示す、何らかの行為を意味するものと解されておるところでございますが、この未遂に至らない何らかの行為の中には文言上予備罪の予備行為も含まれ得るわけですけれども、本条約の義務を履行できるか否かは、本条約の趣旨に鑑みて解釈をされなければいけないところでございます。その上で……（階委員「その趣旨は何ですか」と呼ぶ）はい。本条約の第五条1の(a)の(i)は、重大な犯罪の合意そのものを処罰の対象とすることを義務づけた上で、国内法において合意の内容を推進するための行為を伴うとの要件を認めているところでございますが、これは、重大な犯罪の合意そのものを処罰の対象とするとの条約の趣旨に反しない程度で許されるものということでございます。実際、この要件につきましてはいわゆる米国のオーバートアクトを念頭に置いたものでございますが、米国の判例におきましては、我が国における予備罪の予備行為には当たらないと考えられるような行為についてもオーバートアクトに当たるものとされている、このように承知をしているところでございます。このような理解からしますと、先ほどの繰り返しになりますけれども、客観的に相当の危険性の認められる程度の準備が整えられた場合にしか成立しない予備罪の予備行為のみを推進行為とすることは本条約の趣旨に反するおそれが高いと言うべきでございます。したがい

まして、政府としては、合意内容を推進するための行為に対応するものとしてそのような予備行為を規定して本条約を締結することは憲法九十八条二項が規定する条約の成立履行義務に反して許されない、このように考えているところでございます。」【5月19日衆議院法務委員会（階委員）】。

*47　東京高裁昭和42年6月5日判決（高等裁判所刑事判例集20巻3号351頁）「おもうに、『予備』は、一般には、犯罪の実現を目的とする行為でその実行に着手する以前の準備段階にあるもの、と解されており、犯罪の具体的決意もしくは犯人二人以上の場合における犯罪の具体的合意の程度をこえ、実行着手に至るまでの間における実践的準備行為をいうものであることは異論を見ないところである。そして、予備行為のかかる性格上、その態様は千差万別であって、きわめて無定型、無限定であることもその特徴の一つであろう。ただ、ここで注意しなければならないと思われるのは、元来、犯罪の企画段階である予備又は陰謀というものは、犯罪の完成からは比較的遠いところにあり、犯罪の類型や規模によっては、その完成までの途中において、種々の迂余曲折により犯罪意思がしばしば動揺を示して不安定であることが多く、したがつて一般には刑法上も不可罰として扱われ、保護法益がとくに重大であるかあるいは予備行為等それ自体の危険性が極めて大きい場合にのみ、その可罰性が認められている、ということである。そして、ここに保護法益がとくに重大であるといい、また、予備行為等それ自体がとくに危険であるといつても、それは、要するに当該犯罪類型の重い可罰性とその犯罪類型との関連においてその予備行為等それ自体のもつ客観的危険性（つまり、実行の着手可能という観点からみて、客観的に重要と思われる程度の実質的な準備がされたこと。）に着目すればこそ、その可罰性が認められる、という意味を表現していることにほかならない。とすれば、犯罪実現のためにするすべての準備行為のことごとくが予備罪としての可罰性をもつわけではなく（もとより、予備罪等を処罰する規定のある犯罪類型についていうことであるが）そこにおのずからなる一定の限界があると考えるのが妥当であろう。原判決が、実行に着手しようと思えばいつでもそれを利用して実行に着手しうる程度の準備が整えられることを要するというのも、結局は、騒擾罪という特異な犯罪類型を念頭におきつつ、右と同一の趣旨を判示しているものとも解せられるが、それはともかくとして、すくなくとも、実行行為着手前の行為が予備罪として処罰されるためには、当該基本的構成要件に属する犯罪類型の種類、規模等に照らし、当該構成要件実現（実行の着手もふくめて）のための客観的な危険性という観点からみて、実質的に重要な意義を持ち、客観的に相当の危険性の認められる程度の準備が整えられた場合たることを要する、と解するのが、前述のような予備行為の態様の無定型と無限定という特徴を把握する一方、罪刑法定主義の要請をも顧慮する目的論的解釈の立場からみて、もつとも当を得たものと思われる」。

*48　最高裁平成24年7月12日大法廷判決は、国家公務員法102条1項の適用が争われた事案であり、「本法102条1項の文言、趣旨、目的や規制される政治活動の自

由の重要性に加え、同項の規定が刑罰法規の構成要件となることを考慮すると、同項にいう『政治的行為』とは、公務員の職務の遂行の政治的中立性を損なうおそれが、観念的なものにとどまらず、現実的に起こり得るものとして実質的に認められるものを指し、同項はそのような行為の類型の具体的な定めを人事院規則に委任したものと解するのが相当である。そして、その委任に基づいて定められた本規則も、このような同項の委任の範囲内において、公務員の職務の遂行の政治的中立性を損なうおそれが実質的に認められる行為の類型を規定したものと解すべきである。上記のような本法の委任の趣旨及び本規則の性格に照らすと、本件罰則規定に係る本規則6項7号、13号（5項3号）については、それぞれが定める行為類型に文言上該当する行為であって、公務員の職務の遂行の政治的中立性を損なうおそれが実質的に認められるものを当該各号の禁止の対象となる政治的行為と規定したものと解するのが相当である。このような行為は、それが一公務員のものであっても、行政の組織的な運営の性質等に鑑みると、当該公務員の職務権限の行使ないし指揮命令や指導監督等を通じてその属する行政組織の職務の遂行や組織の運営に影響が及び、行政の中立的運営に影響を及ぼすものというべきであり、また、こうした影響は、勤務外の行為であっても、事情によってはその政治的傾向かが職務内容に現れる蓋然性が高まることなどによって生じ得るものといえべきである。」と判示した。

＊49　林刑事局長「『二人以上で計画した』場合に、二人の場合に、計画者の、他方に故意の認識がなければその者については成立しませんが、故意の認識のある者については成立いたします。」【5月12日衆議院法務委員会（枝野委員）】。林刑事局長「構成員の隣に、非常に構成員に近いけれども、組織的犯罪集団であるということの認識のない者、そういった意味で構成員でない者、こういった者がいた場合に、これが計画することがあるかという御質問だと思いますけれども、その場合に、確かに組織的犯罪集団の構成員でない者が計画という形に加わることは可能性としてございます。どのような場合かといえば、犯罪実行部隊としての組織の一員、この一組織というものは必ずしも構成員でなくてもいいわけでございますので、そういった組織の一員、実際に犯罪を実行する部隊としての組織の一員に構成員でない者という者が入るということはあり得ます。ただ、その場合も、計画した者と言えるためには、これが、自分は構成員ではなくても、当該犯罪を計画している対象が組織的犯罪集団が関与する犯罪であるということについての認識のない場合には、これは計画者とは認められません。」【5月12日衆議院予算委員会（枝野委員）】。

＊50　林刑事局長「アマチュア合唱団などにおいて楽譜を複写することを繰り返しているという事態、この楽譜を複写するということ自体がもし仮に著作権法違反になると仮定いたしますと、そのような行為を行っているのは、その個々の行為について、それを、そういった場合に著作権法違反に当たるか当たらないかということは、当たり得る場合があるかもしれませんけれども、今回の組織的犯罪集団という概念は、既遂行為、犯罪の実行行為が行われているような状況においては組織的犯罪集

団という概念は存在しないわけであります。あくまでもこれは、計画がなされ、実行準備行為がなされている時点、こういった段階で組織的犯罪集団に当たるかどうかという要件を付加しておるわけであります。なぜ付加しているかというと、それはやはり、実行の着手よりも以前の段階で処罰ができるというためには、組織的犯罪集団という危険性に着目して、その強固な組織性がある集団の計画であるからこそ、危険性が高い、現実の可能性が高いということに着目して、こういった要件を付加しておるわけであります。その場合の要件であるところの共同の目的というものを、先ほど来の意味で申し上げておりますと、やはりこれは、アマチュア合唱団、オーケストラなどが、個々の場合に、楽譜を複写するということを繰り返していると仮定いたしましても、それによってこの団体が犯罪の実行を目的として結合している団体であるということを認定することは困難であろうと思っております。【4月21日衆議院法務委員会（枝野委員）】。

第4章

*51　林刑事局長「幇助犯でございますが、幇助犯について言えば、組織的犯罪集団の計画、こういったことを容易にする行為という形での幇助行為というものは、それは観念し得ると思います。例えば組織的犯罪集団が計画をする場所の提供というようなものについて、この組織的犯罪集団の存在を認識しつつ、かつ、組織的犯罪集団が、その中にある犯罪実行母体の組織によって計画を行っている、そのことを全て認識した上でそういったものを、例えば計画の場所の提供をするなどして幇助する、そういったことは考え得ると思います。」【5月12日衆議院法務委員会（枝野委員）】。

*52　平成29年衆質215衆議院議員階猛君提出共謀罪の「準備行為」に関する質問主意書に対する答弁書において、「犯罪の成否については、収集された証拠に基づき個別に判断されるものであるため、お尋ねについて一概にお答えすることは困難であるが、一般論としては、改正後組織的犯罪処罰法第6条の2第1項の罪は、同項に規定する『二人以上で計画』する行為（以下「計画行為」という。）が行われるごとに別罪として成立するものではなく、計画された犯罪が実行されるまでの間の一連の計画行為を通じて一個の罪となるものであることから、当初、二人以上の者が計画行為を行い、それらの者のいずれかにより当該計画に基づき実行準備行為が行われた後に、他の者がこれと一連となる計画行為を行い、新たに『二人以上で計画した者』に当たることとなったと認められる場合は、当該他の者についても同項の罪が成立すると考えられる。」と答弁している。

*53　林刑事局長「計画からの離脱あるいは共同正犯からの離脱、これについては、共同正犯からの離脱ということであれば、例えば、既遂罪、既遂行為を念頭に置いて、どの段階でその共犯関係から離脱したかという際に、その途中での自分たちの共犯あるいは共謀といったことが実際の既遂の結果に対してどのような因果関係を

持つか、その途中でどのような行為をすれば離脱ということを認めて、他の共犯が行った行為というものについてへの因果関係をどこまで軽減できるかとか、そういった事実認定の問題だと思います。一方で、テロ等準備罪における計画からの離脱というのは、結果の発生という点からはそれよりも以前の行為でありますが、テロ等準備罪の中では、一つは計画行為というものと、それに基づく実行準備行為という、この二つの要素をその構成要件として掲げておりますので、そこで完結するテロ等準備罪という犯罪について、それでは、計画に参加したけれども、その実行準備行為が行われる前に、どの段階でどのような行為をすれば他の者が実行準備行為を行ったということによるテロ等準備罪の成立から離脱ということでその刑責を免れることができるのかということでありまして、そういった意味で、両者が、どちらが軽減されるかということの関係にはないと思います。ある意味、同じような、どのような行為まですればそうした計画から離脱げできるのか、あるいはどのような行為をすれば共同正犯の共犯関係からの離脱ができるのかというところにおいて、恐らく類似の思考をすることはあると思いますけれども、いずれにしても、それは事実認定の問題でありまして、どちらが離脱の要件が認められやすいのか、軽減されるのか、テロ等準備罪の方が共犯関係の離脱よりも軽減されるのかという関係にはならないと思っております。」【6月2日衆議院法務委員会（井出委員）】

*54　林刑事局長「委員の御指摘は、テロ等準備罪が成立し、また予備罪も成立し、ただ、実際の計画の内容である対象犯罪というものは実行の着手に至っていない、こういう御指摘のもとであると理解しておりますが、この場合には、この予備罪あるいはテロ等準備罪、いずれも保護法益は同じでございますので、同一の犯罪について、予備罪とテロ等準備罪、双方成立するとしても、これが包括一罪という形での考え方をとっております。」【5月12日衆議院法務委員会（枝野委員）】。

*55　懲役刑もしくは禁錮刑の法定刑において、共謀罪よりも予備罪が軽いものとして、身代金目的略取等予備（刑法228条の3）、現住建造物放火予備、非現住建造物放火予備（刑法113条）、激発物破裂による建造物損壊予備（刑法117条）、航空機強取予備（航空機の強取等の処罰に関する法律3条）、発散目的一種病原体輸入予備（感染症予防等に関する法律68条）など。懲役・禁固刑の法定刑は同等であるが、予備罪の選択刑に罰金刑があるため、予備罪が軽いものとして、犯罪収益等隠匿予備罪（法10条3項）、支払い用カード電磁的記録不正作出準備（163条の4）、切手類偽造予備（郵便法86条2項）、在留カード偽造予備（出入国管理等法73条の5）、集団密航者収受予備（出入国管理等法74条の5）、輸出入してはならない貨物の輸出入予備（関税法108条3項）、一種病原体等発散予備（感染症予防等に関する法律67条3項）などがある。

*56　林刑事局長「実行準備行為は構成要件の一つでございますが、まず、組織的犯罪集団がその組織の指揮命令に基づいて、また各人が犯罪の役割分担をした上で行う計画、これがまずあります。それから、その計画に基づいての実行準備行為がご

ざいます。これらは、これを全体で見ますと、こういった組織的犯罪集団が関与する計画というものについては、まず、単独で行うような犯罪と比べて実際に犯罪行為が行われる可能性が非常に高い、あるいは一たび犯罪行為が行われた場合には重大な犯罪の結果が生じる、こういったことから、特に悪質であって違法性も高い、こういった考え方に立ってテロ等準備罪を構成しているわけでございます。ゆえに、こういった組織的犯罪集団が関与する、犯罪を計画し、かつ実行準備行為まで行う、この犯罪の違法性を単独で行われる予備行為と比較した場合に、これはテロ等準備罪の方が危険性が高い、違法性が高い、こういった認識を持っておりますので、今の、単純に実行準備行為だけを取り出して、予備行為との関係での危険性を比較して、予備行為の方が危険性が高いからこの法定刑はおかしい、こういった御指摘にはつながらないと考えております。」【5月12日衆議院法務委員会（枝野委員）】。

組織犯罪処罰法別表第3（目的犯罪）・第4（対象犯罪）に掲げる罪

1 　左端の番号は，法務省作成の一覧表（法曹時報2017年11月号掲載）に倣い、共謀罪の対象犯罪（別表4）について便宜上付したものであり、277個とカウントするのは本書の立場ではない。
2 　16番は、別表4（2の二）に掲げられた組織的犯人蔵匿・証人買収罪のうち後者が法務省作成の一覧表から欠落していたため、両罪に同じ番号を付して掲載した。
3 　別表3にないが別表4（2～6）で共謀罪の対象犯罪とされたものは、通し番号を振り、「別表3」欄に×をつけた。
4 　別表3にあるが別表4（1のイ、ロ、ハ……）で共謀罪の対象犯罪から除外された犯罪は、左端の番号を空欄にした。
5 　法令名を略称・通称としたものの正式な法令名については末尾に一覧を付した。
6 　法文上の漢数字は，算用数字に直した。

番号	別表3	別表4	法令名	罪名（犯罪行為の概要）	条文番号
1	1	1	組織犯罪処罰法	組織的な封印等破棄	3条1・2項1号
2	1	1	〃	組織的な強制執行妨害目的財産損壊等	3条1・2項2号
3	1	1	〃	組織的な強制執行行為妨害等	3条1・2項3号
4	1	1	〃	組織的な強制執行関係売却妨害	3条1・2項4号
5	1	1	〃	組織的な常習賭博	3条1項5号
6	1	1	〃	組織的な賭博場開張等図利	3条1項6号
7	1	1	〃	組織的な殺人	3条1・2項7号
8	1	1	〃	組織的な逮捕監禁	3条1・2項8号
9	1	1	〃	組織的な強要	3条1・2項9号
10	1	1	〃	組織的な身の代金目的略取等	3条1・2項10号
11	1	1	〃	組織的な信用毀損・業務妨害	3条1・2項11号
12	1	1	〃	組織的な威力業務妨害	3条1・2項12号
13	1	1	〃	組織的な詐欺	3条1項13号
14	1	1	〃	組織的な恐喝	3条1・2項14号
15	1	1	〃	組織的な建造物等損壊	3条1・2項15号
16	×	2	〃	組織的な犯罪に係る犯人蔵匿等	7条1・2項1～3号
16	×	2	〃	組織的な証人等買収罪	7条の2第2項
17	1	1	〃	不法収益等による法人等の事業経営の支配を目的とする行為	9条1～3項
18	1	1	〃	犯罪収益等隠匿	10条1項
	1	1イで除外	〃	犯罪収益等収受	11条
	2	イ	1ロで除外	刑法	内乱	77条1項1・2号
19	2	イ	1	〃	内乱等幇助	79条
	2	イ	1ロで除外	〃	外患誘致	81条
	2	イ	1ロで除外	〃	外患援助	82条
20	×	3　イ	〃	加重逃走	98条
21	×	3　イ	〃	被拘禁者奪取	99条
22	×	3　イ	〃	逃走援助	100条2項
23	2	ハ	1	〃	騒乱	106条1・2号
24	2	二	1	〃	現住建造物等放火	108条
25	2	二	1	〃	非現住建造物等放火	109条1項

番号	別表3	別表4	法令名	罪名（犯罪行為の概要）	条文番号
26	2	ニ	1	〃	建造物等以外放火	110条1項
27	2	ニ	1	〃	激発物破裂	117条1項
28	2	ホ	1	〃	現住建造物等浸害	119条
29	2	ホ	1	〃	非現住建造物等浸害	120条
30	2	ヘ	1	〃	往来危険	125条
31	2	ヘ	1	〃	汽車転覆等	126条1・2項
32	2	ト	1	〃	あへん煙輸入等	136条
33	2	ト	1	〃	あへん煙吸食器具輸入等	137条
34	2	ト	1	〃	あへん煙吸食のための場所提供	139条2項
35	2	チ	1	〃	水道汚染	143条
36	2	チ	1	〃	水道毒物等混入	146条前段
37	2	チ	1	〃	水道損壊及び閉塞	147条
38	2	リ	1	〃	通貨偽造及び行使等	148条
39	2	リ	1	〃	外国通貨偽造及び行使等	149条
40	2	ヌ	1	〃	有印公文書偽造等	155条1・2項
41	2	ヌ	1	〃	有印虚偽公文書作成等	156条
42	2	ヌ	1	〃	公正証書原本不実記載等	157条1項
43	2	ヌ	1	〃	偽造公文書行使等	158条1項
44	2	ヌ	1	〃	有印私文書偽造等	159条1・2項
45	2	ヌ	1	〃	偽造私文書等行使	161条1項
46	2	ヌ	1	〃	私電磁的記録不正作出及び供用	161条の2第1・3項
47	2	ヌ	1	〃	公電磁的記録不正作出及び供用	161条の2第2・3項
48	2	ル	1	〃	有価証券偽造等	162条
49	2	ル	1	〃	偽造有価証券行使等	163条1項
50	2	ヲ	1	〃	支払用カード電磁的記録不正作出等	163条の2
51	2	ヲ	1	〃	不正電磁的記録カード所持	163条の3
52	2	ワ	1	〃	公印偽造及び不正使用等	165条
53	×	3	ロ	〃	偽証	169条
54	2	カ	1	〃	強制わいせつ	176条
55	2	カ	1	〃	強制性交等	177条
56	2	カ	1	〃	準強制わいせつ	178条1項
57	2	カ	1	〃	準強制性交等	178条2項
58	2	ヨ	1	〃	墳墓発掘死体損壊等	191条
59	2	タ	1	〃	収賄	197条1項前段
60	2	タ	1	〃	事前収賄	197条2項
61	2	タ	1	〃	第三者供賄	197条の2
62	2	タ	1	〃	加重収賄	197条の3第1・2項
63	2	タ	1	〃	事後収賄	197条の3第3項
64	2	タ	1	〃	あっせん収賄	197条の4
	2	イ	1口で除外	〃	贈賄	198条
65	2	レ	1	〃	傷害	204条
66	2	ソ	1	〃	未成年者略取及び誘拐	224条

番号	別表3	別表4	法令名	罪名（犯罪行為の概要）	条文番号
67	2	ソ	1	〃	営利目的等略取及び誘拐	225条
68	2	ソ	1	〃	所在国外移送目的略取及び誘拐	226条
69	2	ソ	1	〃	人身売買	226条の2第1・4・5項
70	2	ソ	1	〃	被略取者等所在国外移送	226条の3
71	2	ソ	1	〃	営利拐取等幇助目的被拐取者収受	227条1項
72	2	ソ	1	〃	営利被拐取者収受	227条3項
73	2	ソ	1	〃	身の代金被拐取者収受等	227条4項
74	2	ツ	1	〃	電子計算機損壊等業務妨害	234条の2第1項
75	2	ネ	1	〃	窃盗	235条
76	2	ネ	1	〃	不動産侵奪	235条の2
77	2	ネ	1	〃	強盗	236条
78	2	ネ	1	〃	事後強盗	238条
79	2	ネ	1	〃	昏酔強盗	239条
80	2	ナ	1	〃	電子計算機使用詐欺	246条の2
81	2	ナ	1	〃	背任	247条
82	2	ナ	1	〃	準詐欺	248条
83	2	ラ	1	〃	横領	252条
84	2	ム	1	〃	盗品有償譲受け等	256条2項
	3		1ハで除外	爆発物取締罰則	爆発物の使用	1条
85	3		1	〃	製造・輸入・所持・注文	3条
86	3		1	〃	幇助のための製造・輸入等	5条
87	3		1	〃	製造・輸入・所持・注文（第1条の犯罪の目的でないことが証明できないとき）	6条
88	×		4	〃	爆発物の使用、製造等の犯人の蔵匿等	9条
89	4		1	外貨偽造	偽造等	1条
90	4		1	〃	偽造外国流通貨幣等の輸入	2条
91	4		1	〃	偽造外国流通貨幣等の行使等	3条1項
92	5		1	印紙犯罪処罰法	偽造等	1条
93	5		1	〃	偽造印紙等の使用等	2条1項
94	6		1	海底電信線条約	海底電信線の損壊	1条1項
95	7		1	労働基準法	強制労働	117条
96	8		1	職業安定法	暴行等による職業紹介等	63条
97	9		1	児童福祉法	児童淫行	60条1項
	9		1ニで除外	〃	児童の引渡し及び支配	60条2項
98	10		1	郵便法	切手類の偽造等	85条1項
99	11		1	金融商品取引法	虚偽有価証券届出書等の提出等	197条
100	11		1	〃	内部者取引等	197条の2
101	12		1	大麻取締法	大麻の栽培等	24条1項
102	12		1	〃	大麻の所持等	24条の2第1項
103	12		1	〃	大麻の使用等	24条の3第1項

番号	別表3	別表4	法令名	罪名（犯罪行為の概要）	条文番号
104	13	1	船員職業安定法	暴行等による船員職業紹介等	111条
105	14	1	競馬法	無資格競馬等	30条
106	15	1	自転車競技法	無資格自転車競走等	56条
107	16	1	外為法	国際的な平和及び安全の維持を妨げることとなる無許可取引等	69条の6第1・2項
108	16	1	〃	特定技術提供目的の無許可取引等	69条の7第1項
109	17	1	電波法	電気通信業務等の用に供する無線局の無線設備の損壊等	108条の2第1項
110	18	1	小型自動車競走法	無資格小型自動車競走等	61条
111	19	1	文化財保護法	重要文化財の無許可輸出	193条
112	19	1	〃	重要文化財の損壊等	195条1項
113	19	1	〃	史跡名勝天然記念物の滅失等	196条1項
114	20	1	地方税法	軽油等の不正製造	144条の33第1項
115	20	1	〃	軽油引取税に係る脱税	144条の41第1・2・3・5項
116	21	1	商品先物取引法	商品市場における取引等に関する風説の流布等	356条
117	22	1	道路運送法	自動車道における自動車往来危険	100条1項
118	22	1	〃	事業用自動車の転覆等	101条1項
119	23	1	投信法	投資主の権利の行使に関する利益の受供与等についての威迫行為	236条4項
120	24	1	モーターボート	無資格モーターボート競走等	65条
121	25	1	森林法	保安林の区域内における森林窃盗	198条
122	25	1	〃	森林窃盗のぞう物の運搬等	201条2項
123	25	1	〃	他人の森林への放火	202条1項
124	26	1	覚せい剤取締法	覚醒剤の輸入等	41条1項
125	26	1	〃	覚醒剤の所持等	41条の2第1項
126	26	1	〃	営利目的の覚醒剤の所持等	41条の2第2項
127	26	1	〃	覚醒剤の使用等	41条の3第1項
128	26	1	〃	営利目的の覚醒剤の使用等	41条の3第2項
129	26	1	〃	管理外覚醒剤の施用等	41条の4第1項
	27	1ホで除外	入管法	不法入国・不法上陸・不法残留	70条第1項1・2・5号
	27	1ホで除外	〃	不法在留	70条第2項
130	27	1	〃	在留カード偽造等	73条の3第1〜3項
131	27	1	〃	偽造在留カード等所持	73条の4
132	27	1	〃	集団密航者を不法入国させる行為等	74条1項
	27	1ホで除外	〃	集団密航者の輸送	74条の2第1項
133	27	1	〃	営利目的の集団密航者の輸送	74条の2第2項
134	27	1	〃	集団密航者の収受等	74条の4第1項
	27	1ホで除外	〃	不法入国等援助	74条の6
	27	1ホで除外	〃	難民旅行証明書等の不正受交付、偽造外国旅券の所持等	74条の6の2第1項1・2号

番号	別表3	別表4	法令名	罪名（犯罪行為の概要）	条文番号
135	27	1	〃	営利目的の難民旅行証明書等の不正受交付等	74条の6の2第2項
	27	1ホで除外	〃	不法入国者等の隠匿等	74条の8第1項
136	27	1	〃	営利目的の不法入国者等の蔵匿等	74条の8第2項
137	28	1	旅券法	旅券等の不正受交付等	23条1項
138	×	5	刑特法	偽証	4条1項
139	29	1		軍用物の損壊等	5条
140	30	1	麻薬取締法	ジアセチルモルヒネ等の輸入等	64条1項
141	30	1	〃	ジアセチルモルヒネ等の製剤等	64条の2第1項
142	30	1	〃	営利目的のジアセチルモルヒネ等の製剤等	64条の2第2項
143	30	1	〃	ジアセチルモルヒネ等の施用等	64条の3第1項
144	30	1	〃	営利目的のジアセチルモルヒネ等の施用等	64条の3第2項
145	30	1	〃	ジアセチルモルヒネ等以外の麻薬の輸入等	65条1項
146	30	1	〃	営利目的のジアセチルモルヒネ等以外の麻薬の輸入等	65条2項
147	30	1	〃	ジアセチルモルヒネ等以外の麻薬の製剤等	66条1項
148	30	1	〃	麻薬の施用等	66条の2第1項
149	30	1	〃	向精神薬の輸入等	66条の3第1項
150	30	1	〃	営利目的の向精神薬の譲渡等	66条の4第2項
151	31	1	有線電気通信法	有線電気通信設備の損壊等	13条1項
152	32	1	武器等製造法	銃砲の無許可製造	31条1項
153	32	1	〃	銃砲弾の無許可製造	31条の2第1項
154	32	1	〃	猟銃等の無許可製造	31条の3第4号
155	33	1	ガス事業法	ガス工作物の損壊等	192条1項
156	34	1	関税法	輸出してはならない貨物の輸出	108条の4第1・2項
157	34	1	〃	輸入してはならない貨物の輸入	109条1・2項
158	34	1	〃	輸入してはならない貨物の保税地域への蔵置等	109条の2第1・2項
159	34	1	〃	偽りにより関税を免れる行為等	110条1・2項
160	34	1	〃	無許可輸出等	111条1・2項
161	34	1	〃	輸出してはならない貨物の運搬等	112条1項
162	35	1	あへん法	けしの栽培等	51条1項
163	35	1	〃	営利目的のけしの栽培等	51条2項
164	35	1	〃	あへんの譲渡し等	52条1項
165	36	1	自衛隊法	自衛隊の所有する武器等の損壊等	121条
166	37	1	出資法	高金利の契約等	5条1項
167	37	1	〃	業として行う高金利の契約等	5条2・3項
168	37	1	〃	高保証料	5条の2第1項
169	37	1	〃	保証料がある場合の高金利等	5条の3

番号	別表3	別表4	法令名	罪名（犯罪行為の概要）	条文番号
170	37	1	〃	業として行う著しい高金利の脱法行為等	8条1・2項
171	38	1	補助金適正化法	不正の手段による補助金等の受交付等	29条
172	39	1	売春防止法	対償の収受等	8条1項
173	39	1	〃	業として行う場所の提供	11条2項
174	39	1	〃	売春をさせる業	12条
175	39	1	〃	資金等の提供	13条
176	40	1	高速自動車国道法	高速自動車国道の損壊等	26条1項
177	41	1	水道法	水道施設の損壊等	51条1項
178	42	1	銃刀法	拳銃等の発射	31条2・3項
179	42	1	〃	拳銃等の輸入	31条の2第1項
180	42	1	〃	拳銃等の所持等	31条の3第3・4項
181	42	1	〃	拳銃等の譲渡し等	31条の4第1項
182	42	1	〃	営利目的の拳銃等の譲渡し等	31条の4第2項
183	42	1	〃	偽りの方法により拳銃等の所持の許可を受ける行為	31条の6
184	42	1	〃	拳銃実包の輸入	31条の7第1項
185	42	1	〃	拳銃実包の所持	31条の8
186	42	1	〃	拳銃実包の譲渡し等	31条の9第1項
187	42	1	〃	猟銃の所持等	31条の11第1項
188	42	1	〃	拳銃等の輸入に係る資金等の提供	31条の13
189	43	1	下水道法	公共下水道の施設の損壊等	44条1項
190	44	1	特許法	特許権等の侵害	196条 196条の2
191	45	1	実用新案法	実用新案権等の侵害	56条
192	46	1	意匠法	意匠権等の侵害	69条 69条の2
193	47	1	商標法	商標権等の侵害	78条 78条の2
194	48	1	道路交通法	不正な信号機の操作等	115条
195	49	1	医薬品医療	業として行う指定薬物の製造等	83条の9
196	50	1	新幹線特例法	自動列車制御設備の損壊等	2条1項
197	51	1	電気事業法	電気工作物の損壊等	115条1項
198	52	1	所得税法	偽りその他不正の行為による所得税の免脱等	238条1・3項
199	52	1	〃	偽りその他不正の行為による所得税の免脱	239条1項
200	52	1	〃	所得税の不納付	240条1項
201	53	1	法人税法	偽りにより法人税を免れる行為等	159条1・3項
202	54	1	公海	海底電線の損壊	1条1項
203	54	1	〃	海底パイプライン等の損壊	2条1項
204	55	1	著作権法	著作権等の侵害等	119条1・2項

番号	別表3	別表4	法令名	罪名（犯罪行為の概要）	条文番号
205	56	1	航空強取	航空機の強取等	1条1項
206	56	1	〃	航空機の運航阻害	4条
207	57	1	廃棄物処理法	無許可廃棄物処理業等	25条1項
208	58	1	火炎びん	火炎びんの使用	2条1項
209	59	1	熱供給事業法	熱供給施設の損壊等	34条1項
210	60	1	航空危険	航空危険	1条
211	60	1	〃	航行中の航空機を墜落させる行為等	2条1項
212	60	1	〃	業務中の航空機の破壊等	3条1項
213	60	1	〃	業務中の航空機内への爆発物等の持込み	4条
214	61	1	人質	人質による強要等	1条1・2項
215	61	1	〃	加重人質強要	2条
216	62	1	細菌兵器	生物兵器等の使用	9条1項
217	62	1	〃	生物剤等の発散	9条2項
218	62	1	〃	生物兵器等の製造	10条1項
219	62	1	〃	生物兵器等の所持	10条2項
220	63	1	貸金業法	無登録営業等	47条
221	64	1	労働者派遣法	有害業務目的の労働者派遣	58条
222	65	1	流通食品	流通食品への毒物の混入等	9条1項
223	66	1	消費税法	偽りにより消費税を免れる行為等	64条1・4項
224	67	1	入管特例法	特別永住者証明書の偽造等	26条1〜3項
225	67	1	〃	偽造特別永住者証明書の所持	27条
226	68	1	麻薬特例法	薬物犯罪収益等隠匿	6条1項
227	69	1	野生動植物	国内希少野生動植物種等の生きている個体の捕獲等	57条の2
228	70	1	不正競争防止法	営業秘密侵害等	21条1・3項
229	70	1	〃	不正競争等	21条2項
230	71	1	化学兵器規制法	化学兵器の使用	38条1項
231	71	1	〃	毒性物質等の発散	38条2項
232	71	1	〃	化学兵器の製造	39条1項
233	71	1	〃	化学兵器の所持等	39条2項
234	71	1	〃	毒性物質等の製造等	39条3項
235	72	1	サリン防止法	サリン等の発散	5条1項
236	72	1	〃	サリン等の製造	6条1項
237	73	1	保険業法	株主等の権利の行使に関する利益の受供与等についての威迫行為	331条4項
238	74	1	臓臓器移植法	臓器売買等	20条1項
239	75	1	スポーツ振興投票法	無資格スポーツ振興投票	32条
240	76	1	種苗法	育成者権等の侵害	67条
241	77	1	資産流動化法	社員等の権利等の行使に関する利益の受供与等についての威迫行為	311条6項
242	78	1	感染症法	一種病原体等の発散	67条1項
243	78	1	〃	一種病原体等の輸入	68条1・2項

番号	別表3	別表4	法令名	罪名（犯罪行為の概要）	条文番号
244	78	1	〃	一種病原体等の所持等	69条1項
245	78	1	〃	二種病原体等の輸入	70条
246	79	1	対人地雷禁止法	対人地雷の製造	22条1項
247	79	1	〃	対人地雷の所持	23条
248	80	1	児童買春	児童買春周旋	5条1項
249	80	1	〃	児童買春勧誘	6条1項
250	80	1	〃	児童ポルノ等の不特定又は多数の者に対する提供等	7条6〜8項
251	81	1	民事再生法	詐欺再生	255条
252	81	1	〃	特定の債権者に対する担保の供与等	256条
253	82	1	テロ資金提供処罰法	公衆等脅迫目的の犯罪行為を実行しようとする者による資金等を提供させる行為	2条1項
254	82	1	〃	公衆等脅迫目的の犯罪行為を実行しようとする者以外の者による資金等の提供等	3条1〜3項 4条1項
255	83	1	公的個人認証法	不実の署名用電子証明書等を発行させる行為	73条1項
256	84	1	会社更生法	詐欺更生	266条
257	84	1	〃	特定の債権者等に対する担保の供与等	267条
258	85	1	破産法	詐欺破産	265条
259	85	1	〃	特定の債権者に対する担保の供与等	266条
260	86		会社法	会社財産を危うくする行為	963条
261	1	1	〃	虚偽文書行使等	964条
262	1	1	〃	預合い	965条
263	1	1	〃	株式の超過発行	966条
264	1	1	〃	株主等の権利の行使に関する贈収賄	968条
265	1	1	〃	株主等の権利の行使に関する利益の受供与等についての威迫行為	970条4項
266	×	6	国際刑事協力	組織的な犯罪に係る証拠隠滅等	56条
267	×	6	〃	偽証	57条1項
268	87	1	放射線発散処罰法	放射線の発散等	3条1項
269	1	1	〃	原子核分裂等装置の製造	4条1項
270	1	1	〃	原子核分裂等装置の所持等	5条1・2項
271	1	1	〃	特定核燃料物質の輸出入	6条1項
272	1	1	〃	放射性物質等の使用の告知による脅迫	7条
273	1	1	〃	特定核燃料物質の窃取等の告知による強要	8条
274	88	1	海賊対処法	海賊行為	3条1・3項
275	89	1	クラスター弾禁止法	クラスター弾等の製造	21条1項
276	89	1	〃	クラスター弾等の所持	22条
277	90	1	原発事故環境汚染	汚染廃棄物等の投棄等	60条1項

●法令名略語一覧（掲載順）

組織犯罪処罰法　組織的な犯罪の処罰及び犯罪収益の規制等に関する法律
外貨偽造　外国ニ於テ流通スル貨幣紙幣銀行券証券偽造変造及模造ニ関スル法律
海底電信線条約　海底電信線保護万国連合条約罰則
外為法　外国為替及び外国貿易法
投信法　投資信託及び投資法人に関する法律
モーターボート　モーターボート競走法
入管法　出入国管理及び難民認定法
刑特法　日本国とアメリカ合衆国との間の相互協力及び安全保障条約第六条に基づく施設及び区域並びに日本国における合衆国軍隊の地位に関する協定の実施に伴う刑事特別法
麻薬取締法　麻薬及び向精神薬取締法141麻薬及び向精神薬取締法
出資法　出資の受入れ、預り金及び金利等の取締りに関する法律
補助金適正化法　補助金等に係る予算の執行の適正化に関する法律
銃刀法　銃砲刀剣類所持等取締法
医薬品医療　医薬品、医療機器等の品質、有効性及び安全性の確保等に関する法律
新幹線特例法　新幹線鉄道における列車運行の安全を妨げる行為の処罰に関する特例法
公海　公海に関する条約の実施に伴う海底電線等の損壊行為の処罰に関する法律
航空強取　航空機の強取等の処罰に関する法律
廃棄物処理法　廃棄物の処理及び清掃に関する法律
火炎びん　火炎びんの使用等の処罰に関する法律
航空危険　航空の危険を生じさせる行為等の処罰に関する法律
人質　人質による強要行為等の処罰に関する法律
細菌兵器　細菌兵器(生物兵器)及び毒素兵器の開発、生産及び貯蔵の禁止並びに廃棄に関する条約等の実施に関する法律
労働者派遣法　労働者派遣事業の適正な運営の確保及び派遣労働者の保護等に関する法律
流通食品　流通食品への毒物の混入等の防止等に関する特別措置法
入管特例法　日本国との平和条約に基づき日本の国籍を離脱した者等の出入国管理に関する特例法
麻薬特例法　国際的な協力の下に規制薬物に係る不正行為を助長する行為等の防止を図るための麻薬及び向精神薬取締法等の特例等に関する法律
野生動植物　絶滅のおそれのある野生動植物の種の保存に関する法律
化学兵器規制法　化学兵器の禁止及び特定物質の規制等に関する法律
サリン防止法　サリン等による人身被害の防止に関する法律
臓器移植法　臓器の移植に関する法律
スポーツ振興投票法　スポーツ振興投票の実施等に関する法律
資産流動化法　資産の流動化に関する法律
感染症法　感染症の予防及び感染症の患者に対する医療に関する法律
対人地雷禁止法　対人地雷の製造の禁止及び所持の規制等に関する法律
児童買春　児童買春、児童ポルノに係る行為等の規制及び処罰並びに児童の保護等に関する法律
テロ資金提供処罰法　公衆等脅迫目的の犯罪行為のための資金等の提供等の処罰に関する法律
公的個人認証法　電子署名等に係る地方公共団体情報システム機構の認証業務に関する法律
国際刑事協力　国際刑事裁判所に対する協力等に関する法律
放射線発散処罰法　放射線を発散させて人の生命等に危険を生じさせる行為等の処罰に関する法律
海賊対処法　海賊行為の処罰及び海賊行為への対処に関する法律
クラスター弾禁止法　クラスター弾等の製造の禁止及び所持の規制に関する法律
原発事故環境汚染　平成二十三年三月十一日に発生した東北地方太平洋沖地震に伴う原子力発電所の事故により放出された放射性物質による環境の汚染への対処に関する特別措置法

第2部
共謀罪の捜査と弁護

第1章

共謀罪の立証方法の特異性と捜査手法

小池振一郎

弁護士

1 共謀罪の特異性

(1) 集団犯罪

　共謀罪の犯罪主体は、「テロリズム集団その他の組織的犯罪集団」の活動として、一定の犯罪を2人以上で「計画」（共謀、合意）した者と規定（6条の2第1項）されており、「組織的犯罪集団」の構成員・関係者に限定されていないが、実質的には、「テロリズム集団その他の組織的犯罪集団」であることは、政府答弁も否定していない。暴力団などの「組織的犯罪集団」を想定する集団犯罪が対象とされる。

　ただ、法文上は、「組織的犯罪集団」とは、一定の犯罪の実行を共同の目的とする団体としか規定されておらず、そこには、組織的逮捕監禁、組織的強要、組織的虚偽風説流布・偽計信用毀損・業務妨害、組織的威力業務妨害、組織的恐喝、特許権・商標権・著作権侵害、脱税、児童ポルノ提供等が含まれ、会社関係では、有価証券報告書虚偽記載、消費税法、源泉税不納付、詐欺破産・再生・更生、特定債権者担保供与、営業秘密不正取得、強制労働、公正証書原本不実記載などが含まれるから、暴力団などの「組織的犯罪集団」以外に、一般市民、一般会社、労働組合などに適用される恐れがある。

　例えば、沖縄での基地反対運動に関わりリーダーが威力業務妨害罪などで逮

捕・起訴された実例を見ると、座り込みに参加した人たちが「組織的犯罪集団」と見なされ組織的威力業務妨害罪に問われる恐れがあるから、そのような座り込みを計画すればそれだけで組織的威力業務妨害共謀罪に問われる恐れがある。

スクープ報道の裏付けが弱ければ、組織的虚偽風説流布・偽計信用毀損・威力業務妨害罪などに問われ、企画した編集会議がそれらの共謀罪に問われる恐れがある[*1]。

277の犯罪類型が対象とされるので、一般市民の団体に適用されないような対策が求められる。

(2) 計画段階で犯罪成立

共謀罪の構成要件としては、計画のほかに、準備行為も入るとされる。計画に基づき、それから進んで何らかの具体的・現実的な外形的行為があれば、準備行為とされる。銀行から金をおろすとか、下見するとかの例が挙げられるが、いずれにしろ、実行行為に出る前の計画段階で犯罪が成立する。

前述した沖縄の基地反対運動や労働組合の徹夜団交のような場合、一見して組織的威力業務妨害罪や組織的監禁・強要といった構成要件に形式上該当するように見えても、現場での対応を見て、正当行為といえるか、憲法上の表現の自由や労働組合の権利等と比較考量して総合的判断がなされるのが判例である。

ところが共謀罪は実行前の計画段階で犯罪が基本的に成立するから、その計画がどの程度現実に発展するか、計画者すらわからない段階で、犯罪成立の成否が判断される。現実の実行行為が比較衡量して社会通念上許されるか総合的判断することができない段階で、犯罪の成否が判断される。つまり、従来は実行行為が歯止めとなっていたのに、その歯止めがなくなる。「新基地建設の強行を阻止しよう」「徹夜団交を貫徹しよう」というビラがまかれた段階では、実際には、実力行動に出るのかわからないのに、ビラだけで共謀罪の成否が判

---

 *1 半藤一利「戦前の軍機保護法にかわる機能を特定秘密保護法が担うでしょうし、政府に反対するものたちを次々に押さえることも共謀罪を駆使すれば可能です。メディアの統制も、政権に不都合な取材を共謀行為と認定すればわけないことです。記者が3〜4人も引っくくられれば、新聞社も一気に萎縮するでしょう。」（2017年9月29日付朝日新聞朝刊）。

断される。

　ここに捜査側の一方的な恣意的認定がまかり通る恐れが出てくる。やはりあくまでも、暴力団などの「組織的犯罪集団」の集団犯罪として犯罪主体を限定して解釈しなければ、一般市民に甚大な人権侵害をもたらしかねないのである。

2　共謀罪立証方法の特異性

(1)　立証の困難性・恣意性

　共謀罪立証の中心は、計画＝合意の事実そのものである。捜査側にとっては、外形的には実行されていない犯罪の証拠をどのように採集するかという、通常犯罪とは異なる問題が生じる。

　前述した通り共謀罪の成立には、準備行為という顕在化行為も要件とされるが、準備行為の概念はあいまいで定型性がない。外形的行為だけでは、合意に基づくかどうか、わからない。それだけでは「準備行為」であるという立証もできない。結局、準備行為の評価は、その目的即ち計画内容による。従って、合意の事実そのものを立証しなければならない。

　その合意自体があいまいで、かつ、合意の変遷もしばしばあるから、いつの時点のどのような合意を捉えるか、その特定が困難である。きわめてファジーな犯罪類型であるだけに、通常の捜査方法ではその立証が困難である。逆にいえば、恣意的な立証で足りるとされる恐れがあるのが、共謀罪の怖さである。

(2)　客観的証拠の欠如

　共謀罪は、実行行為に出る前の計画段階で処罰するものであるから、議事録とか計画書とかがない限り、合意の事実を裏づける直接的な客観的証拠が乏しいことが大きな特徴である。

　客観的証拠がないと、計画＝合意の直接的な立証方法としては、その場に居た者の、「その場で聞いた」という供述しかない。あるいは、盗聴（後述）しかない。

　直接的な立証方法がなければ、合意に至るまでの組織的犯罪集団の日頃の活

動状況・経緯とその後の準備行為を含めた経緯を総合的に立証する間接的な立証方法に委ねるしかなくなる。

(3) 直接的な立証方法としての自白の重み

　計画の場に居た者の自白を得ることが、端的に、最もストレートな立証方法である。

　盗聴という方法があっても、細部は、計画の場に居た者の自白で補強することになるであろう。前記間接的な立証方法に依存するとしても、捜査側としては、少しでも計画の場に居た者の自白で補強したくなる。

　そのために、これまで以上に自白が求められ、強圧的な取調べへの欲求が強まることは必至である。

　共謀罪法には、実行着手前に自首すれば必要的に刑を減免する規定（6条の2第1項但書）がある。これは密告を奨励するものであり、共犯者の自白獲得を促進する。1人が準備行為をして自首すれば、準備行為をしていない者を含む計画者全員を「一網打尽」に処罰することができる。スパイがその役割を果たすことが考えられる。それが、仲間の間で疑心暗鬼を生む。

　こうして取られた自白調書の任意性、信用性を争う場合、通常、客観的証拠と自白の矛盾を突く方法がとられるが、共謀罪の場合は客観的証拠に乏しく、この方法で争うことが困難になる。この点でも、えん罪の増大が危惧される。

(4) 計画前後の経緯＝間接的な立証方法と直接的な立証方法としての二面性

　計画＝合意の前後の事実関係・経緯を明らかにすることによって、合意の事実を推認するというのが、間接的な立証方法である。自白若しくは盗聴という直接的な立証方法がなければこれに依存するしかない。

　実は、直接的な立証方法があっても、間接的な立証方法で補強することは、計画段階で処罰する集団犯罪という共謀罪の特異性から必要になってくる。

　そもそも、「テロリズム集団その他の組織的犯罪集団」の活動として当該の犯罪を計画したことを立証するためには、まず、当該「組織的犯罪集団」が一定の犯罪の実行を共同の目的とする継続的結合体としての団体であること

を立証しなければならない。そのためには、団体の日ごろの活動状況を立証しなければならない。しかもその団体の活動として当該犯罪を計画しなければならないから、当該犯罪と団体の日ごろの活動との関連性を立証しなければならない。

その意味では、計画＝合意の前後の事実関係・経緯の立証は、合意の間接的な立証方法であると同時に、継続的結合体としての「組織的犯罪集団」の集団犯罪立証のための直接的な立証方法でもあるという二面性をもっている。

つまり、これまでの団体の活動の積重ねと事後の準備行為を含めた経緯を立証することが不可欠となる。そのために捜査側としては、団体員の内心ないし思想傾向、集団の性格などを日頃の活動から調査蓄積し、予め、同時並行的に、任意捜査、盗聴して、情報収集しておかなければならない。

3　捜査手法の変容

(1) 監視社会への道

こうして共謀罪捜査を理由として、日常的な監視を堂々と行う道が開ける。日常的監視の容認、日常的任意捜査の合法化である。

2016年参院選で大分県警が選挙活動事務所に監視カメラを設置し、違法情報収集・違法捜査として問題になり、警察官が住居侵入で書類送検されたが、共謀罪法が施行され、任意捜査を適法に行う道が促進されれば、このようなケースは問題にもされなくなるだろう。

(2) "中世"といわれる日本の刑事司法

逮捕後、原則48時間以内に裁判官の面前に連れて行かれた後は、警察留置場ではなく他の当局の管轄下にある施設に収用されるべきである（国際人権自由権規約9条に関する一般的意見35号33、36項）が、日本では通常拘置所の替りに警察留置場に戻される（代用監獄制度）。代用監獄における長期間の拘禁・長時間の取調べにより自白がどれほど執拗に追及されるか、袴田事件、布川事件、

志布志事件等実例が山積している。[*2]自白偏重がえん罪の主な原因となっている。2013年拷問禁止委員会第2回日本政府報告書審査では、「あまりにも自白に頼り過ぎている……中世のようだ……日本の刑事手続を国際標準に合わせる必要がある」と指摘された。「極端な取調べ・供述調書偏重の風潮……に本質的・根源的な問題がある」「『密室』における追及的な取調べと供述調書に過度に依存した捜査・公判を続けることは、もはや、時代の流れとかい離したもの」「現在の捜査・公判実務を根本から改める必要がある」（2011年「検察の在り方検討会議」提言）と公的文書でも指摘されている。

日本では、事実上、取調べが野放しにされている。取調べ時間が事実上規制されておらず、取調べに弁護人の立会いもなく、取調べの可視化も極めて不十分である。

自白の強要必至といわれる共謀罪が日本で施行される。諸外国では、共謀罪があっても、取調べ時間が短く、弁護人の立会権が認められ、司法が独立しているのに対比して、[*3]日本では、共謀罪立証のために自白偏重に拍車がかかることが危惧される。

(3) 刑訴法・盗聴法改正

1) 盗聴法改正

共謀罪の計画＝合意の事実を裏づける直接的な物的証拠は、（議事録とか計画書を別とすれば）盗聴しかない。共謀罪は盗聴と最も親和性がある。

2016年刑事訴訟法等一部改正法（盗聴法改正を含む）が成立し、薬物犯罪、銃器犯罪、集団密航、組織的殺人という4類型の組織的犯罪に限定されていた盗聴法の対象犯罪が、窃盗、詐欺、恐喝、強盗、殺人、傷害、逮捕・監禁、略取・誘拐、児童ポルノなど9種類の一般犯罪に大幅に拡大された。通信事業者の立会いという歯止めもなくなった。

盗聴法の対象犯罪について令状により合法的に盗聴する際に、別件傍受もで

[*2] 2014年国際人権自由権規約委員会は日本政府に対して「代用監獄廃止のためにあらゆる手段を講じる」よう勧告した。

[*3] 韓国では、2007年法改正により、取調べの可視化と共に、弁護人立会権が法制化された。

きるので、別件傍受により共謀罪を直接立証することができる。

　金田法務大臣は、共謀罪を通信傍受の対象とすることは将来の検討課題と答弁しており、共謀罪と盗聴法の親和性を見れば、近い将来、共謀罪を盗聴法の対象犯罪に加える恐れがある。277の共謀罪が盗聴法の対象になれば、「合法的」共謀罪盗聴が圧倒的に増大する。部屋等に盗聴器を仕掛ける会話傍受も立法化される恐れがある。

　盗聴法には、「他の方法によっては……犯行の……内容を明らかにすることが著しく困難であるとき」（盗聴法3条1項）という補充性の縛りがあるが、これまで盗聴令状がほぼ捜査側の申請通りに発令されている。それでも形式的にはあった補充性の縛りは、共謀罪が盗聴法の対象犯罪になれば、「他の方法」がないとして、全く効かず、令状が極めて簡単に出されるであろう。

2）　司法取引制度

　刑訴法改正により、特定犯罪について他人の犯罪を供述・証言することにより自己の犯罪を減免する司法取引が制度化（合法化）された。これにより共犯者を確実に合法的に不起訴にする道が開かれ、共犯者の自白が得られやすくなった。

　共謀罪は司法取引の対象となる特定犯罪とはされていないが、例えば、証拠隠滅罪（同改正法により、長期2年から3年に引き上げられた）は特定犯罪とされており、まず、証拠隠滅容疑で部下を任意で取調べ、司法取引で証拠隠滅を認める自白調書を作成し、それに基づき会社を捜索し、上司らを含む法人税法違反共謀罪の証拠（メール、指示書など）を確保するといった運用が想定される。

3）　刑事免責制度

　証人に不利益な証拠としない約束で証言を強制する刑事免責制度ができた。対象犯罪に限定はないから共謀罪にも適用される。これにより、共犯者の自白が強制される。

4）　証人秘匿制度

　共犯者（証人）の名前が弁護人にさえ匿名にされる証人秘匿制度ができ、その共犯者が警察のスパイかどうかの見極めもできなくなった。

5) ビデオ録画制度

裁判員裁判対象事件と検察独自捜査事件について取調べの可視化が原則化された。取調べでの自白供述のビデオ録画が堂々と次々と公判廷に証拠提出される道が開かれ、共謀の事実を取調べのビデオ録画そのもので立証することが容易になった。2015年2月12日最高検依命通知は、取調べのビデオ録画の実質証拠としての提出を積極的に推進している。ビデオ録画は、取調べを規制するためには有効だが、それを証拠とすることは危険であり、公判中心主義に反する。[*4]

6) 刑訴法・盗聴法改正の役割

司法取引・刑事免責・ビデオ録画証拠化は、自白を引出し、公判廷で活用するやり方を進める。自白偏重ともいわれる「現在の捜査・公判実務を根本から改める」(「検察の在り方検討会議」提言)どころか、逆行する。共謀罪はこの逆行を促進する。

密告を奨励するといわれる共謀罪の必要的刑の減免制度が証人秘匿制度と結びつくことは容易に想像される。

盗聴法改正により対象犯罪が大幅に拡大され、一般犯罪に関する盗聴についてはそれまでは違法盗聴であったのが合法化された。合法化範囲が広がれば、違法・合法を問わず、盗聴が広がる。共謀罪は自白を欲しがるために、盗聴を利用する。

刑訴法・盗聴法改正は、捜査手法を拡大し、共謀罪制定への道を開いたといっても過言ではない。

(4) 情報収集中心の捜査手続へ

以上の通り、共謀罪は自白偏重に拍車をかけ、盗聴社会を促進する。共謀罪立証のために、日ごろからの情報収集が不可欠であり、共謀罪法が日常的監視を合法化する。

---

*4 小池振一郎「可視化は弁護をどう変えるか」村井敏邦ほか編『可視化・盗聴・司法取引を問う』(日本評論社、2017年)

さらに、GPS捜査について最高裁判決が立法化を促している。タクシー内のカメラにも会話が記録されている。防犯カメラの拡充、高性能指向性マイクの使用と相まって、情報収集中心に捜査方法が変わりつつある。
　行政警察活動と司法警察活動の区分けが曖昧になり、市民警察の中に警備公安警察的要素が強まり、監視社会化する。
　共謀罪法成立後の2017年6月23日警察庁は、「適正捜査を確保する観点から、テロ等準備罪の捜査については、都道府県警察本部の指揮の下に行うこと。」という通達を出した。法施行日である同年7月11日法務大臣は、適用した事件の受理から確定判決までの節目ごとに法務大臣への報告を義務付ける訓令を出した。稲田伸夫東京高検検事長は就任記者会見で、「(運用を)慎重に検討し、国民の懸念を払拭したい」(2017年9月12日付朝日新聞朝刊)と、慎重姿勢を表明した。
　これらは反対運動の成果であるが、市民の側からも、法運用の慎重姿勢を監視し、捜査権限を乱用させない活動を展開しなければならない(第4部第2章「警察監視機関・国内人権機関の設置を」〔本書254頁〕参照)。

(こいけ・しんいちろう／第二東京弁護士会)

第2章

共謀罪事案に関する弁護のポイント
初動段階から捜査機関に不当な証拠を作らせない活動を

加藤　健次
弁護士

1　共謀罪の違憲性を正面に

　共謀罪法は、話しただけで、考えただけで処罰されるというものであり、表現の自由（憲法21条）、思想良心の自由（憲法19条）に違反する。さらに、処罰の範囲が明確でないため、刑事手続における適正手続の原則（憲法31条）にも違反する。
　このように憲法に真っ向から反する共謀罪法は、廃止すべき法律であり、発動することは許されない。にもかかわらず、共謀罪事案が立件された場合には、弁護人としては、法律自体が憲法違反であるという原点に立つことが肝要である。そして、個別事案のみならず、法律そのものを断罪させるという姿勢で望むことが求められる。
　ところで、国会審議では、共謀罪を悪用した市民運動への弾圧が主に問題とされたが、実際には、共謀罪の適用に対して反対の声があがりにくい集団、例えば暴力団員に対して適用されることが予想される。しかし、適用対象が誰であるにせよ、実行行為に出る前の段階で処罰を行うことが憲法違反であることに変わりはない。「この事案なら仕方がない」というところから、共謀罪が適用され、定着することを許してはならない。

2　共謀罪事案における捜査と証拠構造

(1)　物的証拠・客観的証拠に乏しい

　共謀罪は、犯罪の結果はおろか実行行為に出る前に処罰するものであるから、物的証拠や客観的証拠に乏しいことが大きな特徴である。捜査側からすれば、犯罪を計画したとされる場に参加した者の供述と本人の自白が主要な証拠とならざるを得ない。

　供述証拠が中心となるということは、立件しようとする捜査側にとっては難問である。他方、弁護側にとっても、例えばDNA鑑定など科学的手法によって主要な証拠の信用性を否定することによって真実を明らかにするという手法がとりづらいという問題をはらんでいる。いわゆる「柔構造の証拠」と言われてきた問題である。

　この場合、供述証拠と客観的事実との整合性などを丹念に検証し、その信用性を争うことは当然必要なことである。同時に、供述証拠が得られた経過を徹底的に解明することによって、裁判所に当該証拠を排除させ、あるいは信用性を否定させることが重要となる。

(2)　捜査の端緒が重要な問題となる

　共謀罪事案の捜査は、通常の捜査と違って犯罪の痕跡から捜査が始まるのではない。そのため、共謀罪事案では、捜査機関がいつ「犯罪があると思料」（刑訴法189条2項）するに至ったかという「捜査の端緒」が重要な問題とならざるを得ない。

　共謀罪事案では、捜査機関が「犯罪の計画」や「実行準備行為」を捕捉することから捜査が始まることになる。しかし、「犯罪の計画」は一般的には外部からは察知しがたい形で行われるであろう。また、「実行準備行為」も客観的に危険な行為に限られないから、外見だけでは判断ができない。そこで、捜査の端緒としては、「犯罪の計画」に参加した人物からの通報や捜査機関が「実行準備行為」に当たるとみなされる行為を「たまたま」現認したということが

想定される。

　この場合の通報者には、捜査機関の協力者あるいは捜査機関が意図的に送り込んだ密告者が含まれる。また、「実行準備行為」を現認することは、もともと捜査機関がその人物を監視対象としていなければ困難である。

　このように、共謀罪事案の捜査の端緒には、通常の犯罪捜査とは違った違法な監視や情報収集活動が存在していることが多いと思われる。

3　初動と起訴前弁護の重要性

　共謀罪事案の特徴からすると、共謀罪事案の捜査は、証拠を「見つける」のではなく、証拠を「作っていく」という性格を持つことにならざるを得ない。したがって、弁護人としては、初動段階から捜査機関に不当な証拠を作らせない活動を積極的に行うことが求められる。

(1) **自白をとらせない弁護活動**

　まず重要なことは、自白をとらせないことである。黙秘権（憲法38条）、供述証拠への署名押印の拒否など、可能な手段を活用することが求められる。

　捜査機関は、いったい誰が、どのようにして犯罪を「計画」し、どのような「実行準備行為」がなされたのかを明らかにしないまま取り調べを行うことが通常であろう。犯罪とされている事実が特定されないまま取調べに応じることはきわめて危険である。例えば、松川事件では、列車転覆の「共謀」をしたとして逮捕された被疑者が、何が容疑とされているのかがわからないまま取調官とのやりとりを行った結果、記憶の誤りや矛盾を追及されて窮地に陥り、否認し続けているにもかかわらず、一旦は不当にも死刑判決を受けるということもあった（後に全員無罪）。

　一般の事案でも同様であるが、とりわけ共謀罪事案では、捜査機関に供述をとらせないことが重要である。また、違法な取調べを抑止するために、取調べ過程の全面的な録音・録画を申し入れることも検討すべきである。

　初動段階で被疑者の早期の釈放を実現することが大切である。勾留質問担当

裁判官への働きかけによって勾留請求を却下させること、不当にも勾留された場合は勾留理由開示手続や準抗告を行って争う必要がある。

(2) 想定される事案の特定と記録化

初動段階では、被疑者の逮捕と同時に関係箇所の捜索、差押えがなされることが多い。不当な捜索、押収をさせない立会活動を行うと同時に、令状の内容を正確に記録し分析することが求められる。

その上で、何が「共謀」とされたのかを解明し、想定される関係者に対して早期に事情聴取を行い、供述録取書の作成などによって真実を記録化することが大切である。こうした活動によって、捜査機関に虚偽の供述証拠を作らせないことができる。同時に、初動段階でのこのような活動は、捜査の開始による関係者の動揺を抑え、励ますという意味も持っている。

(3) 警察・検察に対する抗議行動

共謀罪事案を立件することは、憲法違反の法律を発動させることにほかならない。加えて、共謀罪事案を立件する場合は、捜査機関が特定の人物や運動を弾圧するという動機を持っていることが想定される。

したがって、そのような不当な捜査を続行させないために、早期に警察、検察に対する抗議行動に取り組むことが重要である。こうした活動は、被疑者や関係者への激励にもなる。その際、弾圧を拡大させないための抗議活動上の配意は必要であるが、できるだけ広く大衆的に行うことが肝心である。

4 無罪を勝ちとるための公判での弁護活動

(1) 運動に対する萎縮効果を狙った起訴の可能性も

共謀罪事案の捜査は、捜査自体が市民運動に対する弾圧でありかつ関係者の情報収集を目的としていることが多い。したがって、捜査機関としては、起訴に至らなくてもその目的を十分に達成できる場合が多いだろう。しかし、捜査機関が共謀罪を弾圧のために「使える法律」とするために、また様々な運動に

対する萎縮効果を狙って、あえて起訴をする可能性も否定できない。

　この場合には、共謀罪の違憲性を正面から争うとともに、起訴そのものの不当性と違憲性を裏付ける事実を徹底的に明らかにして、無罪を勝ちとるための弁護活動に取り組むことが求められる。

　筆者は、休日に日本共産党のビラを配布したことが国家公務員法違反（政治的行為の禁止）に問われ、最高裁で無罪判決を勝ちとった堀越事件の弁護人として活動したことがある。共謀罪事案とは異なるが、公安警察の活動など共謀罪事案との共通点がいくつかあると思われるので、同事件の弁護活動も参考にしながら、いくつかの問題提起を行うこととする。

(2) 憲法違反の主張の具体化

　公判では、共謀罪という法律そのものが憲法違反であることを正面から主張するとともに、事案に即した違憲論と立証を行う必要がある。一言で言えば、違憲論を事実の土俵の上で争い、裁判官に迫っていくということである。

　それは対象とされた行為が憲法19条、21条によって保障される基本的人権に関わるものであることを具体的事実に即して明らかにしていくことである。他方では、そのような行為を処罰の対象とすることがいかに捜査権限と訴追権限の濫用にあたるかを明らかにしていくことである。

　例えば、基地建設に反対する市民の運動が「組織的威力業務妨害」の「犯罪の計画」を行ったとして起訴された場合、基地建設に反対する運動の正当性を具体的事実に基づいて主張することで、共謀罪の人権侵害性をより一層明らかにすることができるだろう。また、捜査機関が運動に対して、日常的に行ってきた干渉、弾圧行為を明らかにしていくことも大切であろう。

　なお、堀越事件では、政党機関紙のポスティングが表現の自由の行使としていかに重要な活動であるかを立証するために地元住民や議員などの証人尋問を行った。また、公安警察の執拗な監視の実態を明らかにすることによって、国公法の人権侵害性を浮き彫りにすることを心がけた。

(3) 公訴棄却論の積極的展開

　刑事訴訟法は338条4号に「公訴提起の手続がその規定に違反したため無効であるとき」は、判決で公訴を棄却しなければならないと定める。そして、訴追裁量を逸脱した起訴は、公訴権の濫用として公訴棄却の理由となる。

　最高裁は、結論としては公訴権の濫用を理由とする公訴棄却を認めたことはないが、検察官の裁量権の逸脱が公訴の提起を無効ならしめる場合があることは認めている（最高裁昭和55年12月17日第一小法廷判決・チッソ川本事件、最高裁昭和56年6月26日第二小法廷判決・赤碕町事件）。なお、上記2事件では、原審の高裁で公訴棄却の判決が言い渡されている。

　学説上は、①「嫌疑」なき起訴、「可罰的違法性」を欠く起訴、②不当な目的に基づく起訴、③平等原則に反する差別的起訴が、これに当たると解されている。

　共謀罪を適用して立件するということは、運動に対する弾圧の意図が存在することが多いだろう。また、共謀罪事案を立件しようとすれば、事件とは関わりのない特定の人物の政治傾向に基づく情報収集活動や、「協力者」と称する密告者の存在が不可欠となる。さらにいえば、憲法違反の法律に基づく起訴は、それ自体が憲法違反であるから「公訴提起の手続がその規定に違反した」場合にあたるといえる。

　このように、共謀罪事案では、積極的に公訴棄却の主張・立証を行うことによって、捜査機関の不当な目的を浮き彫りにすることが極めて重要である。公訴棄却の主張は、実体審理に先立って弁護側が主導権を持った弁護活動を行う手段ともなる。

(4) 徹底した証拠開示の要求

　刑事裁判において徹底した証拠開示が重要であることは論を待たない。共謀罪事案の場合は、とりわけ徹底した証拠開示が必要である。なぜなら、検察官が開示しようとしない証拠の中に、捜査機関の不当な意図や違法な情報収集活動を裏付けるものが含まれている可能性が高いからである。その際、検察官手持ち証拠の全面開示を請求しつつ、刑訴法所定の証拠開示請求を活用すること

が求められる。

　まず、開示された捜査報告書などに原資料の存在を窺わせる記載がある場合には、開示された証拠の「証明力を判断するために重要であると認められるもの」として開示を請求すべきである（類型証拠の開示請求・刑訴法316条の15）。

　つぎに、公訴棄却論の主張に基づき、この主張に関連する証拠として捜査の端緒に関する捜査報告書などの証拠の開示を積極的に請求すべきである（主張関連証拠の開示請求・刑訴法316条の20）。

　堀越事件では、堀越氏に対する約1カ月にわたる「行動確認実施結果一覧表」や日本共産党千代田地区委員会への出入りを盗撮したビデオが開示され、捜査によるプライバシー侵害性を浮き彫りにする上で重要な役割を果たした。

　なお、刑訴法では上記証拠開示請求は公判前整理手続に付されたことを前提にしているが、公判前整理手続に付されるか否かにかかわらず、積極的に証拠の開示請求を行い、必要に応じて裁判所に職権の発動を求めるべきである。

(5) 立証とくに人証の工夫

　共謀罪事案で無罪を争う場合、憲法違反の主張を前面に出すべきであるが、理論的な主張だけでは不十分である。裁判官を動かすためには、事案に沿った事実を立証していくこと、そしてそれにふさわしい人証を採用させることが不可欠である。

　第1に、前述したとおり、訴追の対象となった活動の正当性をとことん立証することである。本人はもとより、一緒に活動をしている仲間などの証言によって、事実に基づいた憲法論争を展開する必要がある。

　第2に、共謀罪適用の目的の不当性を明らかにする上で、警察官証人の尋問は決定的に重要である。通常は、捜査報告書などの内容についての反対尋問を行うことになるが、場合によっては、弁護側から主尋問の請求を行うことも試みるべきである。

　この際、捜査機関が特定の運動や団体を狙い撃ちにして違法な情報収集活動や弾圧を行っていることを徹底的に事実に即して立証することが求められる。

なぜなら、一般市民はもとより裁判官の中にも、捜査機関が特定の政治的意図をもって活動しているという実態を知らなかったり、認めようとしない傾向があるからである。

　第3に、裁判傍聴や集会、宣伝等によって、裁判の内容を広く社会に広げ、多くの市民の監視のもとで裁判を闘うことが何より重要である。

（かとう・けんじ／第二東京弁護士会）

共謀罪は、即刻、廃止すべきだ！

桜井昌司

布川事件冤罪被害者

1 冤罪者は共謀罪に賛成できない

　冤罪の苦しみは刑期の長さや罰の重さではない。理不尽に人生を曲げられて、身に覚えのない罪の犯罪者として糾弾されて心身に受ける苦痛は、痴漢や窃盗でも殺人事件でも変わらない。冤罪体験者は冤罪を作るために行う警察の犯罪行為を知っているから、もし共謀罪が使われたならば、より多くの人たちが冤罪者として苦しめられることも判る。ゆえに、絶対に共謀罪には賛成できない。

　冤罪が作られる原因は明確だ。
　これまでに多くの冤罪を作って来た警察が、その原因である暴力的な取り調べ指針の過ちを正さないところにある。
　警察は逮捕状を得た人物を犯人と確信して取り調べる。警察に無罪推定など、あり得ない。逮捕した「疑い」を犯人の確信として、ひたすらに自白を強いる取り調べを行う。さらに悪いことに、ひとたび「自白」を得たならば「自認」を犯人の確証として、無実ゆえの証拠の乏しさを証拠の捏造で補うのだ。
　冤罪経験者は、そのような警察の行いを体験として知っているから共謀罪には反対なのだ。警察に共謀罪法を与えるのは、暴力団に拳銃を与える愚行に等しいだろう。

　これまでに明らかになった冤罪は、多くが、実際に起こった事件から作られた。事件が発生して捜査を行い、証拠を集めて犯人を追及した警察は、どこかで判断を誤って無実の人を逮捕し、警察の方針である「逮捕したならば無実と思うな、無実と考えたらば負けだ、徹底的に責めて自白させろ」という指導の下に「自白」をさせることで冤罪を作って来た。

ところが、今度の共謀罪は、犯行を捜査するのではなくて、相談したり、話し合ったりしたことを犯罪として取り締まる法律だ。「相談や話し合い」を犯罪とした捜査は、明確な証拠を得られる事件と違い、「見ました、聞きました」とする人の言葉などが証拠にされるだろう。明確な証拠が得られる事件でも強引な捜査で目撃者等の証人を捏造してきた警察なのだから、共謀罪を適用した捜査で行うことも目に見える。その法律が適用された事件を考えると恐ろしいばかりだ。

2　あり得ない法律

　今まで暴力的な取り調べが明らかになった後、警察自身の反省や改革として、いろいろ制度の変更などを行ってきた。留置部門と捜査部門の分離やら監察制度だが、どれも何ほどの効果もない結果になっている。有名無実の改革であったことは、先般、東京杉並警察署が行って明らかになった、中学生に対する警察官の暴力的な取り調べで明らかだろう。共謀罪の捜査対象は声を上げる人たちだ。社会の理不尽に無抵抗な人は対象にならない。政治や司法など、権力を持つ人たちの過ちに抗議の声を上げたり、抗議の行動をしたりする人たちを規制する法律として発動されるだろう。

　私たち冤罪体験者は警察の求めるままに嘘の目撃やら体験を語り、冤罪作りに協力する人がいたのも知っている。これが共謀罪になり、「Bよ、お前の罪は問わない、Aの罪だけを認めればいい」と責められ、もしBが認めたならばAは逮捕される。そして、言葉が証拠となれば反論することは難しくて、容易には無実を証明できないことになるだろう。

　架空の選挙違反事件が作り上げられた志布志事件を見ればいい。何人もの人が嘘の自白をさせられてしまい、無実を明らかにするまで、大変な苦闘をされた。杉並警察署での中学生への暴力的な取り調べを思えば、共謀罪事件の取り調べは、誰もが想像できるだろう。甘言と暴言を行使した、際限のない取り調べが行われて架空の話が作られてしまい、全国で多くの国民を冤罪に巻き込むことだろう。

3　即刻廃止すべきだ

　世界の法律家からは「中世にある」と揶揄される日本の司法は、沖縄でアメリカ軍基地拡大に協力する日本政府のやり方に抗議した人を微罪で数か月にわたって拘束するのを許した。「森友」問題の被疑者に対する接見禁止での拘束も長く続いた。逮捕事実を認めない人に対しては際限のない勾留をする警察と検察。そして、警察と検察の求めるままに勾留を許可する裁判所がある日本だ。共謀罪での捜査対象者に対する拘束も推して知るべしだ。一般社会人で長期拘束に耐えられる人は少ない。嘘を語らせられる人も増えて架空の事件は限りなく作られることになるだろう。

　警察、検察、裁判所の現実を知ってか知らずにか、この法律を作るのに賛成した政治家たちを考えると、腹が立つよりも情けなくなる。共謀罪は、即刻、廃止すべきだ。

（さくらい・しょうじ）

共謀罪の問題点を徹底検証

第1章

共謀罪はテロ対策やTOC条約批准に必要だったのか
政府の「立法事実」説明の変遷から検討する

平岡　秀夫
弁護士

1　2017年1月の衆議院本会議での安倍総理答弁の問題

(1) 安倍総理の本会議答弁での詭弁

　安倍晋三総理大臣は、2017年1月23日の衆議院本会議で、共謀罪創設に関し「テロ等準備罪」として検討していることに言及すると共に、共謀罪創設とTOC条約[*2]の必要性について、「東京オリンピック・パラリンピックを開催するためには、テロを含む組織犯罪を未然に防止し、これと闘うための国際協力を可能にするこの条約を締結することは必要不可欠であります。」、「開催国である我が国が、条約の国内担保法を整備し、本条約を締結することができなければ、東京オリンピック・パラリンピックを開けないと言っても過言ではありません。」と答弁し、私達は、その節操のなさに唖然とさせられた。

　というのも、安倍首相は、東京オリンピック・パラリンピック招致が決まった2013年9月のIOC総会で行ったプレゼンテーションで、「東京は世界で最も安全な（safest）都市の一つである」と大見得を切っていたのに、その発言を

---

*1　後述する通り、政府が犯罪の名称として新たに使った「テロ等準備罪」は、その本質において従来から提案されてきた共謀罪と同じであることから、以下では、「テロ等準備罪」を区別して言及しなければならない場合を除き、基本的に「共謀罪」の語を使用する。
*2　国連国際的組織犯罪防止条約の英語表記の頭文字をとっての略称であり、その外にも、パレルモ条約、越境的組織犯罪防止条約、跨国的組織犯罪防止条約とも呼ばれることがある。

全く忘れたかのように、東京オリンピック・パラリンピックを人質にして、共謀罪の創設を国民に迫るものだったからである。

(2) テロ等準備罪と共謀罪の相違点

なお、上記本会議では、「現在政府が検討しているテロ等準備罪は、テロ等の実行の準備行為があって初めて処罰の対象となるものであり、これを共謀罪と呼ぶのは全くの誤りであります。」とも答弁しているが、これも、誤魔化しで、国民を欺こうとするものである。共謀罪の創設を国民に受け容れ易くしようとする魂胆から、新たに「テロ等準備罪」と名付けたのであるが、誰が名付け親であったのか、法務省の担当者ですら、法案説明の場で野党国会議員からの質問に答えることができなかった。それほど、政治的なごまかし戦略の下での命名であった。

そもそも、共謀罪は、TOC条約5条1項(a)(i)において、「重大な犯罪」を行うことを「合意」することを犯罪とすることを定めていることを踏まえて創設されようとしたものである。テロ等準備罪も、同規定の中で、共謀罪の犯罪化に当たって「当該合意の内容を推進するための行為を伴う」ことを認めていることを踏まえて、「実行の準備行為」を処罰条件として加えたに過ぎないものであって、その犯罪としての本質は、共謀罪と何ら異ならない。[*3]

(3) 安倍総理答弁の基本的論理の間違い

安倍総理の上記(1)の本会議答弁の基本的論理は、「テロ防止のために共謀罪を創設して、TOC条約を締結する必要がある」とするものであるが、その内容は、次の2つに分けて検証される必要がある。

その第一は、テロ防止のために共謀罪が必要なのか。

その第二は、共謀罪を創設しなければTOC条約を締結できないのか。

---

*3 法務省の林真琴刑事局長は、2017年4月19日の衆・法務委で「実行するための準備行為は……テロ等準備罪の構成要件である」旨答弁しているが、2006年4月25日の衆・法務委での法務省の大林宏刑事局長は「『実行に資する行為』(筆者注：『実行するための準備行為』と性格は同じである。)の要件は、いわゆる処罰条件として付け加えられたもの」と答弁している。松宮孝明立命館大学教授等有力な刑法学者も、「処罰条件」と位置付けている。

結論を先に言えば、テロ防止のために共謀罪は必要ないし、TOC条約は政府が提案したような共謀罪（テロ等準備罪）を創設することまでは求めていない。

　しかし、これらの点について、安倍政権は、次のような誤魔化しをして国民を欺いてきた。

　その第一は、TOC条約はテロ防止の条約ではないのに、それをテロ防止の条約と位置付けて、TOC条約が犯罪化を求める共謀罪をあたかもテロ防止のために創設するかのように印象付けた。

　その第二は、わが国の現行法のままでも、又は現行法に最小限の犯罪（人身売買罪と組織的詐欺罪の予備罪）を付加することでも、TOC条約を批准（締結）できたにもかかわらず、その選択肢を封じ込めた。

2　テロ防止のために共謀罪が必要なのか

(1)　テロ防止条約とTOC条約の関係

　「テロ等準備罪は、テロの発生を未然に防ぐために必要である」との説明がなされることがある[*4]。しかしながら、安倍政権によってテロ等準備罪創設の根拠とされてしまったTOC条約は、国会審議[*5]でも厳しく精査された通り、国連においてテロ防止の条約としては分類されていない。すなわち、国連のテロ対策実施タスクフォースの関連ホームページにおいてテロ防止関連条約として掲載されている条約が14本あるが、TOC条約はそれらに含まれていない。

　そして、わが国は、これらの14本のテロ防止関連条約のうち主要13条約[*6]の

---

*4　さすがに、政府も正式にはそこまで単純化した説明をしているわけではなく、テロ等準備罪（TOC条約）とテロ対策との関係については、「テロを防ぐためには、情報収集や捜査共助において国際社会と緊密に連携することが必要不可欠であり、既に百八十七の国と地域が締結している国際組織犯罪防止条約の締結は、そうした協力関係を構築する上で極めて重要な前提です。」（2017年1月23日衆・本会議での安倍総理答弁）などと回りくどい説明をしている。

*5　2017年2月17日衆・予算委員会での藤野保史議員（共産党）と岸信夫外務副大臣の質疑応答を参照されたい。

*6　航空機内の犯罪防止条約（東京条約）、航空機不法奪取防止条約（ハーグ条約）、民間航空不法行為防止条約（モントリオール条約）、国家代表等犯罪防止処罰条約、人質行為防止条約、核物質・原子力施設防護条約、空港不法行為防止議定書、海洋航行不法行為防止条約、大陸棚プラットフォーム不法行為防止議定書、プラスチック爆薬探知条約、爆弾テロ防止条約、テロ

全てを批准している。

(2) TOC条約でのテロ犯罪の取扱い

　TOC条約は、次に述べる通り、テロ防止とは直接的には切り離されている。

　まず、TOC条約の交渉過程においては、一部の国（トルコやエジプトなど）からテロリズムを含めるべきだという意見があったものの、最終的にはテロリズムはTOC条約とは区別して扱うことになったことが、UNODC（国連薬物犯罪事務所）が作成した公式記録に記録されている。

　次に、条約交渉の結果としては、TOC条約2条は「組織的な犯罪集団」の定義として、「金銭的利益その他の物質的利益を直接または間接に得るため」に「重大な犯罪」等を行うことを目的とした団体であるとされ、立法ガイド[*7]59パラグラフにおいても、「『金銭的または他の物質的利益を直接または間接に得る目的』との文言は、例えば、……主たる動機が性的欲望を満たすことである場合など、有形だが金銭的ではない目的の犯罪を対象とすることが可能となるように、広く解釈されるべきである。（しかし、）イデオロギーに係わる目的など、純粋に非物質的な目的を持った共謀は、この犯罪の対象とすることを求められていない。」とされ、政治的、宗教的なテロリズムを除外することが明記されている。

　一方で、政府は、「本条約（TOC条約）を採択した2000年11月の国連総会決議においても、国際的な組織犯罪とテロ犯罪との関連が増大しており、本条約がこのような犯罪行為と闘うための有効な手段であり、必要な法的枠組みであることが指摘をされている。」（2017年2月17日衆・予算委の岸信夫外務副大臣答弁）と、あくまでもテロ防止とTOC条約とを結び付けようとして躍起になっているが、テロリズムは適用の対象としないということは、TOC条約における重大な前提となっているのである。

　　リズム資金供与防止条約、核テロリズム防止条約。
　＊7　「立法ガイド」とは、国連事務局が、加盟国の立法担当者向けに立法作業の便宜のために作成したものであり、法的拘束力はないが、条約解釈の有力な参考資料となっている。

(3) 共謀罪はテロ対策として必要か
1) 我が国現行刑事法でテロ対策として不足はあるのか

そこで、TOC条約を離れて、わが国の現行刑法典に含まれているテロ防止に関連する犯罪を見てみると、テロ防止については、次の通り、既存の共謀罪、予備罪等によって基本的に対処可能であると考えられる。

例えば、テロ防止のために最も重要な爆発物対策については、刑法制定前に制定された「爆発物取締罰則」4条において、爆発物を用いた犯罪に関して、脅迫、教唆、煽動、共謀の段階から3年以上10年以下の重罰に処すことが定められている。

現行刑法においても、内乱予備陰謀、外患に関する予備陰謀罪、私戦予備陰謀罪、殺人予備罪、強盗予備罪、放火予備罪、身代金目的誘拐予備罪、凶器準備集合罪などが既に定められており、陰謀・予備段階からの規制が可能な立法が既になされている。

また、テロ防止のための特別法規として、爆発物取締罰則の外に、化学兵器やサリンに対する規制法、航空機の強取防止法、麻薬取締法、覚せい剤取締法、銃砲刀剣類所持等取締法、「放射線を発散させて人の生命等に危険を生じさせる行為等の処罰に関する法律」その他の多くの特別法が、未遂以前の段階から処罰を可能としている上に、[*8] 2014年に改正されたテロ資金提供処罰法は、テロ目的による資金、土地、建物、物品、役務その他の利益の提供も包括的に処罰の対象としている。

以上のように、我が国においては、「テロ防止」のための犯罪化は、問題と

[*8] 2017年1月24日の民進党法務部門会議で、政府は、「現行法上適確に対処できないと考えられるテロ事案」として、①テロ組織が殺傷能力の高い化学薬品を製造し、これを用いて同時多発的に一般市民の大量殺人を行うことを計画した上、例えば、殺傷能力の高い化学薬品の原料の一部を入手した場合、②テロ組織が複数の飛行機を乗っ取って高層ビルに突撃させるテロを計画した上、例えば、搭乗予定の航空機の航空券を予約した場合、③テロ組織の複数のクラッカーが分担してウイルス・プログラムを開発し、そのウイルスを用いて大都市の重要インフラを麻痺させてパニックに陥らせることを計画した上、例えば、それらのクラッカーがコンピュータウイルスの開発を始めた場合の3つの例を挙げたが、これらは、いずれも、現行法(「サリン等による人身被害の防止などに関する法律」5条3項のサリン等の発散の予備罪、「航空機の強取等の処罰に関する法律」3条の予備罪)により、又は必要最小限の法改正(「刑法168条の2不正指令電磁記録作成罪」の未遂の処罰化)によって対応可能なものである。

なる領域や場面に応じて具体的な立法事実を基に検討され、個別の立法によって積み重ねられてきているのである。

2) 不足しているものは何なのか

政府が共謀罪（テロ等準備罪）の創設を提案したことに対しては、元東京地検検事の落合洋司弁護士は、「共謀罪がなければ不十分というわけではなく、取り締まりに穴が生じる状況にもない。」と述べ、現行法や法改正で対応できるという見解を示すと共に、東京地検公安部に在籍した1995年頃にオウム真理教関連の事件捜査を担当した経験から「テロは情報がなければ防止できない。共謀罪ができればテロを防げるというのは無理がある。」とも言っている。[*9]

また、共謀罪法案が審議された衆議院法務委員会で2006年5月9日に行われた参考人質疑において、参考人として共謀罪に反対の意見を述べたジャーナリストの櫻井よしこ氏は、「私の疑問は、では、共謀罪を作ったらこうした犯罪（筆者注：オウム真理教による地下鉄サリン事件、北朝鮮による拉致事件を指している。）を防ぐことができるんですかということです。オウム真理教であるとか拉致事件を防ぐことができなかったことについての反省はどこになるんですかということを問わなければいけないと思う。」と言っている。

真にテロを防ぎたいのであれば、共謀罪（テロ等準備罪）を作るよりも前に、現行法の下でもっとすべきことがあると言うべきである。

3　共謀罪を創設しなければTOC条約を締結できないのか

(1)　「立法事実」説明の変遷

森山真弓法務大臣（当時）がTOC条約5条の規定に基づく国内法整備として共謀罪を創設することを諮問した法制審議会の第1回審議（2002年9月18日）において、法務省担当者は、日弁連推薦委員が「国内的な立法事実が余り指摘されなかった」と指摘したことに対して、「国内的にそのニーズに応えるという形はとっておりませんで、条約締結のために必要な犯罪化等を図ってい

[*9]　2017年2月9日の民進党法務部門会議での発言として、同月10日付の東京新聞で報道。

きたいということを基本に考えている。」旨応答している。このことは、共謀罪法案が国会で審議された初期の段階である2005年7月12日の衆議院法務委員会における南野知恵子法務大臣の答弁によっても、確認されている。

このように、少なくとも2002年の段階では、政府は明らかに「共謀罪法はTOC条約の批准のための国内法であり、国内の犯罪状況には、このような立法の必要性を基礎づける立法事実はない」と説明していたのである。ところが、共謀罪法案が廃案を繰り返す中、「共謀罪はテロ対策のために必要不可欠なもの」との宣伝がなされ、2017年3月に国会提出された政府法案では、その犯罪名まで「テロ等準備罪」と呼称するようになったという経緯があるに過ぎない。

(2) TOC条約に関連するわが国の立法例

そこで、TOC条約を批准するために、政府が提案してきた共謀罪（テロ等準備罪）が必要なのかについて検証してみたい。

まず、その検討の前提として、TOC条約自体がどのように考えているのかを見てみると、TOC条約の国内法制化に関する規定及びそれを補足・説明する立法ガイドによれば、共謀罪を国内法制化するに当たっては、「立法上の措置は、締約国の国内の法律の基本原則と合致した方法で行えばよい」し、「国内法の起草者は、条約の意味と精神に集中すべき……、新しい法が国内の法的な伝統、原則と基本法と一致するよう確実にすべき」としている。この点をシッカリと認識する必要がある。

大事なことは、国際的な（越境性のある）組織犯罪の防止・摘発に各国が協力するというTOC条約の目的に向けて、各国がTOC条約の規定にできる限り沿いつつも、自国の法律の基本原則や法的伝統と整合的な法制度を整備することである。

そこで、わが国の法制度について共謀罪に密接に係わる具体的な法整備状況を見ると、次の通りとなっている。

①被害が重大な犯罪については、共謀罪（身体財産を害する目的をもって爆発物を使用することの共謀など15個）及び陰謀罪（往来危険罪の陰謀など8個）が、すでにわが国国内法で犯罪化されている。これらは、形式的にもTOC条

約の「共謀罪」の要件を満たしているものである。

　②予備罪（40個）及び準備罪（9個）として立法されているもの及び軽犯罪法第1条第29号（身体加害の共謀者が予備行為を行った場合の共謀者の処罰）は、TOC条約の「共謀罪」のうち、「合意内容を推進するための行為を伴うもの」と評価できる。

　③外国では「共謀罪」としてようやく犯罪化される場合であっても、わが国では、重大犯罪行為の準備・予備段階の行為をTOC条約が規定する「犯罪行為の未遂又は既遂に係る犯罪とは別個の犯罪」として犯罪化する方式の法律（例えば「銃刀法」、「ピッキング用具所持禁止法」などの法律）で幅広く立法化されている。

　④上記①から③までに記載した犯罪については、その犯罪に係る教唆犯、幇助犯及び共謀共同正犯もあり得る。

　また、TOC条約では、「参加罪」[*10]を立法化する選択肢も認めているが、「参加罪」に関しては、わが国でも、参加罪の主要な要素である「犯罪活動等への積極的な参加」を処罰するものとして教唆犯、幇助犯及び共謀共同正犯があり、その他にも、暴力団の組織加入を強制することなどを犯罪化した「暴力団員による不当な行為の防止に関する法律」や、暴力団の構成員との不動産取引や銀行取引など商業取引全体を非合法化し、違反行為に対して罰則を設ける「暴力団排除条例」等（47都道府県）がある。

　以上のように、TOC条約の「自国の国内法の基本原則にしたがって、必要な措置（立法上及び行政上の措置を含む）をとる」（31条1項）との規定及び国内法の整備状況を踏まえれば、わが国では、すでにTOC条約の「共謀罪」や「参加罪」に相当する犯罪を実質的に整備していたのであり、これによって、国際的な（越境性のある）組織犯罪の防止・摘発に各国が協力するというTOC条約の目的を達成することは十分に可能であったと考えられる。

（ひらおか・ひでお／第一東京弁護士会）

＊10　「参加罪」とは、TOC条約5条1(a)(ii)で「組織的な犯罪集団の目的及び一般的な犯罪活動又は特定の犯罪を行う意図を認識しながら、次の活動に積極的に参加する個人の行為　a組織的な犯罪集団の活動　b組織的な犯罪集団のその他の活動（当該個人が、自己の参加が当該犯罪集団の目的の達成に寄与することを知っているときに限る。）」と規定している。

スノーデンの告発から考える共謀罪

小笠原みどり

ジャーナリスト

1 スノーデン氏が告発した監視の実態

　共謀罪捜査の現実的な状況と今後の展開を考えるのに、米国家安全保障局（NSA）元契約職員エドワード・スノーデン氏の告発内容を欠かすことはできない。なぜか。それは、スノーデン氏が情報機関、捜査機関が私たちの日常に広範に普及したデジタルネットワークを駆使して何ができるか、そして私たちの知らない間にすでに何を行ってきたかを暴露したからだ。つまりデジタルな監視は可能性の段階を過ぎ、蓋然性すら飛び越えて、共謀罪の前提としてもうそこにある。

　スノーデン氏が2013年以降、NSAの機密文書に基づいて世界に知らせてきた監視実態のあらましはこうだ。NSAは、アップル、グーグル、マイクロソフト、フェイスブックなどIT企業から協力を取り付け、メール、チャット、ウェブの閲覧記録などの利用者の個人情報を大量に入手していた。日本でいえばNTTコミュニケーションズに当たる大手通信会社AT&Tやベライゾンも、NSAが自社の通信インフラに介入することに手を貸し、国際海洋ケーブルを通過する膨大な通信をほぼ丸ごとNSAにコピーさせていた。IT企業や通信会社がここまで体系的に政府と協同して監視を行なっていることは、スノーデンの告発以前には知られていなかったし、「政府が私のメールを見ている」などと言えば被害妄想か陰謀論に陥っているとしか思われなかった。しかし、事実は私たちの想像をはるかに超えていた。

2 倫理的な制御がはたらかなかった大量監視・盗聴行為

　NSAによるこうした大量監視・盗聴行為は特定の容疑もなく、捜査令状もなしに「対テロ戦争」下で実行されてきた。NSAは「テロ防止」を名目に権限を拡大し、しかし極秘のうちに全世界の人口を「容疑者」とみなし、個人情報を収集するために技術的に可能なことはなんでもや

写真1：筆者のインタビューに答えるスノーデン氏。日本で次々と強化される監視法制の背後に、米国が広げる世界監視網とのつながりがあることを語った。

ってきた。技術的には可能だけれど、プライバシーや表現の自由を侵害するのでやめておこう、という法的、倫理的な制御ははたらかなかったと言っていい。デジタル通信網に埋め込まれた盗聴の手法は、身体的な尾行に比べて対象者に気づかれにくい。便利で楽しいインターネットやソーシャルメディアは、自分が誰と何を会話し、どこにいて、何に関心があって、過去に何をし、次に何をしようとしているかを、国家や企業に知られる場となってしまった。本人に、そんなつもりはまったくないのに、である。

3　政権に反対する人々を即座に洗い出す監視システム

　たとえ法律に技術的に可能なことが一切言及されてなかったとしても（あるいは意図的に隠されていたとしても）、こうしたデジタル大量監視の現状を共謀罪捜査の前提として位置づけなくてはならない。NSA監視はアメリカの話で日本とは関係ない、という楽観は通用しない。スノーデン氏は2009年から2年間、米空軍横田基地で勤務し、NSAが横田を世界監視の一拠点とする過程に携わっていた。NSAが日本側に監視活動に協力するよう働きかけてきたことを実体験として知り、私のインタビューで「(特定)秘密保護法は、実はアメリカがデザインしたものです」と語った。NSAの違法監視活動を衆目から隠し、強化するために、である。さらに、2017年4月に公開されたスノーデン日本関連ファイルは、NSAが日本側に、スノーデン氏が「スパイのグーグル」と呼ぶ検索プログラム「エックスキースコア」を提供していたことを記してい

写真２：スノーデン氏が勤務し、日本のNSA代表部があることがわかった米空軍横田基地（東京都）。筆者が訪れた2017年7月、無人偵察機「グローバル・ホーク」2機が待機していた。同機は上空から携帯電話などの電波を探知し、人々の位置情報や通信内容を集めることができる（撮影：溝越賢）。

た。エックスキースコアはNSAが収集したメールやチャットなどのデータベースで、たとえば「安倍」「打倒」などのキーワードを打ち込んで検索すれば、政権に反対する人々を即座に洗い出すことができる。この恐るべき監視システムがすでに防衛省に提供されていたのだ。

4　違法な監視を合法化するための共謀罪

　もちろん、ここまで通信の秘密も表現の自由も否定する監視活動は明らかに違法である。だからこそ、NSAは監視システムをトップシークレット指定し、人々に実像の片鱗すら見せなかった。秘密保護法は違法監視を守ることに貢献した。しかしこの違法性が政府の足かせとなっているからこそ、共謀罪が登場した、と私は考える。違法な監視を合法化するために。日米を問わず、政府は監視活動をできれば堂々としたいし、人々にも慣れてもらって、個人情報を国が手にしたり企業が売買したりするのを当たり前くらいに思ってほしい。実際、2016年に大幅改定された盗聴法は、盗聴捜査を例外から原則へと大きく近づけた。続く共謀罪は、人々の会話・通信それ自体を捜査対象とすることで、政府が個人の私的な人間関係に介入する合法的な理由をつくりだした。

　監視技術の可能性と蓋然性の差は限りなく消去され、ほとんど実態と変わりなくなっている。そこに「これは違法である」というくさびをしっかりと打ち込んでいく必要がある。この違法性のくさびは、共謀罪の歯止めとなるだけでなく、技術に掘り崩される一方の個人の尊厳に、新たな防波堤を築く行動でもあるのだ。

（おがさわら・みどり）

第2章

日本における捜査・監視の実態と共謀罪

加藤　健次

弁護士

1　警察の情報収集活動の全体像

(1)　切れ目のない警察の活動

　わが国の警察の活動は、行政警察と司法警察に大別される。行政警察は、警察法2条1項に基づく「公共の安全と秩序の維持」のための情報収集活動、司法警察は、犯罪の嫌疑が生じた後の捜査活動を指す。捜査は、令状を要する強制捜査と令状を必要としない任意捜査に分けられる。

　強制捜査は、憲法35条に基づき裁判官の令状が必要な捜査である。判例上は、「個人の意思を制圧し、身体、住居、財産等に制約を加えて強制的に捜査目的を実現する行為など、特別の根拠がなければ許容することが相当でない手段」（最高裁昭和51年3月16日第三小法廷決定など）によるものが該当するとされている。逮捕、勾留、捜索、差押、盗聴（通信傍受）などがこれにあたる。

　他方で、任意捜査と称して、事情聴取、尾行、写真・ビデオ撮影、所持品検査、捜査事項照会（情報提供依頼）などが行われているが、いずれも相当のプライバシー侵害を伴うものである。最高裁は、GPSを被疑者と関係者の車両に設置して行動確認を行うことは任意捜査の限界を超えるとして違法と判断した（最高裁平成29年3月15日大法廷判決）が、それまでは令状もなくGPS捜査が行われていた。さらに、行政警察活動として、尾行、写真・ビデオ撮影、職務

質問、所持品検査、関係機関への情報提供依頼が日常的に行われている。

このように、わが国では、行政警察、司法警察を通じて、プライバシー侵害を伴う情報収集活動がいわばシームレスに行われている。しかも、これらの活動の多くは、裁判所など第三者のチェックを受けないまま実行されているのである。

(2) 特定の運動や団体を対象とした情報収集活動

警察法2条1項は、「警察は、個人の生命、身体及び財産の保護に任じ、犯罪の予防、鎮圧及び捜査、被疑者の逮捕、交通の取締その他公共の安全と秩序の維持に当ることをもつてその責務とする。」と規定する。これが行政警察としての情報収集活動の根拠規定とされているが、同条2項は「警察の活動は、厳格に前項の責務の範囲に限られるべきものであつて、その責務の遂行に当つては、不偏不党且つ公平中正を旨とし、いやしくも日本国憲法の保障する個人の権利及び自由の干渉にわたる等その権限を濫用することがあつてはならない。」と規定する。

問題は、わが国の警察が「不偏不党且つ公平中立」という規定とは裏腹に、ときの政府に反対する政治勢力を監視対象とし、かつ国民の人権を侵害する活動を行っていることである。

警察庁警備局発行の『警備法令の研究』では警備情報収集の対象として日本共産党を位置づけているが、その中で「警察がある特定の政治的立場に立って、反対党であるがゆえに共産党の活動を見るというのであるならば、それは明らかに警察の政治的中立性をおかすものである。しかし、警察が共産党の活動を視察しておかなくては、警察法第2条で明示された警察本来の責務を全うすることができないという立場から共産党の活動を視察しているとするならば、これは決して政治的中立をおかすものではない」と述べている。つまり、警察が特定の政治勢力を「公共の安全と秩序の維持」を害するものと判断しさえすれば、監視と情報収集活動が許されるというのである。

また、同書は、情報収集活動の定型的な手段方法として「尾行、張込み」「集会場所への立入り」「写真撮影」「秘聴器の使用」「協力者の協力」及び「身分

偽変」を挙げている。『警備警察全書』(警備警察研究会・立花書房) にも同様の記載がある。

実際、1986年には神奈川県警の警察官が日本共産党の緒方国際部長 (当時) 宅を盗聴していたことが発覚し、緒方氏が提訴した国家賠償請求訴訟において、警察の組織ぐるみの盗聴活動の実態が断罪された。しかも、判決が確定した後の歴代の警察庁長官は、反省の弁を述べるどころか、警察による組織ぐるみの盗聴の事実自体をいっさい認めないという姿勢に終始している。

2　実例が示す日常的な市民監視の実態

前述したとおり、わが国の警察は、任意捜査あるいは治安確保のための情報収集活動と称して、日常的に特定の団体や市民を監視している。その多くは秘密裏に行われていると思われるが、こうした警察の監視活動が明るみに出た事例が存在する。以下、具体的な事例に則して、警察により市民監視の実態を明らかにする。

なお、以下に紹介する事例の詳細については、共謀罪法案に反対する法律家団体連絡会作成の『だから私たちは共謀罪に反対する！今も行われている市民監視の実態事例集』を参照されたい。

(1) 別府警察署事件

2016年7月の参議院選を前後して、大分県別府警察署の捜査員が、民進党の野党統一候補を支援していた連合大分労組や社民系の平和運動センターが入っている「別府地区労働福祉会館」の敷地内に無断で侵入し、2箇所の木立に木の葉でカムフラージュしたビデオカメラを設置して、会館に出入りする人や車を隠し撮りしていた事件が発覚した。

警察は、同事務所で「公職選挙法違反の行為がなされている可能性ある」として任意捜査であると弁明した。しかし、実際には、会館に出入りする人の顔や自動車のナンバーが明瞭に識別される状況であり、選挙、政治活動の動きや人と人の接触情報の収集を目的とした疑いが強い。

事件発覚後の大分県議会で、大分県警はビデオカメラを190台所有しているうえ、業者から平成27年度79台（560万円）、28年度59台（390万円）リースして多額の県費を使っていることが明らかにされ、警察が日常的に大量のカメラを使用している実態の一端が判明した。

　警察庁は、本件が発覚した後の2016（平成28）年8月26日、「捜査用カメラの適正な使用の徹底について（通達）」を出した。この中で警察庁は「捜査用カメラによる被疑者の撮影・録画（以下「撮影等」という）は、その捜査目的を達成するため、必要な範囲において、かつ、相当な方法によって行われる場合に限り任意捜査として許される。」として、反省するどころか、令状なしの盗撮を容認しているのである。

(2) 堀越事件

　社会保険庁職員（当時）であった堀越氏は、2003（平成15）年の総選挙前の休日に赤旗号外を配布したことが国公法101条、人事院規則14－7の政治的行為の禁止規定に違反するとして、2004（平成16）年3月に起訴された。最高裁は、2012（平成24）年12月7日、堀越氏の機関紙配布行為は、「公務員の職務の遂行の政治的中立性を損なうおそれが実質的に認められるものとはいえない」、つまり法益侵害の危険性がないとして、無罪判決を言い渡した。

　この事件では、国公法違反の捜査と称して、約1か月間にわたって、警視庁公安部の捜査員延べ171人を投入し、少なくとも4台の車両と6台のビデオカメラを使用して、堀越氏を監視し、尾行、盗撮して、堀越氏の行動を記録化した。その対象には、政治的活動のみならず、私生活にかかわる行動、さらには堀越氏が接触した人々全てが含まれていた。

　ここには、警察が「犯罪を行うに違いない」という見込みに立って、市民を全面的に監視下に置くという実態が示されている。

(3) 大垣警察署監視事件

　2014（平成26）年7月24日付け朝日新聞は、「岐阜県警が個人情報漏洩」との見出しのもと、「岐阜県大垣市での風力発電施設建設をめぐり、同県警大

垣署が事業者の中部電力子会社『シーテック』（名古屋市）に、反対住民の過去の活動や関係のない市民運動家、法律事務所の実名を挙げ、連携を警戒するよう助言したうえ、学歴または病歴、年齢など計6人の個人情報を漏らしていた。」と報じた。現在、実名を挙げられた市民4人が原告となって岐阜県を被告とした国家賠償請求訴訟を行っている。

　弁護団が証拠保全により入手された議事録には、大垣警察署による情報収集とシーテック社との情報交換の事実が赤裸々に記載されていた。その中で警察官は、風力発電に反対する運動が広がることについて「大垣警察署としても回避したい行為であり、今後情報をやり取りすることにより、平穏な大垣市を維持したいので協力をお願いする。」と述べている。しかも、岐阜県警は、当事者からの「公開質問状」や「抗議・要求書」に対して、「大垣警察署員の行為は、公共の安全と秩序の維持に当たるという責務を果たす上で、通常行っている警察業務の一環であると判断いたしました。」と回答している。

　警察は決して不偏不党、政治的中立ではなく、特定の市民運動を「公共の安全と秩序」を害する存在と決めつけているのである。

(4) ムスリム監視事件

　2010（平成22）年10月、警視庁公安部が国際テロ犯罪の捜査と称して行ってきたイスラム教徒捜査の記録ファイル114点がインターネット上に公開拡散された。この記録ファイルには、犯罪の嫌疑もないのに、ムスリムというだけで捜査対象となった個人の氏名、住所、写真、取引先、交友関係が詳細に記録されていた。

　この資料により、警察が、わが国に居住するイスラム諸国会議機構に加盟する57か国の出身者全員の身元把握を掲げて、大使館員を含むムスリムに対する情報収集活動を行っていたことが明らかとなった。警察は、毎週金曜日にモスクに祈りに参集する人々の一人ひとりの出入りを確認して尾行し、住所氏名一覧表を作り上げるとともに、レンタカー記録、銀行の取引記録も調べていた。

　警察は、ムスリムという宗教のみを理由に「テロ予備軍」と決めつけ、根こそぎ情報収集を行っていたのである。

3 共謀罪成立と警察活動の変容と規制の必要性

(1) 捜査の「前倒し」と市民監視の全面化

　共謀罪の創設によって、法益侵害の危険性がまったくない段階にまで捜査権限の行使が及ぶことになる。結果の発生も、その危険性も要件とされないために、捜査権限を行使するハードルは著しく低くなり、市民のプライバシー侵害の危険性が高まる。これまで一般的な情報収集活動として行っていた警察の活動が捜査に「格上げ」されることになる。

　しかも共謀罪は構成要件がきわめてあいまいである。市民が集まれば、何らかの「犯罪の計画」が話し合われるかも知れない。ある人物の行為は「犯罪の計画」を実行するための準備行為かも知れない。このようにして、共謀罪という犯罪の嫌疑があるかどうかは、警察官の判断次第ということになりかねない。

　また、共謀罪は、警察全体の「公安化」をもたらすことが懸念される。これまで市民監視はもっぱら公安警察の役割とされていた。しかし、共謀罪は、一般犯罪を含む277もの犯罪に及んでいる。共謀罪の捜査という口実で、あらゆる警察組織が市民監視を堂々と行うことにつながるおそれがある。

(2) プライバシーを侵害する新たな捜査手法の導入

　犯罪の痕跡も結果発生の危険性もない段階で、犯罪を摘発するには、話し合いそのものを捜査対象としなければならない。

　2016（平成28）年の通常国会で、盗聴法の拡大、要件緩和と司法取引の導入などを内容とする刑訴法等の「改正」が強行された。これらの捜査手法は、共謀罪の捜査にきわめて親和的である。警察は、この間、「捜査手法の高度化」と称して、盗聴法の更なる拡大、自由化、会話傍受、潜入捜査など、権利侵害の危険の高い捜査手法の創設を求めてきた。共謀罪の捜査の実効化のためという口実で、このようなプライバシー侵害のおそれが高い新たな捜査手法を求める動きに拍車がかかるおそれがある。

　新たな捜査手法導入の理由として、「テロ」などの組織犯罪の防止というこ

とが強調されている。しかし、共謀罪の創設と同様、新たな捜査手法の導入が本当に役立つのかという実証的な議論がされているとはいいがたい。また、新たな捜査手法による人権侵害の防止策が真摯に検討されてきたともいえない。このような現実を無視して、ひたすら捜査機関の権限を強化することは容認できない。

4　警察の監視活動への規制の必要性

　警察の活動による人権侵害を防止するという点で、もっとも深刻かつ重大な問題は、警察の市民監視と情報収集活動を規制する独立した体制が存在しないことである。

　先に紹介した市民監視の事例は、個々の警察官が職務を逸脱したから起こったものではない。いずれも警察の方針に基づいて組織的に実行されたものである。さらに、警察が市民監視の活動を当然視し、その活動が違法とされた場合でもまともに反省しようとしないことも明らかとなっている。したがって、市民監視による人権侵害を防止するためには、警察に適正な法の運用を求めるだけでは全く不十分である。

　強制捜査を行う場合は、裁判所による令状審査が行われるが、長く指摘されているとおり、わが国の令状却下率は限りなくゼロに近いというのが現状である。その点は措くとしても、警察による市民監視、情報収集活動は、任意捜査あるいは治安維持のための情報収集活動として、第三者のチェックがいっさいないまま行われている。最初に述べたとおり、その活動には、市民の重大な人権侵害を伴う活動も含まれている。詳細は、第4部第2章小池論文（本書254頁）で述べられるが、第三者機関による規制の仕組みを確立することは急務である。

（かとう・けんじ／第二東京弁護士会）

コンスピラシーと労働運動

徳住堅治

日本労働弁護団会長・弁護士

1 コンスピラシーという悪夢の再来

　コンスピラシー（刑事共謀）は、歴史的にみると、長年にわたり労働者を弾圧し労働者の団結を阻み、労働者を悩ますキー概念であった。
　私は、片岡昇『英国労働法理論史』（有斐閣、1956年）で"コンスピラシー"という言葉を知った。英国では、1360年以降何世紀にもわたり刑罰をもって労働条件変更のための団結を禁止する夥しい法律が制定された。1800年には、その数は40を下らなかったという。労働条件変更のための団結は、労使合意の労働条件決定原則に対する侵犯であり、身分的関係として構成されるべき関係を侵害し否定するものとして、団結権・争議権が法律で禁止されていた。
　例えば、1800年制定の団結禁止法では、賃上げ、労働時間短縮・変更するための団結が禁止され、ストライキやストライキの誘導及びストライキの目的を実現するためのピケッティング等の行為がすべて禁止された。この団結権・争議権禁止法制に基づき労働者弾圧の手段となったのが、コンスピラシーである。過酷な長労働や家族を養えない低賃金に耐えかね、労働者が居酒屋などで"明日みんなで仕事を休もう"と話し合っただけで、共謀したとして逮捕され処罰される歴史が続いた。片岡著では、「1812年グラスゴーの織物工の大ストライキに際し、ストライキ委員会のメンバーはコンスピラシーのかどで審理され4月もしくは18月の禁固に処せられた」、「1810年19人の労働者が賃上げが入れられないので、労働を中止し、使用者に『悪意に損害を与える』ため団結し共謀したことを理由に起訴され有罪とされた」との事例が紹介されている。

2 戦後の労働運動弾圧でも"共謀"はキー概念だった

　私は多くの労働刑事弾圧事件を扱ってきた。威力業務妨害・建造物侵入罪・強制執行不正免脱罪などの被疑事実で、組合事務所のガサ入れ、組合員の逮捕勾留を受け、組合内部の"共謀"の事実を厳しく追及された。

多くの事件において、捜査当局の狙いは"共謀"の事実の追及であった。
　松川事件は、労働組合弾圧の戦後最大の謀略事件である。1949年東北本線松川駅近くで列車が転覆脱線し、乗務員3人が死亡した。捜査当局は、事故発生直後から、当時大量人員整理反対運動を展開していた東芝労働組合と国鉄労働組合との共同謀議による犯行として決めつけ、捜査を開始した。捜査は"共謀"のみに焦点が当てられ、赤間被告ら2～3名を逮捕・勾留し拷問して共謀の自白調書を作成した。そして、20名近くの労働者を逮捕・勾留し、実行行為の本格的な取調べを行わないまま、列車妨害往来罪等で起訴した。仙台高裁では、共謀の自白調書のみで死刑4人を含む17名が有罪となった。最高裁の審議過程で、「諏訪メモ」等が提出され共謀が存在しないことが明らかになり、その後結果的に全員無罪となった。広津和郎『松川事件』（中公文庫）は、私の愛読書であり、名著である。広津氏は、高裁の裁判記録のみを熟読・分析し、供述調書の矛盾点・疑問点を解明し、論理的で平明な文章で、共謀が砂上の楼閣であると喝破された。広津氏らの営為がなければ、4名の労働者が死刑台の露と消える危険性もあった。とすると、"共謀"のみを刑事処罰の根拠とする末恐ろしさを、改めて感得する。

3　労働組合は共謀のかたまり～共謀罪は労働組合を呪縛する～

　刑事罰的視点から見ると、賃上げ要求のストライキや取引先の商品の不買運動は「威力業務妨害罪」、親会社への雇用確保の要求は「信用毀損罪」等に該当する可能性がある。会社が倒産し、労働者が親会社に対して「偽装倒産である」「雇用を守れ」など横断幕・幟などで宣伝したら、親会社から信用毀損を理由に2500万円の損害賠償請求訴訟を提起された事件を、私は最近担当した。スラップ訴訟である。子会社の労働者が雇用を確保するために親会社の雇用責任を追及することは、労働組合の正当な組合活動であり、これまでも頻繁行われてきた。ところが、最高裁判所は、労働組合は親会社に雇用を求める権利はなく、親会社の信用を毀損したとして350万円の損害賠償を認めた。会社が倒産して親会社への要求が信用毀損罪を構成し、そのことの共謀が、"共謀罪"の構成要件に該当しかねない。恐ろしいことである。

（とくずみ・けんじ／東京弁護士会）

第3章

内心の自由・表現の自由と共謀罪

右崎　正博
獨協大学名誉教授

1　「表現の自由」及び「内心の自由」保障の意義

　日本国憲法は次のように規定している。「国民は、すべての基本的人権の享有を妨げられない。この憲法が国民に保障する基本的人権は、侵すことのできない永久の権利として、現在及び将来の国民に与へられる」（11条）。なかでも、憲法21条によって保障される「集会、結社及び言論、出版その他一切の表現の自由」は最も重要な人権の1つであり、憲法が保障する人権の体系の上で「優越的地位」にある自由と位置づけられている。その理由は、次の2点にある。
　第1に、表現の自由の保障は、個人の「自己実現」にとって必要不可欠であること。人間は、感情をもち、思考するという精神の働きによって他の動物と区別されるが、感情や思考を他者と交換しあうことで自己と他者との関係を築き、自己の人格を確立し完成させてゆく。その場合に、表現は自己認識と他者との意思交換という知的作用にとって不可欠であり、表現の自由が保障されないところでは、人は自己の人格を十分に実現できないからである。
　また、第2に、民主主義原理の下で国民が「自己統治」を実現していくために、表現の自由の保障が必要不可欠であるということ。民主主義の原理は、主権者である国民の意思に従って国政を運営していくことを基本的な仕組みとしているが、そのような仕組みが十分に働くためには、表現の自由の保障が不可

欠である。国民は、国政について十分に知らされ、他者の意見も十分に知ったうえで、国政上の事項について自己の意見を形成し、それを表明することを通して国政に関与していく。もし表現の自由が不当な制限を受けることがあれば、民主主義のプロセス自体が機能しなくなってしまう。民主主義を基本原理とする憲法の下にあっては、憲法構造上、表現の自由の保障が不可欠なのである。

表現の自由はそのような重要な意義を担う人権であるので、憲法上強い保障を与えられるが、仮に表現の自由が制限を受けるというような場合にも、表現行為を制限することによってしか害悪の発生を防止できないというような真にやむを得ない差し迫った理由があるかどうか、また、たとえやむを得ない差し迫った理由がある場合でも、そこで取られている表現行為の制限が必要最小限の範囲にとどまっているかどうかが厳密に精査され、そのような厳格な審査をパスした場合にのみ例外的に許容される、というのが表現の自由についての憲法学説がほぼ一致して認める考え方である。

さらに、憲法19条は「思想及び良心の自由は、これを侵してはならない」としている。「思想」とは人間の論理的・知的な判断の働きをいい、「良心」とは倫理的・道徳的な判断の働きを意味すると解されるが、どちらも人間の内面における精神の作用であることから、総称して「内心の自由」といわれる。その保障は、人間の内面における精神活動の自由を保障するものであるが、人間の精神活動は内心における思考を基礎とするものであり、表現や学問など他の精神的活動の前提となるものであるから、内心の自由はいかなる形であれ国家による制限や干渉を絶対に受けないという意味で、「絶対的自由」ともいわれる。

要するに、人間の内心における思考の自由は絶対的に保障され、その内心における思考を外部に表現する行為の自由も、自己実現と自己統治という観点から、憲法上とりわけ強い保障を与えられているのである。

2　共謀罪の構造と本質

他方、第193回国会の終盤に自民・公明両党が「中間報告」により委員会の審議を打ち切り、参議院本会議での採決を強行するという異例の手続によって

成立した「組織的な犯罪の処罰及び犯罪収益の規制等に関する法律等の一部を改正する法律」(組織犯罪処罰法一部改正法)は、277の犯罪について新たに「共謀罪」を導入することになった。

共謀罪とは、「次の各号に掲げる罪に当たる行為で、テロリズム集団その他の組織的犯罪集団(……)の団体の活動として、当該行為を実行するための組織により行われるものの遂行を二人以上で計画した者は、その計画をした者のいずれかによりその計画に基づき資金又は物品の手配、関係場所の下見その他の計画をした犯罪を実行するための準備行為が行われたときは、当該各号に定める刑に処する」(6条の2)との規定からも明らかなように、2人以上の者が犯罪の遂行を計画し、その犯罪を実行するための準備行為を行った場合に、犯罪行為がまだ行われていない段階で「共謀」行為自体を犯罪として処罰しようとするものである。その意味で、共謀罪は、本質的に予防的な性格をもっている。

加えて、共謀罪として処罰対象とされるのは、別表四に掲げられた罪のうち、4年以上の懲役又は禁錮の刑が定められている罪に当たる行為とされ、別表四には277の犯罪が列挙されているので、当然、処罰対象となる共謀の範囲も広範囲に及ぶ。しかも、政府は、この改正法がテロ対策のための「テロ等準備罪」であるとして成立を強行したことから、「テロリズム集団その他の組織的犯罪集団の団体の活動として」という定めが置かれたが、そもそも「テロリズム」ないし「テロリズム集団」とはなにか、この法律にはその定義が定められていない。そのため、取り締まりをする側の恣意的な判断の余地を排除しがたいし、「その他の組織的犯罪集団」というに至っては、ほとんど限定はなきに等しい。

それらの犯罪の遂行を「計画する」とは、2人以上の者がそれらの犯罪の遂行について「合意する」ことであり、その「合意」は、明示・黙示を問わず、コミュニケーション行為(表現行為)によって成立するから、「共謀」として処罰対象とされる行為は表現行為にほかならない。しかも、具体的な害悪発生の危険が生ずる以前に表現行為そのものを刑罰によって制限しようとするものである。

表現の自由の「優越的地位」の理論から導かれる考え方の1つに「事前抑制

の禁止」の法理があるが、これは表現行為によって害悪が生じることがあるとしても、その害悪を避けるために表現行為を事前に禁止することは原則として許されず、害悪が生じた後に事後的に処罰等の制裁を科すことが原則とされなければならないという考え方である。共謀罪は犯罪の遂行について「合意する」ことによって成り立つので、コミュニケーション行為（表現行為）がなされたことを前提とするものではあるけれども、その行為によって惹起される害悪はいまだ生じていない段階で処罰を加えようとするものであるから、実際には「事前抑制」すれすれの規制であるといえる。

　しかも、表現行為は内心における思考の表出であり、内心における思考の結果であるから、表現行為の規制は、内心における思考そのものの制約と紙一重であり、絶対的保障を受ける内心の自由（思想・良心の自由）を脅かしかねない。共謀罪が憲法の保障する内心の自由や表現の自由と容易に両立しがたい理由の1つは、ここにあるといえる。

3　想定されるいくつかの濫用事例

　それでは具体的にどのような発動事例が想定できるか考えてみよう。国会での審議の過程で野党側が挙げた事例であるが、次のような事例が起こるおそれがあるとされた。
① 日照に影響が出ることなど住環境の悪化を心配して高層マンション建設に反対する住民たちが建設予定地の入り口に座り込みによる工事阻止を計画して、住民らの一部の者が座り込みに使う折り畳み椅子をスーパーで購入し、予定地前の桜並木の下を歩いて帰ったというような場合、住民らの座り込みには組織的威力業務妨害罪が適用されることがあり、住民らの集まりが「その他の組織的犯罪集団」とされ、折り畳み椅子の購入や予定地前を通って帰ったことが「物品の手配、関係場所の下見」に当たるとされて、共謀罪を適用されるおそれがある。
② ある合唱サークルが音楽発表会で披露する合唱曲を決め、楽譜をコピーして練習に使うことを計画し、メンバーの1人が楽譜1冊を購入した場合、

楽譜をコピーしてメンバーに配り、それを練習に使う行為は、著作権法違反にあたる可能性があり、解釈次第では合唱サークルが「その他の組織的犯罪集団」とされ、楽譜の購入が「準備行為」に当たるとされて、共謀罪を適用されるおそれがある。

また、次のような事例を想定した文献もある（平岡秀夫・海渡雄一『新共謀罪の恐怖』〔緑風出版、2017年〕212頁）。

③　ある新聞社がその時に起こっていた国際紛争に対して「戦争法」の発動を準備していると疑われる兆候を察知して、安全保障会議の構成メンバーである大臣宅に記者を張り付かせ、取材拒否にあっても、事実関係についての確認を必ず求めることを編集会議で決定し、記者がその大臣の自宅の割り出し作業に着手したというような場合、組織的強要罪あるいは特定秘密取得罪が成立する可能性があり、新聞社が「その他の組織的犯罪集団」と見なされ、編集会議での決定や大臣宅の割り出し作業が「準備行為」とされて、共謀罪を適用されるおそれがある。

さらに、沖縄・辺野古での基地建設が強行されている事態を考えれば、より現実的に想定できそうな事例として、次のような事例もあろう。

④　基地建設に反対する住民たちが、建設工事を強行しようとする防衛施設庁の測量の実施を阻止しようとして建設予定地前の道路への座り込みを計画し、地図を購入して調べるとともに現地を視察したというような場合に、住民らの座り込みに対し組織的威力業務妨害罪が適用されることがあり、住民らの集まりが「その他の組織的犯罪集団」と見なされ、地図の購入や現地の視察が「物品の手配、関係場所の下見」に当たるとされて、共謀罪を適用されるおそれがある。

4　共謀罪に随伴するより深刻な問題——国民に対する監視の強化と密告の奨励

共謀罪がもつ問題性は以上にとどまらない。共謀罪について実際の捜査を想

定した場合、まだ具体的な犯罪行為に着手されておらず、したがって具体的な危険や害悪が発生していない段階で、共謀罪は成立するので、その証拠としては、人々の会話や電話やメールでのやり取りの内容など、人と人とのコミュニケーションから察知せざるを得ない。そのため、勢い人々の行動や交流を監視して、共謀の端緒をつかもうとすることになるのではないか。そして、犯罪の共謀を企てそうであると見なした人物を監視することになろう。そのための手段として容易に想定できるのは、疑わしいと判断した人物に対する盗聴捜査による監視の拡大である。あるいは、現在、麻薬犯罪の取り締まりに限って導入されている「おとり捜査」の手法が拡大されたり、捜査員をスパイとして団体に送り込んだりする潜入捜査のような手法が採用される可能性もある。

　1999年に導入された「犯罪捜査のための通信傍受に関する法律」（いわゆる盗聴法）は、当初、通信傍受（盗聴）による捜査の対象となる犯罪を薬物犯罪、銃器犯罪、集団密航の罪、組織的殺人の４類型に限定していたが、2016年の法改正により、爆発物使用罪、殺人罪、傷害・傷害致死罪、現住建造物等放火罪、略取・誘拐等の罪、逮捕監禁・逮捕致死傷罪、詐欺・恐喝罪、窃盗・強盗・強盗致死傷罪、児童ポルノ製造・提供罪を含むように対象犯罪の範囲が拡大されている。共謀罪の成立により、この対象範囲がさらに拡大されて通信傍受（盗聴）による捜査がより一般化する可能性がある。いま街中の至る所に「防犯」のためとして監視カメラが設置されているが、顔認証システムや指向性の高性能マイクなどと連動するようなシステムが作られたならば、ジョージ・オーウェルが『一九八四年』で描いたような監視国家が到来しかねない。

　共謀罪の成立によって危惧されるもう１つの帰結は、密告の横行である。共謀罪に係る組織犯罪処罰法６条の２の最後尾に、「ただし、実行に着手する前に自首した者は、その刑を減軽し、又は免除する。」という自首減免規定が付けられていることに注意する必要がある。共謀罪は、団体の活動として、犯罪の実行を計画し、犯罪を実行するための準備行為をした場合に処罰するというものであるから、例えば首謀者が団体の他の構成員に犯罪の実行を持ちかけたとしても、その証拠となる話し合いの記録媒体を警察に届け出た場合、首謀者は処罰を減免される恩典を与えられるが、これに同意しただけの者が重く処罰

されるようなことになりかねない。自首した者が捜査に協力すれば必ず有利な扱いを受けられるとするような自首減免規定は、密告を奨励するものであり、国民の倫理観を著しく損なうことになろう。

　2016年の刑事訴訟法改正によって汚職や脱税、談合、銃器・薬物犯罪などの一定の犯罪に限定し「司法取引」制度が新たに導入されたが（刑事訴訟法第4章「証拠収集等への協力及び訴追に関する合意」350条の2から350条の15まで）、この制度と相まって、捜査に迎合する者を有利に扱い、不公平さをいっそう助長することになりかねない。

　国民に対する監視体制の強化及び自首減免という密告奨励の制度のどちらも、憲法が保障するプライバシーの権利（13条）や法の下の平等（14条）、また適正手続の保障（31条）などに照らしても違憲の疑いを強く残しているといわなければならない。

5　結論

　共謀罪の規定は憲法19条及び21条に照らして違憲といわざるを得ず、また、13条、14条、31条などに照らしても違憲の疑いがきわめて高いものであり、早急に廃止されるべきものであると考える。

（うざき・まさひろ）

第4章 共謀罪に関する罪刑法定主義上の問題点

髙山佳奈子
京都大学教授

1 はじめに

　日本国憲法31条は、法の適正手続（due process of law）を保障する。手続法のみに関するものではなく、法律の実体的内容にもかかわるものだと解する「実体的デュー・プロセス」論が現在では主流であり、また判例もこれを前提とする判断を行ってきている。実体法に関する側面は、遡及処罰・二重処罰を禁止する憲法39条とともに、「罪刑法定主義」の根幹を構成する。本章は、2017年の組織的犯罪処罰法改正案の罪刑法定主義上の問題を主に扱う。

2 国連国際組織犯罪防止条約と憲法

(1) 「国内法の基本原則」としての憲法

　国連国際組織犯罪防止条約は共謀罪または結集罪（参加罪）の一般的な処罰を締約国に義務づけているわけではない。同条約は、締約国による組織犯罪対策が「国内法の基本原則」（fundamental principles of its domestic law）に従うことを随所で要求し、特に各国間で制度が相違すると考えられる点でこの文言を用いる（6条1項の故意による犯罪収益の洗浄の犯罪化および同2項eの本犯の除外、18条18号のビデオリンク方式、26条3項の刑事免責、31条2

項の行政法・私法的措置)。憲法は「国内法の基本原則」の中心部分をなす。

　一般条項として、本条約の実施に関する34条1項は、「締約国は、この条約に定める義務の履行を確保するため、自国の国内法の基本原則に従って、必要な措置（立法上及び行政上の措置を含む。）をとる」としている。

(2) 各国の対応の例
1) 英国
　共謀罪処罰発祥の地である英国は、1977年のCriminal Law Actで極めて広い共謀罪処罰を定めるが、適用除外も設けている。それは、配偶者との間の共謀、および、刑事未成年者との間の共謀である。このことは実質的に、家庭内の会話という最もプライベートな事項を捜査対象から外す意味を持つ。

2) 米国
　イギリス法を継受する米国でも、共謀罪の処罰範囲は広いが、いくつかの州には一般的な共謀罪処罰制度がない。そこで米国は、このことを意味すると考えられる留保を付した上で、条約を締結している。

3) フランス（結集罪）
　条約は、各国で4年以上の自由刑を法定刑に含む「重大犯罪」を対象にしているが、フランスの結集罪処罰は「5年以上」の自由刑を持つ対象犯罪に限定されている。これは主に、刑法典中に「4年」という区切りがないことによると解されるが、条約にいう範囲をカバーしていないことになる。

(3) 日本
　日本法上、「国内法の基本原則」の中核は憲法31条である。最高裁判例および学説は、客観的危険が存在しない限り処罰しないことが憲法上の要請だと考えてきた。

3　抽象的危険犯に関する憲法解釈

(1) 客観的危険の必要性
　憲法31条は「刑罰法規の内容的適正」の要請も含む。判例は、未遂に至ら

ない段階の犯罪や抽象的危険犯においても、客観的な危険が生じて初めて可罰性を肯定できるとする前提に立ってきた。

　これを明示したのが、抽象的危険犯に関する堀越事件における最高裁判所の無罪判断である。もっとも、その他の処罰類型に関しても、判例は以前から同じ方向性を示してきた。

(2)　堀越事件最高裁判決

　国家公務員法による公務員の「政治的行為」の処罰が問題となった事案で、最判平成24年12月7日刑集66巻12号1337頁は、「『政治的行為』とは、公務員の職務の遂行の政治的中立性を損なうおそれが、観念的なものにとどまらず、現実的に起こり得るものとして実質的に認められるもの」のみを指すとした上で、被告人の行為がこれに該当しないとした。事実は、管理職的地位にない一般職の国家公務員が、職務と無関係に、公務員による行為と認識しうる態様にもよらずに政党の機関紙等を配布したというものである。

　これを受けて、2015年改正前の「風俗営業等の規制及び業務の適正化等に関する法律」に関するNOON事件決定（最決平成28年6月7日裁判所ウェブサイト）も同様の判断を下した。当時の風営法は、「ナイトクラブその他設備を設けて客にダンスをさせ、かつ、客に飲食をさせる営業」を風俗営業に含めて許可制にしていたが、許可条件は床面積66平米以上で窓の設置禁止など多くの飲食店が満たせないものであった。被告人は自己の経営するクラブ「NOON」でロック音楽を客に聴かせ、客はこれに合わせて各自ステップを踏んでいた。第一審も控訴審も、風営法で処罰対象たりうるのは、保護法益たる性風俗秩序の乱れにつながるおそれが「現実的に起こり得るものとして実質的に認められる」営業に限られるとの前提で無罪とし、最高裁もその結論を維持した。

(3)　破壊活動防止法に関する判例
1)　未遂の前段階の処罰

　破壊活動防止法の判例も、(2)に先立って同様の考え方を採用してきた。同法

39条「政治目的のための放火の罪の予備等」および40条「政治目的のための騒乱の罪の予備等」は、一定の目的で列挙された犯罪類型の「予備」「陰謀」「教唆」「せん動」を処罰している。これらは刑法総則で正犯の実行の着手以降を処罰する共犯の場合と異なり、独立に成立する類型と考えられている。しかし、実務ではこのうち「予備」が「未遂」に近い時間的段階に位置するものとして理解され、また「教唆」も、対象の特定を条件とすることから、その成立範囲は相当に限定される。ここでは、「予備」より前の段階で成立しうる「陰謀」と、「教唆」より不特定で足りるとされる「せん動」に関する裁判例においても、なお、客観的な危険が要求されてきたことを示す。

2) せん動罪

同法4条2項は「この法律で『せん動』とは、特定の行為を実行させる目的をもつて、文書若しくは図画又は言動により、人に対し、その行為を実行する決意を生ぜしめ又は既に生じている決意を助長させるような勢のある刺激を与えることをいう」と定義する。

渋谷暴動事件にかかる最判平成2年9月28日刑集44巻6号463頁は、せん動罪処罰の合憲性を認める際に、「せん動は、公共の安全を脅かす現住建造物等放火罪、騒擾罪等の重大犯罪をひき起こす可能性のある社会的に危険な行為であるから、公共の福祉に反し、表現の自由の保護を受けるに値しないものとして、制限を受ける」とした。「社会的に危険な行為」の内容は堀越事件の判示に比べるとあいまいである。しかし、具体的な事案は、集会で「我々は9月の三里塚決戦において、確かに機動隊3名を殺すという偉大な戦果を勝ちとっている」、「我々が機動隊を1人でも多くせん滅した瞬間、我々は渋谷に結集している数十万の人民との大合流を勝ちとることが必ずできるんだということを確信しようではないか」、「渋谷において、機動隊せん滅のみならず渋谷駅を断固として焼き払い、銀行をはじめとする独占資本を焼き払おうではないか」、「我々は、すでに14日の戦いに向かつて全国の警察官とそして私服刑事、自警団の諸君に対して警告を発してきた。にもかかわらず、彼らがなお警察官たることをやめず、あるいは反革命党員たることをやめずに、14日渋谷にやつて来るならば、これは殺す対象以外の何ものでもない……。本集会のまわりにい

る機動隊員諸君、あるいは本集会にまぎれ込んでいる私服刑事、我々は断固として君達を14日にせん滅し、そのピストルを我々の手に奪い、君達を断固としてせん滅するだろう」などとする演説であった。

　沖縄デー破防法事件に関する最判平成2年9月28日裁判集刑255号261頁も、集会において「一昨年の10・8羽田闘争においては、中央大学などの戦闘的学友諸君により、ゲバ棒に石という戦術、武器の転換が行われ、今では、それが普遍化している」、「4・28の闘争は、現在全国の学園、職場で各個に行われている闘争を、政府中枢の霞が関の一点に結集し、今までの闘争の一大総括として、10・8によって切り開かれた戦術、武器の一大飛躍をさせるものとして、闘わなければならない」、「同志諸君は、身辺の整理を既に終わっていると思うが、まだ終わっていない同志は、早急に身辺の整理を行い、一大決意を固めて貰いたい」、「4・28の闘争においては、政府中枢、首相官邸、アメリカ大使館、防衛庁に断固として突入し、これを占拠する闘争として闘わなければならない」などとする演説をせん動罪とした下級審の判断を是認した（最決平成14年6月21日裁判集刑事281号579頁が引用）。控訴審判決は、「『せん動』罪……の成立には既述のように少なくとも実質的に理解される抽象的危険の発生は必要と解される」としていた。

3）　陰謀罪

　破防法の条文上、陰謀は予備と並んで規定されているが、裁判例は陰謀が予備よりも前の段階に位置すると解している。三無（さんゆう）事件に関する最決昭和45年7月2日刑集24巻7号412頁は、殺人罪および騒擾（騒乱）罪の陰謀罪を認定した一・二審の判断を是認した。第一審判決は予備罪・陰謀罪の可罰性について「明白かつ現在の危険」の原則を採用しつつも、「ヘルメット、防毒面、作業衣、トラック等の準備、ホテルの予約等」がなされ、以前から銃2丁も保管されていたという事実関係の下で、予備罪には至らなくとも陰謀罪は成立するとした。控訴審判決および最高裁決定はこの結論を維持した。

4）　可罰性の限界

　以上から、破防法に関する最高裁判例は、可罰性の限界を一般的な基準としてうち出してはいないが、少なくとも「社会的な危険」ないし「実質的に理解

される抽象的危険の発生」を条件として考えていたとみられる。すなわち、具体的危険の発生や、「明白かつ現在の危険」の認定までを要求したわけではないものの、行為が条文の文言に形式的にあてはまるだけでは処罰を肯定できないとする立場を前提にしてきたと思われる。

4 共謀罪法の違憲性

(1) 実体的デュー・プロセス原則

　今般の組織犯罪処罰法改正案は、犯罪の計画後に「計画をした犯罪を実行するための準備行為」（実行準備行為）があれば処罰することとしている。その例示は「資金又は物品の手配、関係場所の下見その他」とされ、武器や化学薬品、コンピュータウィルス等の危険な物・手段とは無関係な、権利行為ないし日常的行為である。行為であればすべて該当する。

　堀越事件判決の基準では、可罰性を肯定するためは、「観念的なものにとどまらず、現実的に起こり得るものとして実質的に認められる」危険を要する。しかし、犯罪の計画は観念そのものである。これに、危険のないあらゆる行為も該当する「実行準備行為」を付け加えたところで、現実的かつ実質的な危険は基礎づけられない。したがって同立法は憲法違反である。

(2) 明確性の原則

　それでは、「解釈」によって堀越事件の基準を読み込む、すなわち、「実行準備行為」を、現実的で実質的な危険を含むものに限定することは可能か。徳島市公安条例事件に関する最大判昭和50年9月10日刑集29巻8号489頁は、「或る刑罰法規があいまい不明確のゆえに憲法31条に違反するものと認めるべきかどうかは、通常の判断能力を有する一般人の理解において、具体的場合に当該行為がその適用を受けるものかどうかの判断を可能ならしめるような基準が読み取れるかどうかによつてこれを決定すべき」だとする。ここではそれが不可能である。「資金又は物品の手配、関係場所の下見その他」という例示がすでにこの限定に反しているからである。

(3) 条約上の不必要性

　日本法は予備罪等の前哨領域の処罰類型を多数有し、かつ、抽象的危険犯の処罰を数百類型も設けている。諸外国では、それらの行為の多くは行政法ないし私法上の制裁を受けるにすぎない。

　共謀罪型か結集罪型かによる対応を求めているとされる国連国際組織犯罪防止条約5条1項(a)は、それらの処罰対象を「犯罪行為の未遂又は既遂に係る犯罪とは別個の犯罪とする」としている。かつ、2(1)で触れたとおり、条約は「国内法の基本原則」に従った対応を要求する。そうすると、要するに、未遂よりも前の段階での処罰を可能にしておけば足りると解される。組織的な重大犯罪の対策として、日本は条約上求められる水準の処罰範囲を確保できていたのであり、法改正は不要である。

5　手続的権利保障の欠如

　憲法31条は手続の適正も求めているところ、今般の組織的犯罪処罰法改正案はプライバシー侵害等に対する歯止めとなる措置を何ら設けていない。これは、憲法の文言に直接違反するとまではいえずとも、国際人権規約（自由権規約）に違反している。同規約17条はプライバシー権を保障し、2条3項は権利侵害があった場合の救済制度を置くことを求める。これに従い、たとえばドイツには連邦個人情報保護官（Bundesbeauftragte(r) für den Datenschutz und die Informationsfreiheit）および州機関、英国には情報保護官（Information Commissioner's Office）、フランスには情報自由保護国家委員会（Commission Nationale de l'Informatique et des Libertés）が設けられ、日本の公正取引委員会のような強力な行政権限を与えられている。しかし、日本には相当する機関がないため、プライバシー権に関する国連特別報告者は2017年5月18日に本法改正を疑問視する公開書簡を日本政府宛てに発した。

（たかやま・かなこ）

第5章

成立過程も違法な共謀罪

山田　大輔

弁護士

1　共謀罪の成立過程

　共謀罪法案は、2017年5月29日、参議院本会議で審議が開始され、同日、法務委員会に審議が付託され、以降、法務委員会で審議が行われた。

　しかし、6月14日、参議院本会議において、自民党の牧野たかお議員より、法務委員会に対し「特に必要がある」として「中間報告（国会法56条の3第1項)」[*1]を求める動議が出され、6月15日、その動議が可決された。動議に基づき、法務委員長が審議経過について中間報告を行った。さらに、同議員から「特に緊急を要する」として、参議院本会議において直ちに審議する動議が出され、可決された。そのため、参議院本会議で共謀罪法案の審議がされ、同日、共謀罪法案は採決され、可決された。

---

*1　国会法第56条の3
　1　各議院は、委員会の審査中の案件について特に必要があるときは、中間報告を求めることができる。
　2　前項の中間報告があつた案件について、議院が特に緊急を要すると認めたときは、委員会の審査に期限を附け又は議院の会議において審議することができる。
　3　委員会の審査に期限を附けた場合、その期間内に審査を終らなかつたときは、議院の会議においてこれを審議するものとする。但し、議院は、委員会の要求により、審査期間を延長することができる。

2　委員会制度の目的と中間報告、本会議審議の要件

　共謀罪法案に限らず、一般に議案は、衆議院・参議院本会議から各委員会に付託され、審議されるのであるが、その委員会制度の目的は次の通りである。

　衆議院、参議院の本会議は、審議に参加する議員の人数が多く、議事を進めるという観点では効率的ではなく、実質的に議事を運営できない。また、多数の議員での審議は、自由な討議が行われにくく、審査の進め方として必ずしも合理的ではない。そのため、委員会制度を設け、複数の専門的な委員会に審査を分担させ、その報告を待って議院の本会議で審査をすることにより、少数の議員による自由な討論を経て、効率的かつ合理的に議事を進めることとしているのである。

　ここに日本の国会法が委員会制度を採った理由があり、国会法は委員会中心主義を採っていると言われる。

　このような委員会中心主義の観点からすれば、委員会の審議が原則であり、本会議での審議は上記効率性、合理性の観点から必ずしも適切ではない。

　そのため、国会法56条の3第2項において中間報告を求めることができる「特に必要があるとき」とは、委員会が審議を拒んでいる場合など、委員会での審議が期待できない場合に限られると解するべきである。

　さらに、議院の会議において「特に緊急を要すると認めたとき」とは、審査の期限を付す要件でもあるから、一定の期限を設けて審議をし、法案成否の結論を出さなければならないほどの緊急性がある場合をいうと解するべきである。

3　共謀罪法における必要性・緊急性の内容

　共謀罪法案における中間報告を求める「特に必要があるとき（必要性）」の内容及び、議院の会議において審議するべき「特に緊急を要する（緊急性）」ことの内容について、自民党や牧野委員から説明はなされてはいないようであ

る。しかし、次の点が、自民党が主張する必要性・緊急性であると思われる。[*2]
① TOC条約締結に伴い必要となる法整備を速やかに行い、テロ行為を防ぐ国際的な連携に入れない状況、ひいてはテロ行為を防ぐ国際的なネットワークの抜け穴になる恐れがある状況を速やかに解消するべきであること。
② 法務委員会では、野党が審議を拒否した質疑時間を含めれば、30時間を超える議論時間であり、二度の参考人質疑を行ったこと。本来は与えられた審議時間の中で審議が尽くされるべきであること。
③ これまでの審議で、共謀罪法案の成立なくしてTOC条約に参加できないことが明らかになったこと。
④ また、共謀罪法案が国民の不安や懸念を十分払しょくする内容であることが明らかになったこと。

しかし、上記①〜④が、国会法が求める必要性、緊急性を満たしているとは到底言えない。

上記①については、日本はテロ対策の13の条約を締結しており、テロを防ぐ国際的な連携に入れないという状況は存在しない。また、共謀罪それ自体がテロ対策として有効でないことからすれば、共謀罪が成立しなければ、日本がテロ行為を防ぐ国際的なネットワークの抜け穴になるということもいえない。

上記②は、議論が尽くされるまで審議されるべきことが国会の大原則であり、審議時間が先にあるべきものではないから、自民党の指摘は本末転倒である。これは、審議時間さえ確保すれば、審議の内容は問わないという与党のおごりが現れた表現と言わざるを得ない。

上記③については、髙山佳奈子教授が衆議院の参考人質疑において指摘したように、共謀罪法の成立がなくてもTOC条約に参加できるという見解は根強いものであり、少なくとも共謀罪法案の成立なくしてTOC条約に参加できないことが明らかになったとはいえないのだから、この点については審議が未了

[*2] 6月15日参議院本会議において、山本順三議院運営委員長の解任決議案における自民党佐藤正久議員が行った反対討論の内容から。

といわざるをえない。

　上記④は、共謀罪の必要性、要件の曖昧さ、ひいては濫用の危険性、国連特別報告者カナタチ氏の指摘についてまっとうな審議がされていないことからすれば、到底、共謀罪の問題点について国民の不安や懸念が払しょくされたとは言えない。

　2017年5月24日、25日に行われた朝日新聞社の世論調査では、衆議院での審議は「十分ではなかった」と回答した割合が60％（「十分だった」16％）、「法案について国民の理解は深まっていない」と回答した割合が73％（「深まっている」13％）という結果であった。また、6月17日、18日に行われた同社の世論調査では、国会での政府の説明について「十分ではなかった」と回答した割合が69％（「十分だった」10％）、「一般の人への監視が強まることへの不安を「大いに感じる」「ある程度感じる」と回答した割合が58％であった。

　これらの結果からしても、国民の不安、懸念が払しょくされたとは言えず、いまだ、共謀罪に関する審議は十分ではなかったことが明らかである。

　以上のとおり、共謀罪法案は、中間報告を求める「特に必要があるとき」という要件を満たさず、かつ、議院の会議において審議することができる「議院が特に緊急を要すると認めたとき」という要件も満たさない。

　したがって、共謀罪の制定過程は、国会法56条の3第1項、第2項に反し、違法である。

　このような共謀罪の制定過程は、憲法31条の適正手続の要請からすれば、憲法違反の疑義がある。

　共謀罪は、内容のみならず、手続面でも憲法違反の疑いがある法律であり、速やかに廃止されなければならない。

（やまだ・だいすけ／東京弁護士会）

第6章

国連特別報告者・人権条約機関から
国際人権規約違反の指摘を受けた共謀罪
カナタチ氏の日本政府に宛てた書簡を中心に

海渡　雄一

共謀罪NO実行委員会
日弁連共謀罪対策本部・共謀罪対策弁護団

1　国際人権規約に違反する共謀罪

　共謀罪法は、どのような行為が処罰の対象となるかを明確に定めなければならないという「刑罰明確性の原則」に違反している。このような法律は、公正な裁判を保障している国際人権規約14条、プライバシーの権利を保障する規約17条、思想・表現の自由を保障した19条に反する疑いがある。

　共謀罪NO！実行委員会は、2017年7月に監獄人権センター、グリーンピース・ジャパン、ヒューマンライツ・ナウ、自由人権協会、人種差別撤廃NGOネットワーク（ERDネット）、メディア総合研究所、未来のための公共など合計15の市民団体の共同名義で、自由権規約委員会に法の見直し勧告を求めるNGO共同レポートの提出を行った。

　2017年11月24日には、自由権規約委員会は2019年に予定されている日本政府に対する第7回定期審査のリストオブイシューズ（問題点）を採択した。委員会は、その9項において、緊急事態・テロ対策の現状について、規約4、9、14、17、19、21、22条に関連して、「法的確実性と予測可能性の原則に従わないと主張されている組織犯罪および犯罪収入の罰に関する法律（「共謀罪法」）が、表現、集会および結社の自由を過度に制限し、自由と安全の権利および権利の侵害につながる懸念に応えてください。法律の別表4に定められた277件

の新たな犯罪には、明らかにテロリズムや組織犯罪とは無関係の犯罪が含まれており、「組織犯罪集団」、「計画」、「準備行為」などの共謀罪の自由裁量を含む要素のために、自由と安全と公正な裁判を受ける権利の侵害を引き起こすのではないかという懸念に応えて下さい」（筆者訳）と質問した。

共謀罪法は国連が2000年に起草した組織犯罪防止条約の批准のための国内法であると説明されてきたが、国連の人権条約機関から国際人権法に反するのではないかとの質問を受けるに至ったのである。

2　共謀罪の捜査はプライバシー侵害の危険性を高める

今後、捜査機関は客観的な痕跡の残りにくい「共謀」の事実や、日常的な行為と区別がつきにくい「準備行為」を立証する目的で、被疑者の通話やメール等を捜査対象とせざるを得ない。衆議院法務委員会での審議においても、計画（共謀）よりも前の段階から尾行や監視が可能となるとの見解が示されている。その捜査手法として、通信傍受範囲を共謀罪にまで拡大することや会話傍受の新たな導入、官民の監視カメラ映像と顔認識機能の連動、さらにGPS位置情報の収集などの捜査手段が広く利用されるようになる可能性は高いと考えられる。既に、政府は、2016年春に通信傍受の対象犯罪を拡大し、通信事業者の立ち会いを不要とする、通信傍受法の大拡大を内容とする刑事訴訟法の改正を行っている。法務大臣は、ふたたび、通信傍受法を改正し、共謀罪を通信傍受・盗聴の対象とすることについては、国会答弁の中で、そのような措置の要否は今後の検討課題であると答弁している。さらに、自首減免規定が存在するため、密告捜査や市民団体内部への捜査機関の投入捜査（覆面捜査官）などの捜査も駆使される可能性がある。共謀罪の導入により、警察捜査がプライバシーを侵害する危険性は著しく高まったといえる。

3　カナタチ氏の日本政府に宛てた書簡

法案審議中であった2017年5月18日、国連プライバシー権に関する特別報

告者のジョセフ・カナタチ氏は、共謀罪法案が「プライバシーに関する権利と表現の自由への過度の制限につながる可能性がある」との懸念を表明する書簡を安倍首相に送付した。国連の特別報告者は人権理事会が任命するが、個人の資格で行動し、国連に対する報告書を作成・提出する。2016年4月に来日し、日本のメディアの独立性や秘密保護法について調査し、2017年6月に報告書を提出したデビッド・ケイ氏は、表現の自由に関する特別報告者であった。

ジョセフ・カナタチ氏

　この書簡で、カナタチ氏は共謀罪法案について「私は、何が『計画』や『準備行為』を構成するのかという点について曖昧な定義になっていること、および法案別表は明らかにテロリズムや組織犯罪とは無関係な過度に広範な犯罪を含んでいるために法が恣意的に適用される危険を懸念します。」「法的明確性の原則は、刑事的責任が法律の明確かつ正確な規定により限定されなければならないことを求め、もって何が法律で禁止される行為なのかについて合理的に認識できるようにし、不必要に禁止される行為の範囲が広がらないようにしています。」「現在の『共謀罪法案』は、抽象的かつ主観的な概念が極めて広く解釈され、法的な不透明性をもたらすことから、この原則に適合しているようには見えません。」「プライバシーに関する権利は、この法律の幅広い適用の可能性によって特に影響を受けるように見えます。」と法案の根本的な問題点を指摘し、我が国の法制度において、プライバシーを守るための法的な仕組み、司法による厳しい監視、情報機関に対する監督措置などが想定されていないことが指摘された。

4　政府は書簡に答えることなく、法を成立させた

　日本政府はこの書簡に対し、「強く抗議」し、法成立に至るまで、何ら中味に渡る回答をしないという恥ずべき態度をとった。8月末には日本政府の回答が外務省のHPにひっそりと示されたが、その内容は、特別報告制度に対する

日本政府の協力姿勢は不変である、カナタチ氏の疑問点については国会審議で説明が尽くされている、法の定めは明確で、濫用の恐れはない、法には捜査の範囲を拡大する規定は含まれていないので、プライバシーの権利を侵害する恐れはないという回答であった。法の定めが明確でないことは明らかであり、コミュニケーションだけで成立する共謀罪を捜査しようとすれば、プライバシー侵害の危険性を高めることは当然で、このような問題の存在そのものを否定する政府の回答は、真摯な対話の姿勢を欠いていると言わざるを得ない。

共謀罪対策弁護団は、政府の回答が不十分であることを指摘し、誠実な回答をするべきであると声明を発した（9月12日）。カナタチ氏は、10月2日の日弁連シンポジウムで、日本政府の対応は、多くの問題はあるが、認識を共有し対策を考えているアメリカ政府と比較しても、残念なものであると評価した。

5　カナタチ氏が示すプライバシー保護のためのセーフガード

カナタチ氏は、10月2日の日弁連における講演で、プライバシー保護のためのセーフガードについて次のようなポイントを説明した（翻訳は筆者）。これらの項目は、プライバシー保護のための国際基準作成のための準備作業の一環であると考えられる。

1　監視システムは、使用前に法律によって認可されなければならない。この法律は、監視システムを使用する**目的や状況を特定**しなければならず、対象犯罪と脅威のカテゴリーを定義しなければならない。

2　法律は実際の監視が行われる前に、監視システムの稼働に関する最終決定について、**事前の独立した認可**を受けなければならない。

3　国家による個人の行動の意図的な監視は、対象を特定し、**合理的な疑い**に基づいてのみ提供される。

4　関係する個人が**重大な犯罪**を犯した可能性があるか、重大な犯罪を犯す可能性が高い場合にのみ提供される。

5　国は、その個人に対する対象を定めた監視や、関連する個人データの収集の対象となるときに、当該国家の管轄の外にある場合、法執行機関や関係する

セキュリティサービスや諜報機関は、**国際データアクセス令状**（IDAW）を法的な機関として設立された国際データアクセス機関に申請する権限を持つ。

6 すべての監視を行っている機関は、**独立した機関**が、そのようにすることが適切か、実現可能かどうか、および／または、現在進行中または今後行われる調査の完了又は予防、捜査または起訴の手続を害すると、司法が判断しない限り、〔法律により定められた期間内に〕不当な遅延なしに、特定の犯罪や脅威のために直接的または間接的な監視の対象としたすべての人に対して、特定の状況での監視システムを使用することを**書面で告知**しなければならない。

7 監視システムから取得される時刻情報の長さが守られ、各段階でこれにアクセスすることができるようにされなければならない。

8 サーベイランスの実施を監視するための**独立した監視監督権限**を設定し、法律の規定に従って実施することを確保する。（ヨーロッパ人権裁判所の判決 Szabo and Vissy v Hungary, App. No. 37138/14, para73.と、ドイツ憲法裁判所の決定ECtHR, App. No. 47143/06, Zakharov vs. Russia, を参照すること）

9 **国際データアクセス令状**は、特定の国の中に設立された裁判所によって発行されたのと同様に、管轄内にあるすべての公共および民間団体が同じ効果ですぐに適切に構成された国際データアクセス令状の要件に準拠することの確認を求めなければならない。

　このような場合、国内法は、以下の点を提供しなければならない。すなわち、公的機関または民間の機関は、要求された個人データにアクセスできるようにするためIDAWの要求に適合していないと主張するときに、その地域または管轄権の問題を、その根拠または防禦のために提起することはできない。

10 監視システムは、合理的な疑いが存在し、犯罪および／または脅威がコミットすることができる場合に限り使用することができる。

11 （監視システムは、）定義し、潜在的な目的を達成するために適しているかもしれない、**もっとも少ない侵入手段**を定義し、提供しなければならない。

12 （監視システムは、）その個人がその国の市民または居住者であるか否かにかかわりなく、その機関に対して、どのような調査手段についても、これが

個々の調査活動に不可欠なインテリジェンスを得るために**厳密に必要**であり、個人のプライバシーの権利に対して、このような調査活動の全体的な影響を考慮するために、これと比例していることを、証明することを求める。

13 （監視システムは）、このような国の立法府および／または司法府など、適切な国の他の関連する機関によって、その活動の実質的かつ包括的なレビューを可能とするよう、**公に利用可能な、定期的な報告**を行わなければならない。

14 企業や他の非国家主体に対して行われた、カテゴリーと頻度を含む個人データの提供に関するすべての要求について、**国家自らが公に利用可能な透明性レポート**を作成しなければならない。

15 監視に関する**法と規則、監視を実施する機関の権限**に関して透明性を確保しなければならない。

16 企業や他の非国家機関も次のような場合には自ら公的に利用可能な**透明性レポート**を作成しなければならない。すなわち、コントローラー又はプロセッサのコアとなる活動が、その性質、その範囲及び／又はそれらの目的によって、その処理のための活動が、大規模なデータの体系的な監視のために、個人データを提供するために通常必要である場合。国は企業に対してこのようなレポートを公表することをしてはならない。

17 （監視システムは、自らの）監視システムの設計及び監視目的のために非サーベイランスデータを利用することについて、**市民社会**や学界およびその他の**利害関係者との定期的な対話の機会**を設けなければならない。

18 特に、**国は、直接的または間接的に、サービスプロバイダーに対して、情報の流れを遮断したり、アクセスを遮断したり、情報の流れを大きく乱したり遮断したりするよう命じたり、強制してはならない。**

個々のケースにおいては、特定のサービスを設定し、および／または違法な目的のために実質的に使用されているという合理的な疑いを持っている場合には、国家機関は、法の支配にもとづく法律に従って、サービスプロバイダーに対して法的要求にもとづいてそのサービスを拒否するために発行された指示をすることができる。

19-22 特に、国は、次のことを直接的または間接的に命じ、強制してはなら

ない。
・サービスプロバイダーおよびハードウェアプロバイダーに対して、デジタルサービスまたは製品のセキュリティに悪影響を与える措置を講じること。
・データのローカライゼーションのために必要なアクションを実行すること。
・民間企業の意図を欺いて、調査を実施し、民間企業が保有する情報を利用しようとすること。
・ジャーナリストまたは報道関係者に対して、情報源を開示したり、その通信記録にアクセスすることを求めること。

23　スマート監視システムが採用された場合に、特に重要なことは、プライバシーに対する影響評価を新たな監視システムが配備されるたびに、実施することが必要である。

6　日本で、どのような第三者機関を目指すべきか

　このようなポイントは日本で第三者機関の構築を議論する際に参考となるだろう。日本にも人権保障のために政府から独立した委員会が、民間から選任され公的機関の活動を監視、改善勧告している制度がある。刑事施設視察委員会、留置施設視察委員会、入管収容施設視察委員会、少年刑事施設視察委員会などの拘禁施設の視察委員会制度がそれである。これらの制度は、名古屋刑務所における悲惨な拷問死亡事件をきっかけとして作られ、順次範囲を拡大してきた。独立の立場で施設を視察し、被拘禁者から意見を聞き、所内の書類なども目を通すことができる。

　国連が提唱し、あらゆる人権課題について活動することのできる「人権委員会」を法務省に作る人権委員会設置法案が、2012年に国会に提案されたが、自民党の反対で成立しなかった。この国内人権機関はいまだ実現していない。この機関がデータ保護と情報公開のために活動することを目指すという考えもあり得る（小池振一郎弁護士の提案）。政府が一度は制度提案した組織であるから、政権の対応が変われば実現に最も近いといえる。

　しかし、公安警察や自衛隊の情報保全隊のような秘密性の高い機関を効果的

に監視し、実効性のある監督を実現するためには、ドイツのデータコミッショナーのように、特定された分野で活動する組織を作り、ここに弁護士会や個人情報保護・情報公開の分野で活動してきた市民団体から、委員を選任して活動することができれば、実効性の高い制度を作ることができるだろう。

　2018年にはカナタチ氏の公式レポートが公表される。2019年には自由権規約委員会の日本政府に対する審査が予定されている。国際社会の動きに合わせ、私たちも、日本政府に対して、共謀罪法の廃止とともに監視捜査に対する効果的な監督システムの導入を提言していきたい。また、2018年3月には、アムネスティ、自由人権協会、グリンピース、消費者連盟などの市民団体が主なIT企業に対して、透明性レポートの公表を要請する書簡を送った。

　共謀罪の廃止を求める活動は、市民のプライバシーを守るための法制度とシステムづくりに向けて動き出している。

（かいど・ゆういち／第二東京弁護士会）

第7章

アメリカ愛国者法と共謀罪

鈴木　亜英

弁護士

1　はじめに

　9・11同時多発テロは米国社会に計り知れない衝撃を与えた。2001年10月、会議出席のためにロサンゼルス空港に降り立った私は、行き交う自動車がみな星条旗をなびかせ、町中に寒気立つ空気が流れていたことを思い起こす。テロへの恐怖と報復感情が渦巻くなか、ブッシュ大統領が「これは戦争だ」と叫んだところから対テロ戦争は始まった。大統領はあらゆる軍事力行使の権限を大統領に付与するとする9・11直後の議会の特別議決に後押しされて、「テロとの闘い」を無期限の地球規模の「戦争」とする戦略目標を掲げた。

　アメリカの大統領制は軍事、外交、内政、立法、任免のすべての執行権限を大統領が掌握している。「対テロ戦争」なる戦略目標はおのずからこの大統領権限の一層の強化を呼ぶものとなった。そして、これを強く促したのが愛国者法である。大統領権限の強化と愛国者法は車の両輪となって、アメリカを人権侵害の社会へと向かわせた。この結果、三権分立機能はその均衡を失い、議会と裁判所の役割を後退させた。その中で、戦場で捕捉された「敵性戦闘員」だけでなく、イスラム系市民をはじめ、市民権を持つ一般の市民さえ人権を抑圧されることになった。なかでもムスリムは全体としてテロリスト予備軍として監視される捜査が進んだ。ここでは米国社会に大きな影響を及ぼした愛国者法

とこれに組み込まれることになった共同謀議罪（Conspiracy。以下共謀罪）を俯瞰する。

2　愛国者法の成立と国内テロリズム

(1) ロクな審議もなしに可決成立

　テロから1カ月余りのうちに条文数156、条文項目1016という膨大な内容の法案が議会上下院を通過した。審議中に同じテロが起きたら、その責任は議会にあるとするアシュクロフト司法長官の威嚇もあってか、民主・共和両党のほぼ全員の賛成で、ロクな審議もなしに可決成立した。

　テロから17年の歳月が流れたこの間、時限立法だった愛国者法の一部に失効したものもあるが、移民条項は途中で拡張されるなど法には幾多の変遷があった。愛国者法は市民社会の随所にキズを残しながら、今日に至っている。

(2) 国内テロ予防の監視法制の中核的な立法

　まず愛国者法は国内テロリズムにも目を光らせることになった点に大きな特徴がある。

　「一般市民を脅迫あるいは強要し、また脅迫或いは強要により政府の政策に影響を与えようとし、また大量破壊、暗殺、誘拐などにより、政府の行為に影響を及ぼそうと意図するとみなされる活動」とする、この愛国者法の国内テロリズム定義は、これまで国際テロリズムの定義のなかにあった「暴力的活動」の要件を敢えて排除した。しかし、かえってあらゆることがテロリズムとみなされかねないことになったばかりか、「政府の行為に影響を及ぼそうと意図するとみなされる活動」なる回りくどい表現はすこぶる曖昧であり、恣意的捜査を招来しかねないとする批判が当初から根強かった。そして国内的なテロ予防を目的とする監視法制の中心に位置づけられたのが、愛国者法によって改正されることになった「外国諜報機関監視法」（FISA）である。もともと外国スパイ活動の従事者を監視対象としたこの立法に「テロリストと疑わしい外国人」という新たな監視対象を付け加えることによって、国内テロ予防の監視法制の

中核的な立法に変身したのである。

3　愛国者法に導入された共謀罪

共謀罪はすでに米国合衆国法典に古くから存在していた。共謀罪の系譜は2つある。1つはコモンローに準則した合衆国法典371条である。もっぱら「軽罪」処罰を原則としたことから、これだけではテロリズム対応には不適切だった。もう1つは南北戦争の下で制定された合衆国法典2384条の扇動謀議罪（Seditious Conspiracy）である。戦争妨害行為の阻止を目的としたもので、適用は戦時下の行為に限定されてきた。

前者については、テロリズムに関わる罪条のそれぞれの条文中に構成要件として、この共同謀議を組み込ませたことによって、重罪についても適用を可能とした。後者については1993年、イスラム急進主義者の暗殺謀議事件に連邦控訴審が、戦時下にはなかったこの事案に、扇動謀議罪を適用したことがきっかけで、共謀罪は国内テロリズム処罰にもその威力を発揮することになった。

愛国者法811条では、以下11の罪条に共同謀議の処罰を可能とする構成要件が挿入された。「放火」、「連邦施設における殺人」、「通信回線、ステーション或いはシステムの損傷、破壊」、「特別海事司法管轄権内並びに領域司法管轄権内の下での建築物または財産の損傷、破壊」、「鉄道の破壊」、「テロリストに対する物理的支援」、「拷問」、「原子力施設又は核燃料施設の破壊」、「航空機の操縦士及び乗務員に対する妨害行為」、「航空機に関する特別司法管轄権の下での犯罪」、「ガス又は危険な液体の州際パイプライン施設の損傷又は破壊」である。「テロリストに対する物理的支援」は相手テロリストを認識できないままに罪を問われかねないと批判が集中した。わが国の共謀罪は、277の罪条に適用があるが、米国のそれは限定的である。

4　共謀罪を取り込んだ愛国者法の人権侵害

9・11を契機にテロ対策として導入された愛国者法と共謀罪は米国市民社

会にいかなる変化を及ぼしたか。

(1) 通信傍受システムの拡大と強化

　法執行機関の通信傍受権限強化はこれまで国内の人権団体等の抵抗にあって前進を阻まれて来た。しかし同時多発テロは、法執行機関が望む通信傍受システム確立の絶好の追い風となり、令状執行の範囲や対象者の拡大を容易にした。

(2) スパイ監視法の改悪による市民活動の盗聴

　冷戦下における共産主義勢力のスパイ監視を狙いとした「外国諜報機関監視法」を愛国者法は改悪し、法の本来の目的以外の通信傍受も可能とした。これまで対象外とされた合衆国の市民・居住者も、言論の自由を超える「共同謀議」があったと見做せば、同法に基づく捜査を可能とした。

(3) FBIの捜査に名を借りた諜報活動

　FBIはあらゆる情報機関と連携しながら、図書館の帯出記録を調査したり、病院において精神医療情報を入手しようとするなど司法審査なしの権限を膨張させた。捜査に名を借りた諜報活動が堂々とまかり通った。度々その活動が批判されてきたCIAも復権に向けて動き出した。

(4) スパイ「潜入」による市民団体の監視

　カルフォルニア州フレスノで2003年9月に起きた事件がある。地方新聞に載った交通事故の死亡記事がある平和団体の目に留まった。そこには昨日まで、その団体の一員として活動していた男の顔写真があった。しかし、新聞に載った男の名は別名で、職業は連邦職員とあった。犯罪の嫌疑がないのに憲法上の人権に関わる個人やグループに接触し、潜入する監視やスパイはアメリカでは後を絶たない。この例は氷山の一角に過ぎない。

(5) 移民・市民権のない市民に対する投獄・拘留

　司法長官は、些かでも嫌疑をかけられた者——とりわけ移民や市民権のない

在住市民を——投獄・拘留する権限を持つことになった。これが米国内のイスラム社会に与えた脅怖は大きい。テロリズム捜査の場合には、法は押収などの令状執行通知を遅延させることも可能にした。

5　愛国者法が支配する社会

(1)　無罪推定原則を蔑にする社会

「対テロ戦争」には先制攻撃が不可欠の戦術となる。あらゆる戦術のなかに「予防」と云う概念がしみ込み、将来の脅威を取り除くためには予防戦争が主軸となる。国内社会においても同様、テロリスト容疑を洗い出すための全市民に対する徹底的な監視が必要となる。該当者を「疑わしいもの」というだけでアメリカ社会から排除するため、長期間にわたる予防拘禁や国外退去強制が必然的に伴う。こうして市民社会のなかで最も遵守されるべき心身の自由は「無罪推定」を蔑にする社会への変容のなかで脅かされ続けることになる。

(2)　プライバシー・思想信条の自由を脅かす社会

市民に対する電話・インターネットの違法な監視・盗聴は司法のチェック権限の減退を招き、歯止めも効かなくなった。加えて①連邦政府による調査目的を告げない立ち入り調査、②FBIによる、機密目的以外の正当な理由を不要とする一般市民に対する犯罪調査、③前述の精神医療など幅広い領域での市民の個人情報へのアクセス。これらはいずれも市民のプライバシー不安を呼び起こすことになった。9・11を契機に創設された国土安全保障省（OHS）は、これまで国家安全保障会議が行っていたFBIとCIAとの間の意見交換や戦略策定について一元的・包括的な戦略構築を計ることにした。収集した情報の共有システムを拡大させ、一元管理が計られることになった。

市民の個人情報を含めたあらゆる情報が共同謀議をはじめとする犯罪捜査等に用いられることになり、言論表現等を保障した合衆国憲法修正１条は健全性を失うことになった。

【参考文献】

- 岡本篤尚著『＜9・11＞の衝撃とアメリカの「対テロ戦争」』1頁〜24頁（法律文化社、2009年）
- 木下ちがや著『国家と治安――アメリカ治安法制と自由の歴史』211頁〜235頁（青土社、2015年）
- 白石孝・小倉利丸・板垣竜太編『世界のプライバシー権運動と監視社会』201頁〜235頁（明石書房、2003年）
- 平岡秀夫、海渡雄一共著『新共謀罪の恐怖』49頁〜88頁（緑風出版、2017年）
- 井桁大介外3名対談『スノーデン・日本への警告』100頁〜112頁（集英社新書、2017年）

(すずき・つぐひで／東京弁護士会)

第8章

イギリスの共謀罪・対テロ法と日本の共謀罪
民衆弾圧と監視の手段

清末　愛砂
室蘭工業大学大学院工学研究科准教授

1　共謀罪の発祥地イギリス

　イギリス（本稿ではイングランドとウェールズを指す）は共謀罪の発祥地である。歴史的にみると、1293年の共謀者法に端を発しているが、当初は後になるような民衆弾圧の手段として導入されたものではなかった。むしろ、初期の共謀罪関連の制定法は虚偽の申立て等、裁判手続の悪用の規制を目的とするものであった。

　中世に設置された星室裁判所（コモン・ロー裁判所やエクイティ裁判所とは異なり、国王大権による国王評議会系裁判所の１つ。1641年廃止）では、共謀罪が多用されていたといわれている。星室裁判所廃止以後、共謀罪法理はコモン・ロー（中世以降の王国の一般的慣習、判例、法曹界による解釈等により確立されたイングランドの法理。現在も有効）裁判所で用いられてきた。

　なお、コモン・ローの共謀罪とは、２人以上の者が①違法な行為を行うことに合意すること、または②違法な方法を用いて適法な行為を行うことに合意することを意味する。その際には犯意の有無のみが問われ、犯罪行為への着手は問われない。また、合意とは、言葉（文字化されたものや口頭による）その他の顕示・外的行為によって成立する。

2　農民・労働者・労働組合弾圧の手段としての共謀罪——名誉棄損と営業制限の法理

　イギリスでは1500年代以降、共謀罪法理が農民や都市労働者等の団結を抑えるために用いられるようになった。具体的には、労働者による団結等を呼びかける配布物散布が名誉棄損罪の対象とされ、団結が共謀とみなされた。それは思想の自由への弾圧でもあった。

　1600年代に近代産業化が始まり、1700年代以降は産業革命が起きた。これに伴い、労働運動が大きな盛り上がりをみせるようになった。そのなかで資本家を利するコモン・ローの営業制限の法理を用いて、労働者の団結と争議を共謀罪の適用対象とする動きが始まった。共謀罪が労働者の団結の意思を失わせる手段、すなわち労働組合運動を萎縮させ、その力を弱体化する手段として利用されるようになったのである。

　イギリスでは1871年に制定された労働組合法の制定により、労働組合の結成が合法化され、また同時期に制定された刑法修正法により営業制限の法理が労働組合活動に対しては適用されないことになった。それにもかかわらず、1872年のロンドン・ガス給炭夫事件判決では、労働組合によるストライキが共謀罪の適用を受けることが示された。こうした労働組合への弾圧問題に対応するために、1875年に共謀罪及び財産保護法と使用者・労働者法が制定され、労働争議の犯罪化に終止符が打たれた。

3　共謀罪と対テロ法のセット適用——その相乗効果

　現在のイギリスでは、コモン・ローの共謀罪に加え、制定法である1977年刑事法に基づく共謀罪が存在している。1977年刑事法では、1人以上の者と何らかの犯罪の遂行を合意した上で、①合意した当事者の1人以上の者により合意内容が遂行されると、必然的に犯罪行為となる場合、または②犯罪の遂行を不可能とするような事実が存在しない場合のいずれかに該当するときに共謀罪が成立すると規定されている（1条1項）。そのことを踏まえた上で、共謀

罪と対テロ法のセット適用とその狙いについてみていく。

　2001年9月11日に米国で起きた同時多発攻撃を契機として、国際社会では米国が主導するグローバルな「対テロ」戦争が始まった。イスラーム文化圏にあるアフガニスタンやイラクへの軍事攻撃がなされる一方、既存の対テロ法の改定や関連立法の制定が各国で相次ぐようになった。これらの対テロ法政策では、とりわけムスリム（イスラーム教徒）が潜在的「テロリスト」として監視対象となった。

　米国とともにアフガニスタンやイラクへの軍事攻撃に参戦したイギリスには、過去の植民地支配の影響もあり、また第二次世界大戦後の労働力不足を補うためにコモン・ウェルス（イギリス連邦）から移民を導入した経緯があることから、南アジアのイスラーム文化圏やアラブ諸国等に出自を持つ者が住んでいる。その結果、ムスリムが人口の5％を占める（2011年現在）。

　歴史的に北イングランド紛争を抱えてきたイギリスは、9.11以前から反イギリス闘争の鎮圧を目的に、またIRA（アイルランド共和軍）による爆弾攻撃等への対応策として、数々の対テロ法を制定してきた。テロ対策の包括法である2000年テロ法の制定後に9.11が起きると、2001年対テロ・犯罪・安全保障法（外国籍の＜テロリスト容疑者＞に対する無制限の勾留許可等）、2005年テロ防止法（物品の所有、居所、移動、通信等を制限するための管理命令）、2006年テロ法（テロ行為の奨励・賛美およびテロ準備等の犯罪化）、2011年テロ防止・取調方法に関する法律（テロリスト容疑者に対する行政措置に基づく外出制限や居住制限等）等の新たな対テロ関連法が、次々に制定されるようになった。

　2005年7月7日にロンドンで大規模な同時爆破事件が起きると、ムスリムに対する監視がさらに強化された。その例として、2000年テロ法43条に基づく職務質問の対象者の内訳を示しておきたい。2009年4月から2017年3月までの間にロンドンで「テロリスト」容疑により職務質問を受けた者の数は、5,635人に達した。うち40％がホワイト系、29％がアジア系（アジア系とは南アジアに出自を持つ者を指す）、11％がブラック系であった。イギリスのエスニシティに基づく人口比から考えると、ムスリムまたは風貌からムスリムとみ

なされる者が多いアジア系が極めて高い比率で職務質問を受けていることがわかる。

近年では、共謀罪とこれらの対テロ法の双方を用いて治安対策を行う傾向が進んでいる。比較的最近の事例の1つとして、3人のムスリマ（女性のイスラム教徒）が2017年4月11日から28日までの間に無差別殺人を共謀していたとして逮捕されたケースを挙げることができる。そのなかの1人は、後述する2006年テロ法5条1項のテロ準備罪容疑で逮捕された。法律委員会（1965年法律委員会法により設立された独立諮問機関）の諮問報告書においても、テロ行為や組織犯罪を取り締まる法政策のなかで、共謀にかかわる新たな犯罪を導入する動きが強まっている、との指摘もなされている。このように、共謀罪と一連の対テロ法をセットで適用することで、民衆弾圧の相乗効果が狙われているのである。この傾向は、日本のテロ等準備罪（共謀罪）の導入問題と比較検討する上で、大いに参考になる。

4　2006年テロ法のテロ準備罪――イギリスを後追いする日本

2006年テロ法は、テロ行為の奨励・賛美およびテロ準備の犯罪化を目的としている。1条はテロ行為とその準備の奨励・賛美、2条と3条はテロ行為に関連する発行物の普及行為、5条1項は自らが遂行するテロ行為の準備または他の者によるテロ行為の遂行を幇助する目的でその準備をする行為を処罰対象（5条3項：無期の禁固刑）とする。

2006年テロ法の大きな問題点は、テロ行為（2000年テロ法で定義されている）の奨励や賛美、およびテロ行為の準備やその遂行の幇助のための準備についての定義が明らかでなく、あいまいさを前面に出している点にある。したがって、極めて恣意的な解釈に基づく適用が可能である。同法の制定にあたっては、市民への監視の強化につながり、また表現の自由が侵害されるとして、人権団体から強い批判の声が寄せられた。その懸念は現実のものとなった。実際に定義のあいまいさを利用する形で、テロ関連事件の起訴事案では5条が最も多用されている。

2006年テロ法5条1項は、日本のテロ等準備罪（共謀罪）と発想を同じくするものである。イギリスでの運用にともなって生じてきた恣意的な逮捕や監視といった市民的自由の侵害が、「テロ対策」の名の下で日本でも生じることが懸念される。

5　イギリスの経験から何を読み取るか

　本稿では、イギリスの共謀罪の歴史とその適用対象、9.11以降の対テロ法政策とその対象、および共謀罪と対テロ法のセット適用の問題を概観してきた。イギリスの経験は、①共謀罪が社会的に弱い立場にある被支配者による団結の意思を削ぎ落すために利用されてきたこと、②共謀罪と対テロ法が結びつくことで、表現の自由や移動の自由といった市民的自由が制限されるとともに、職務質問等による市民への監視が強化されてきたこと、および③共謀罪と対テロ法のセット適用において、植民地主義に基づくレイシズムやイスラームへの偏見によるマイノリティ差別が行われてきたことを物語っている。

　イギリスでは、時代に応じて共謀罪の適用対象が変わってきた。しかし、国家権力が自らの支配力を維持・拡大するために、都合が悪い者や団体等を共謀罪を用いて弾圧しようとする発想は変わりなく続いている。こうした強権的な発想が続く限り、国家権力は共謀罪を必要とする。逆説的にいえば、自由で民主的かつ基本的人権の尊重に根差した社会構築が図られるときには、共謀罪は必要とされなくなるのである。

【参考文献】
・The Law Commission, "Conspiracy and Attempts", Consultation Paper No.183, 2007.
・Office for National Statistics (UK), "2011 Census analysis: Ethnicity and religion of the non-UK born population in England and Wales: 2011", 2015.
・Grahame Allen and Noel Dempsey, "Terrorism in Great Britain: the Statistics", Briefing Paper No. CBP7613, 2017.
・高橋保「イギリス労働法における共謀法理（コンスピラシー）の形成と展開」創価法

学第 7 巻第 4 号（1978年）53－99頁。
・戒能通厚編『現代イギリス法事典』新世社、2003年。
・清末愛砂「イギリスの対テロ法の動向と人権侵害：7.7同時爆破事件と人種・宗教差別との連関性」刑事弁護48号（2006年）36-37頁。
・清末愛砂「9.11&7.11以降の英国の対テロ法の変容とイスラーム・フォビア－宗教差別とレイシズムの相乗効果－（上）」国際公共政策研究第14巻第 2 号（2010年）17-28頁。
・戒能通厚「コンスピラシー（共謀罪）の源流と人権侵害の危険性」法と民主主義518号（2017年） 8 －11頁。

（きよすえ・あいさ）

治安維持法と共謀罪

内田博文

九州大学名誉教授

1 懸念される検察官・警察官の恣意的な解釈運用

　治安維持法の解釈・運用は思想検事が思うままに行った。帝国議会で政府は、検察官は適切な法解釈・運用に努め、裁判所がそれをチェックするから濫用の恐れはないと答弁した。しかし、逸脱解釈・逸脱適用され、取締り対象は幾何級数的に拡大していった。普通の国民の普段の生活も治安維持法違反で問擬されることになった。裁判所はこの逸脱解釈・逸脱適用を追認するだけであった。検察官らの暴走を食いとめるシステムは存在しなかった。

　「共謀罪」（テロ等準備罪）の解釈運用を考える場合、この点は大いに教訓となろう。検察官への強制処分権と検察官作成の自白調書への証拠能力の付与などという「戦時特例」は、戦後は「平時の衣」に変えて、より強化された形で新刑事訴訟法中に潜りこんでいるからである。無罪率も戦後の方がはるかに低い。この強化された「検察官司法」の下で、共謀罪の解釈・運用は捜査官の裁量に委ねられることになるが、この裁量が濫用に陥るのを阻止するシステムを私たちは未だ設けていない。

　事件のでっち上げということも治安維持法の教訓の1つである。共謀罪はマフィア対策だ、あるいはテロ対策だとされているが、現実にはそうなっていない。真の立法事実は隠されているといってよい。裏の立法事実と表の立法事実とには大きな乖離が見られる。このような立法の場合、事件のでっち上げがなされる可能性は高い。罪刑法定主義、なかでも明確性原則はこのでっち上げを防ぐ役割を果たすものだが、共謀罪の要件の無限定性はこの歯止めを奪っている。

　「罪となるべき事実」の認定がずさんだという点も教訓となる。事実から出発してその構成要件該当性を判断するというのではなく、治安維持法の構成要件に該当するという規範的評価が初めにあって、それに符合するような事実が列挙されただけであった。「小事実」を当罰的な規

範的評価を織り込んで「特大事実」に膨らませていくという手法が採用された。共謀罪の場合、行為者の内心の「目的」が処罰根拠となることから、事実認定の中心は行為者の主観に置かれることになる。この主観を針小棒大に膨らませ、被疑者・被告人らの事件関係者に対し「暴力団関係者」、「テロリスト」、「社会の敵」といったレッテルを貼ることによって、この主観についても規範的評価が先行することにならないかが懸念される。

2　報道統制など

治安維持法の場合、事件のでっち上げ、あるいはラベリングのために治安当局によってマスメディアが最大限に利用された。当初は報道を禁止し、解禁後は治安当局のストーリに沿った形でセンセーショナルに報道させる。このような手法が用いられた。「報道統制」は記事解禁後のセンセーショナルな事件報道を帰結し、結果として当局の思う壺に嵌ってしまった。

「テロ等準備罪」の適用・運用にあたっても国家による報道統制が再現されないかが危惧される。国際ＮＧＯ「国境なき記者団」は2017年4月、同年の「報道の自由度ランキング」を発表した。日本は先進七カ国（Ｇ７）では最下位になった。調査では日本の報道について、大手メディアの自主規制や記者クラブ制度によってジャーナリストが権力監視の役割を果たせていないこと、特定秘密保護法について国連から疑問視されたにも関わらず政権は議論を拒み続けていること、などが指摘された。このような日本のメディアの状況の下では、報道統制の再現は杞憂とは決していえない。

3　萎縮

萎縮という点も教訓となろう。司法官僚が京都学連事件（1925年）を拾い上げ、これに治安維持法違反のレッテルを貼ったことにより、治安維持法第一号事件に仕立て上げられた。文部省および大学・高専などの学校当局はそれまでも徐々に強化しつつあった学生運動の規制に一層拍車をかけることになった。これを奇貨として政府は河上肇らの学外追

放を目論んだ。京都学連事件は大学人などに自己規制をもたらし、治安維持法の拡大適用、そして改正に対する大学人の批判の声はどんどん小さくなっていった。共謀罪についても、同様の懸念が表明されている。企業法務に詳しい弁護士からは、共謀罪が企業法務に及ぶ萎縮効果が懸念されている。同様の懸念は医療界、宗教界その他、各界からも表明されている。

4　濫用などを防ぐために

共謀罪が施行される以上、濫用などを防止するシステムを構築することは喫緊の課題だといえる。

（うちだ・ひろふみ）

共謀罪反対運動の
成果と今後の課題

第1章

共謀罪反対運動の経過と成果、今後の活動

米倉　洋子
弁護士

　2017年、共謀罪法案の廃案を求める運動は全国規模で大きく進められたが、本稿でそれらを網羅することは到底不可能である。したがって、本稿では、筆者が何らかの形で関与した活動、とりわけ東京における法律家の活動が中心になっていることをお許しいただきたい。そのことを承知された上で、一つの視点からの記録としてお読みいただければ幸いである。

1　過去三度廃案になった共謀罪法案

　共謀罪法案は、2017年の第193回通常国会に初めて提出されたものではなく、過去三度廃案になっている。
　2000年11月、国連総会で国際組織犯罪防止条約（TOC条約）が採択され、日本は、同年12月同条約に署名した。政府は、同条が締結国に対して長期4年以上の法定刑を定める犯罪について「共謀罪」又は「参加罪」の立法を義務付けており、条約を批准するためには上記立法措置が不可欠だとして、2003年3月、組織犯罪処罰法の一部改正案として共謀罪法案を初めて上程した。同年5月国会は同条約を承認したが、共謀罪法案は審議されないまま同年10月の衆議院解散により廃案になった。
　2005年7月、同じ法案が再度上程されたが、同年8月の解散により再度廃案になった。

同年10月召集された特別国会において共謀罪法案は三たび上程された。この三度目の共謀罪法案は衆議院法務委員会で激しい論戦になり、継続審議となって2006年1月開会の通常国会に引き継がれた。日弁連、法律家団体、市民団体等は法案に強く反対し、反対の世論が盛り上がる中、与党（自民・公明）と民主党からそれぞれ修正案が出され、強行採決も懸念されたが、採決されないまま同年6月国会は閉会し、継続審議となった。そして、その後本格的審議がなされないまま2009年7月の衆議院解散により廃案になった。

　この2005年から2006年にかけての共謀罪反対運動の大きな広がりは、共謀罪に対する警戒感を社会に定着させ、その後10年間、共謀罪法案を審議、提出させない大きな力になった。

2　第二次安倍政権の暴走に対抗する市民・野党共同の運動の形成

　2012年12月の総選挙で、2009年8月から続いた民主党政権に代わり、第二次安倍晋三内閣（自民・公明）が発足した。憲法9条改正をめざすことを首相が国会で表明し、軍事大国化路線をとる安倍政権は、2013年12月特定秘密保護法を成立させ、2014年7月集団的自衛権の行使を容認する閣議決定を行い、2015年9月には集団的自衛権容認を含む安保法制（戦争法）を成立させ、2016年5月には通信傍受法（盗聴法）の大幅拡大と司法取引の導入等を含む刑事訴訟法等改正法を成立させるなど、軍事大国化と国民監視・治安強化をはかる法律を急ピッチで成立させた。

　こうした安倍政権の暴走、とりわけ歴代内閣法制局長官や元最高裁長官までが違憲と断じた戦争法案は、「戦争させない・9条壊すな！総がかり行動実行委員会」に象徴される未曽有の国民的共同運動と、これと結びついた野党共同の反対運動を生み出した。

　このような市民と野党の共同の大運動は、そのまま2017年の共謀罪反対運動につながっていった。

3　2016年8月の朝日新聞のスクープから始まった反対運動

　刑訴法等改正法が成立してわずか3か月後の2016年8月26日、朝日新聞は1面トップで、政権が共謀罪法案を「テロ等準備罪」の名で国会に提出しようとしていることをスクープした。

　この報道に対する法律家と市民の反応は素早かった。報道の5日後の8月31日、日弁連は共謀罪法案の国会提出に反対する声明を発表した。また、同年秋の臨時国会への法案提出が危惧されたこともあり、弁護士会、法律家団体、市民団体等は、同年秋に多くの共謀罪反対集会を企画した。

　検討中とされる法案原案も出回り、法律家はこれを徹底的に解明し批判した。反論の要は、新法案は「テロ等準備罪」、「新要件」などと謳われているが、実際は2006年6月の自民党第二次修正案とほとんど変わらず、618もの対象犯罪について話し合っただけで処罰し、市民運動や労働運動の弾圧に使われる危険のある治安立法だということであった。このような理解は、同年9月から12月にかけての反対運動によって急速に広がっていった。

　政権は、こうした世論の動きに反応してか、臨時国会への法案提出は見送ったが、通常国会に法案を提出し成立をめざすと明言した。

4　2017年1月から3月21日の法案提出まで

　2017年1月20日開会された第193回通常国会では、法案提出前であるにもかかわらず、予算委員会において野党は連日、共謀罪法案について政府を厳しく追及し、これをメディアも大きく報道した。

　2月1日、刑事法学者137名が「共謀罪法案の提出に反対する刑事法研究者の声明」を発表し、2月15日には日本ペンクラブ（会長・浅田次郎）が声明「共謀罪に反対する」を発表、2月17日には日弁連が共謀罪の上程に反対する詳細な意見書を発表するなど、法案提出に反対するアピールや意見書が相次いだ。

　2月17日、金田勝年法務大臣が、従前の、共謀罪は一般市民や一般の団体

には適用されないとの言明を翻し、「正当な活動をしていた団体も組織的犯罪集団に一変する場合がある」旨の答弁をしたことは、共謀罪の危険な本質を露呈したものとして、大きく取り上げられた。

2月23日、社会文化法律センター、自由法曹団、青年法律家協会弁護士学者合同部会、日本国際法律家協会、日本反核法律家協会、日本民主法律家協会の6つの法律家団体が「共謀罪法案に反対する法律家団体連絡会」を結成し、同月27日、共謀罪法案に反対する共同声明を発表した。同連絡会には後に日本労働弁護団と明日の自由を守る若手弁護士の会も加わった。

2月27日には、①「秘密保護法廃止」へ！実行委員会、②盗聴法廃止ネットワーク、③日本マスコミ情報文化情報労組会議（MIC）、④解釈で9条を壊すな！実行委員会、⑤共謀罪法案に反対する法律家団体連絡会の5つの団体（それぞれが多くの団体を束ねているネットワーク）が中心となって「共謀罪NO！実行委員会」を立ち上げ、共謀罪反対の幅広い運動を組むことになった。この実行委員会は、「話しあうことが罪になる」のキャッチコピーを大書した横断幕をいつも携え、「総がかり行動実行委員会」と連携し、昼夜を問わず、多数の国会前行動、院内集会、日比谷野外音楽堂での大集会、デモなどを企画する母体となった。

このほか『「共謀罪」なんていらない！』の著者らが個人加盟の「共謀罪の創設に反対する百人委員会」を立ち上げ、院内集会や市民集会を主催した。

2月28日、法案の原案全文が一斉に報道された。この原案に「テロ」の文言が一言もなかったことから、政府がこれまで「テロ対策」を強調してきたこととの不整合に世論の批判が集中した。与党の公明党も自民党の独走に不快感を示し、3月1日になされるはずだった法案の閣議決定は遅れに遅れていった。

3月6日、「共謀罪NO！実行委員会」は院内集会を開き、内田博文九州大学名誉教授が「治安維持法と共謀罪」と題して市民向けに1時間の講演を行なった。300名収容の参議院の講堂がいっぱいになった。

3月15日には、法学や政治学等の学者が作る「立憲デモクラシーの会」（共同代表、山口二郎、長谷部恭男、髙山佳奈子等）が共謀罪法案に反対する声明

を発出した。

3月16日、「共謀罪法案に反対する法律家団体連絡会」は昼の時間帯に国会請願デモを行った。急な呼びかけにもかかわらず参加者は300人を超え、その後の院内集会も超満員であった。

3月11〜12日の共同通信の全国電話世論調査では、法案提出前にもかかわらず、共謀罪反対が44.5％、賛成が33.0％と、反対が賛成を11.5ポイント上回った。まさに共謀罪に対する国民の拒否感を象徴する結果であった。

5　3月21日法案提出から5月23日の衆議院本会議での可決まで

与党は、世論の批判を受け、法案6条の2の「組織的犯罪集団」の文言の前に「テロリズム集団その他の」の文言を急遽挿入し、3月21日、組織犯罪処罰法改正案を閣議決定し、「テロ等準備罪」と呼んで国会に提出した。新聞各紙は一面トップで共謀罪の危険性を報じた。

法律家団体連絡会は、3月中旬から、大手メディアとの意見交換会を重ね、法律専門家として共謀罪法案の問題点をレクチャーし、廃案をめざす運動に理解を求めた。メディア側も共謀罪には強い関心を持っていた。2005年から2006年にかけての共謀罪法案に対する核心を突く批判は、10年以上経過してもメディアに正しく浸透していた。今回の法案について、多くのメディアは政府の命名した「テロ等準備罪」の呼称を使わず、「共謀罪」と呼んで報道した。これは、法案が「テロ対策」を目的とするものではないことをメディアが十分に理解した結果であった。

野党各党は共同して審議入りに抵抗し、衆議院法務委員会で審議が始まったのは4月6日になってからであった。

4月6日、「共謀罪NO！実行委員会」は、午後6時から日比谷野外音楽堂で3500名の市民集会を開き、集会後、国会請願デモを行なった。

法務委員会での審議が始まると、「共謀罪法案に反対する法律家団体連絡会」は、野党の国会議員との意見交換も重ねた。若手弁護士を中心とする国会議事

録の整理分析チームを作り、論点ごとに委員の質問と政府答弁を一覧表にまとめていった（この作業が本書第1部のコンメンタールのベースになっている）。

4月25日には衆議院法務委員会で1回目の参考人質疑があった。傍聴席は超満員で30分ごとに傍聴者を交代させるほどであった。参考人は、小澤俊朗（元在ウィーン日本機関特命全権大使）、井田良（慶應大学教授）、小林よしのり（漫画家）、髙山佳奈子（京都大学教授）、早川忠孝（元衆議院議員・弁護士）の5名であった。

4月末頃までに、日弁連に所属する52の単位弁護士会のうち51会が共謀罪反対の会長声明を発出した（5月11日で全会になった）。各弁護士会は全国で街頭宣伝、街頭パレード、市民集会などを精力的に行った。民主主義科学者協会法律部会理事会（3月27日）、安保法制の廃止と立憲主義の回復を求める市民連合（4月22日）、世界平和アピール7人委員会（4月24日）等多数の団体が反対声明を上げ、記者会見を行った。

与党は連休前に衆議院を通過させたい思惑であったが、法案提出の遅れ、審議入りの遅れにより、それは到底無理になった。しかし与党の国会運営は前例がないほど強引であり、審議時間が30時間を超えたら衆議院での審議を打ち切るとの方針が伝えられ、緊張の中で連休に入った。

大型連休中の5月3日、有明の東京臨海防災公園で約5万人の憲法集会が開催された。そこでも共謀罪法案反対は集会の共同目標とされ、法案の廃案を求めるアピールが読み上げられた。

連休明けの5月9日、「共謀罪NO！実行委員会」主催の院内集会が開かれた。この集会で、「共謀罪法案に反対する法律家団体連絡会」は、『だから私たちは共謀罪に反対する！今も行なわれている市民監視の実態　事例集』（http://www.jlaf.jp/html/menu2/2017/20170511131609_5.pdf）を公表し、捜査機関が現在でも市民に対する監視を日常的に行なっている実態を10の実例で明らかにし、共謀罪によりこうした市民監視がいっそう強まることを訴えた。上記事例集に掲載された、大垣警察市民監視事件の当事者と、ムスリム監視事件の代理人弁護士が、生々しい具体的事案を報告した。その後、大垣警察の事件

は多くのメディアが記事にし、国会審議でも度々取り上げられた。

　5月12日から、総がかり行動と共謀罪NO！実行委員会は共同して、議員会館前で連日、昼の行動、午後の座り込み、夕方の行動をセットにした取り組みを展開した。何としても共謀罪を廃案にしたいという気迫のこもった行動であり、連日多くの市民が国会周辺に集まり、大いに野党議員を励ました。

　5月16日には、衆議院法務委員会で2回目の参考人質疑があった。参考人は、木村圭二郎（弁護士）、海渡雄一（弁護士）、加藤健次（弁護士）、指宿信（成城大学教授）の4名であった。

　同日夜には、日比谷野外音楽堂で共謀罪反対の2回目の市民集会とデモが行なわれた。参加者は4月4日から700名増え、4200名であった。

　5月18日午後6時から東京のイイノホールで日弁連主催の共謀罪反対市民集会が開かれた。600人の会場は超満員になり、市民がロビーに溢れた。木村草太（首都大学東京教授）、山田健太（専修大学教授）、山口二郎（法政大学教授）、近藤ゆり子（大垣事件原告）、浅田和茂（立命館大学教授）、泉山禎治（元裁判官）、徳住亜希（週刊女性編集部）、山田火砂子（映画監督）、竹内広人（自治労連帯活動局長）、周防正行（映画監督）の10名が登壇して発言し、大きく報道された（日弁連HP：登壇者発言集https://www.nichibenren.or.jp/library/ja/committee/list/data/pdf/2017/todanshahatsugenshu.pdf）。

　5月19日、法案は衆議院法務委員会で可決された。

　偶然にもその朝、国連のプライバシー権に関する国連特別報告者ジョセフ・カナタチ氏が、共謀罪法案についての重大な懸念を表明し、あわせて数点の質問をする書簡を安倍首相に送ったことが明らかになった（詳しくは、本書第3部第6章海渡論文〔221頁以下〕）。国際人権の観点でも共謀罪法案の人権侵害性が問題にされたことの意味は重く、メディアによって大きく報道された。しかし、政府はカナタチ氏の質問に対して何ら返答をしないばかりか、菅官房長官はカナタチ氏に「中身のないただの怒り」（カナタチ氏のコメント）を表明した。

5月23日、法案は衆議院本会議で可決し、審議の場は29日参議院に移った。

6　6月15日参議院本会議で「中間報告」により成立

　5月31日、日比谷野外音楽堂で、3回目の市民集会が開催され、銀座デモが行なわれた。前回から500名増え、4700名の参加であった。
　6月1日には参議院法務委員会で参考人質疑が行なわれた。参考人は、西村幸三（弁護士）、新倉修（青山学院大学名誉教授）、松宮孝明（立命館大学教授）であった。
　6月9日、日弁連は弁護士会館のホール「クレオ」で、国連特別報告者カナタチ氏の講演をスカイプで聞く国際シンポジウムを開催した。
　国会の会期は6月18日とされており、同日までに共謀罪を成立させるには時間不足の状況であった。通常であれば会期延長が考えられるところだが、当時、森友問題に続いて加計学園問題が浮上し、連日野党が厳しく追及していたため、政府与党は国会を閉じたがっていた。小幅の会期延長か、法務委員会での強行採決か、さもなければ今国会での成立見送りかと、複数の観測が飛び交い、情勢は日々緊迫していった。
　こうした中、6月12日、法案の廃案を求める市民らは「共謀罪の創設に反対する緊急統一署名」153万4500筆以上を参議院議長に提出した（署名の最終集約数は184万1776筆）。
　6月13日午前には参議院法務委員会で参考人質疑があった。参考人は、福田充（日本大学教授）、山下幸夫（弁護士）、村井敏邦（一橋大学名誉教授・弁護士）であった。同日午後、野党は共同で、金田法務大臣の問責決議案を提出した。
　同日夜には、日比谷野外音楽堂で5200名の大集会が開かれ、銀座をデモ行進した。雨にもかかわらず、参加者はそれまでの最高であった。廃案まで、あと一歩とのところまで来ていると思われた。

　翌日の6月14日の日中、激震が走った。参議院本会議で、「中間報告」（国

会法56条の3）という異例中の異例の方法で法務委員会の審議を省略し、本会議でいきなり共謀罪法案を採決するという政府与党の方針が明らかにされたのである（詳しくは、本書第3部第5章山田論文〔216頁〕）。

　明らかに、加計疑惑の追及を逃れるため早く国会を閉じたいとの思惑と、何としても共謀罪を成立させたいとの思惑を両立させるための強行手段であることが、誰の目にもあからさまに見える異常事態であった。

　この情報を聞きつけた市民らは午後から続々と国会周辺に集まり始め、夕方には歩道を歩くのも困難なほどになった。夜になると、共謀罪NO！実行委員会は議員会館側で、若者たちは国会正門前で、国会議事堂に向かって怒りを込めた激しいコールをあげ続けた。

　徹夜国会の末、共謀罪法案は、6月15日午前7時46分、参議院本会議で可決成立した。投票総数235、賛成165、反対70であった。

　共謀罪法は7月11日施行され、同日、政府は国際組織犯罪防止条約を批准した。

7　共謀罪の廃止をめざす新たな運動のはじまり

　異常な手法で共謀罪法案の採決が強行されたことに対する世論の批判は厳しく、加計学園問題とあいまって内閣支持率は急落し、7月2日の東京都議会議員選挙で自民党は議席を57から23に激減させた。

　反対運動を担った人々は、異例の手法でしか共謀罪を成立させられないところまで安倍政権を追い込んだ世論の確かさに自信を持ち、さっそく共謀罪廃止に向けて動き出した。

　日弁連も法案成立後、直ちに抗議の会長声明を出し、廃止に向けた取組みを行うことを宣言した。成立に抗議声明を出した単位弁護士会は46に上る。

　9月6日、「共謀罪対策弁護団」が新たに立ち上がり、院内集会を開いた。共謀罪廃止に向けての活動に取り組むと共に、弁護体制を整えることにより、共謀罪の発動を阻止し、市民運動等の萎縮を防ぐことを目的とする。市民集会や勉強会を開催している。

8月には、多くのNGOや市民団体のネットワークとして「共謀罪廃止のための連絡会」が新たに立ち上がり、9月15日夜、日比谷野音で「共謀罪は廃止できる！9・15大集会」とデモを主催した。法案成立にもかかわらず3000人の市民が参加したのは画期的なことであった。

11月1日から12月29日まで開かれた特別国会で、12月6日、立憲民主党が中心となり、野党共同で衆議院に共謀罪法廃止法案を提出し、継続審議となった（立憲民主党、日本共産党、社会民主党・市民連合、自由党、無所属の会の共同提案）。

2018（平成30）年2月6日、市民らは「『共謀罪法』の廃止を求める緊急統一署名」26万筆を国会に提出した。

なお、共謀罪成立後、公安警察による市民監視が強まるとの予想の下、「警察の監視を監視するシステム」の必要性がクローズアップされてきたことも人権擁護運動の新たな展開である（詳細は本書の海渡論文〔220頁〕、小池論文〔254頁〕参照）。

2012年12月以来、安倍政権は日本を戦争のできる国に作り変えようと、特定秘密保護法、戦争法、盗聴法拡大、共謀罪と着々と歩を進め、いよいよ平和憲法を投げ捨てようという時になって、世論の大反撃を受けている。

共謀罪という異常な悪法が成立したことを私たちは十分に警戒しなければならない。しかし政権の暴走に対抗するかたちで、平和と民主主義と人権を守り抜いていこうという、大きな市民・野党の共同が作られたことは画期的な成果である。

2017年の共謀罪反対運動はこうした市民の運動の大きな流れの中にあった。これからも形を変えながら継続し発展していくことは間違いない。

（よねくら・ようこ／東京弁護士会）

第2章

警察監視機関・国内人権機関の設置を

小池振一郎

弁護士

1 海外の警察監視機関

(1) 海外からの提言
1) カナタチ国連特別報告者

ジョセフ・カナタチ国連プライバシー権特別報告者は、共謀罪法について、「警察などの監視活動を監督する『活動監督機関』を設置しなければならない。それは行政府及び立法府から完全に独立した機関である」「警察などに権限を与える法令には、監視される個人がアクセスできる有効な手続的救済方法を備えなければならない」と警告した。

共謀罪法を作る以上は、それに対応する市民の人権保障システムを作らなければバランスを欠くという問題提起である。

2) スノーデン

スノーデン元CIA職員が、全世界のネット上のほぼすべての電子情報が監視できるという超監視社会の実態を暴露した。グーグル、フェイスブック、アップル、マイクロソフト、ヤフー等の協力により、無差別・網羅的に簡単に大量監視できるという。

日本でも、米国国家安全保障局（NSA）が「X Keyscore」という包括データ検索プログラムを2013年防衛省情報本部電波部（歴代部長は警察庁出身者）に提供したと報道されている。

スノーデンはいう——プライバシーは、私事や悪事を隠すための権利ではない。監視されると、自由に、主体的にものが考えられなくなる。プライバシーは人格的自立に不可欠である。プライバシーは自己の保護である。プライバシー権は、表現の自由に直結し立憲民主主義の維持発展に寄与する。

このような指摘について、カナタチ氏は、「スノーデンの暴露を受けてみると、警察などの監視活動を監督する第三者機関は、基本的人権が生きながらえるための最低限必要な保護機構である」と述べる。

3) 国連総会決議

2013年国連総会は、スノーデン事件を受けてデジタル時代のプライバシー権について、監視活動に対して独立して効果的な監督機関を設けるべきであると決議した。これには日本も賛同している。この流れの中で、2015年国連人権理事会がプライバシーに関する特別報告者として、カナタチ教授を選任（3年任期）したのである。

(2) 諸外国の監視機関

イギリスでは、1976年政府から独立した法人として警察に対する市民の苦情を専門に担当する警察苦情委員会が設置された。警察出身者以外から首相によって任命される19人位の委員で構成。必要な場合には、警察本部長に対して懲戒上の告発を勧告、指示し、最終的には、当該警察本部長と2名の委員で構成される審判所において、懲戒の必要性の有無を決定する。

また、2015年捜査権限法案が批判され、独立の監視委員会設置などで修正されたという[*1]。

カナダにも、警察苦情委員会がある。

スウェーデンでは、1809年国会オンブズマンが設置された。監察対象は公務員、裁判官などで、公務員の作為・不作為が法的に是認できるかどうかなどを判断する。意見表明、通告のほか、重大な法令違反・怠慢・不当な場合には、特別検察官として訴追できる。国家機関の100％がオンブズマンの判断に従っている。

---

*1　2017年9月21日付朝日新聞朝刊。

ドイツの連邦データコミッショナーは独立した連邦政府機関であり、プライバシーや情報公開の専門家がNGOから選ばれる。州にもデータコミッショナーがある。警察や情報機関によるテロ対策法捜査・情報収集に対して、プライバシーや表現の自由に対する侵害がないか調査し、収集データの削除要求をすることができる。

　フランスには、大統領に6年任期で任命される独立行政機関として権利擁護官制度がある。警察などが公安活動を行うに際して職務規律を遵守しているかどうかを監視する。

　スペインの「人民の擁護者」も同様の制度であり、フランスの権利擁護官制度の参考にされた。

　EU基本権憲章には、プライバシーや個人情報を守るために独立した監督機関で監督するという規定があり、すべての加盟国には独立した監視機関がある。

　韓国では、2001年韓国国家人権委員会が設置された。立法・行政・司法の三権から独立した国内人権機関であり、憲法裁判所と同じ位置付けである。救済対象は、警察や刑務所などの公権力による人権侵害（憲法・国際条約で保障されたすべての人権が対象）と私人間の人権侵害（差別のみ）。公権力による人権侵害の予想類型として、捜査機関による不当拘禁・逮捕、偏向捜査、自白強要、徹夜の取調べ、私生活侵害などがあげられている。捜査機関による人権侵害と拘禁施設による人権侵害が陳情の約3分の2を占めている。

　韓国国家人権委員会は、大統領が4名、国会が4名、大法院長（最高裁長官）が3名の委員を指名し、この11名を大統領が任命する。委員長は前大韓弁護士協会会長、事務局長は韓国性暴力相談所長といった民間人から選出されている。職員は一部公募され、数十名のうち半分は、市民団体、活動家から成る。優秀な市民が応募し、人気の的だという。

　人権に影響を与える法案はすべて国家人権委員会に送られ意見を求められる。政府が提案したテロ対策法案に憲法違反という見解を出し、法案が見直された。

　フィリピンには、1987年憲法によって設立されたフィリピン人権委員会がある。スタッフ600名の独立機関である。警察、軍隊、新人民軍による人権侵害の申立てが多い。人権教育が活発である。

　フィリピン人権委員会はドゥテルテ大統領の違法薬物関与者抹殺政策に警鐘

を鳴らしてきた。そのため2018年度予算要求6億7800万ペソ（約14億6千万円）に対して、千ペソ（約2160円）とする予算案が下院議会を通過したが、下院より優位にある上院が、人権委員会の要求を上回る6億9350万ペソ（約15億円）を承認した。

フィリピンには、オンブズマンも併存されている。

インドには、1993年に設立されたインド連邦人権委員会という独立行政機関がある。スタッフ約230名。州によっては州人権委員会がある。救済対象は国家による人権侵害に限定。警察など公務員に対する人権教育が優先されている。

ニュージーランドには、警察を監視する独立警察監視機関（Independent Police Conduct Authority=IPCA）がある。独立機関であって、警察の一部門ではない。警察苦情委員会から発展し、2007年設立。警察官の不正行為、怠慢、警察官が引起した死亡事故、重傷事故を調査。その結果は勧告、公表される。議会によって選任される5人以内の委員で構成。委員長は現職若しくは退任裁判官。スタッフは25〜30人。

1962年に導入されたオンブズマンという独立監視機関は、行政機関の決定に対する苦情について調査、是正措置を勧告する。警察に組織的な問題があったときはIPCAと一緒に活動することがある。警察情報の開示にも関与する。

さらに、政府から独立した国内人権機関として人権委員会（特に差別問題に対応）がある。IPCAの活動も監視する。IPCA報告にまちがいがあると人権委員会が関与する。

ニュージーランドには共謀罪があるが、司法が独立し刑事手続が近代化されているだけでなく、捜査機関を監視するこのような二重三重の第三者機関があるところが、日本とは全く異なる。

オーストラリアにも、警察苦情委員会、オンブズマン制度、人権委員会という二重、三重の監視機関がある。

米国には、市民からの苦情を受付ける独立した委員会Civilian Complaint Review Boardがあるが、2013年捜査機関ごとに独立監察官Inspector Generalが任命され、捜査活動の適法性を監督している。

2017年、ラザ対ニューヨーク市事件の和解により、ニューヨーク市警内に

独立のハンチュー委員会が設置された。民間の法律家から選ばれる市民代表が参加し、テロ対策活動に関するすべての情報が提出され、捜査がガイドラインに違反していれば長官に報告し、構造的な場合は裁判所に訴える。*2

　コネチカット州には、警察を監督する委員会Police Commissionがある。

2　警察監視機関・国内人権機関の設置を

(1)　野放しにされている日本の市民監視

　2007年、陸上自衛隊情報保全隊が自衛隊イラク派遣に反対する全国の市民を監視している事実が判明した。

　2010年、公安警察が収集したと思われる600人以上のイスラム教徒監視データが流出した。

　2013年〜2014年にかけて、岐阜県警大垣署による風力発電施設建設反対市民の監視データが電力会社の子会社に提供されていた。

　前川前文科次官についての公安情報のリークや、官房長官による警察への東京新聞社会部望月記者の身辺調査の命令などは、政治権力による市民監視機関の恣意的権限濫用が現実にかなり進行していることを思わせる。

　監視カメラには法的規制がない。京都府では、民間当事者が収集した監視カメラデータを警察に提供する場合は令状を求めるよう促しているが、全国的にもそうありたい。

　捜査機関による捜索差押時には、広汎なデジタル情報が無制限に収集されている。

　日本には、警察を監督する行政機関がない。公安委員会の事務局は警察官で構成されている（警察法13条「国家公安委員会の庶務は、警察庁において処理する。」、都道府県公安委員会においては警察法44条）。警察を監督すべき機関の庶務（事務局）が監督される者に委ねられている組織は監督機関とはいえない。*3 日本は"警察天国"といわれる所以だ。

　＊2　井桁大介「警察のテロ対策を監督する」（自由と正義2017年12月号）、スノーデンほか『スノーデン 日本への警告』（集英社新書、2017年）。
　＊3　「問題は日本に、警察や諜報当局を監督する独立機関がなく、包括的なプライバシー保護の

警察・自衛隊などの市民監視が野放しにされている。捜査機関における個人情報の取扱い（保存・利用・管理）が事実上自由にされている。

(2) 警察等の市民監視機関を監視する第三者機関の設置を

警察・自衛隊などの市民監視が恣意的運用に委ねられるわけにはいかない。超監視社会に対抗するためにも、日本の警察や自衛隊、公安調査庁など市民監視機関の活動を市民的視点から監視する独立した第三者機関が必要である。

まして2017年共謀罪法が施行され、市民を監視、抑圧する格好の武器と口実が捜査機関に与えられた。共謀罪法違反を理由に捜査、捜索・差押、逮捕するだけで（起訴しなくても）十分に目的を達することが多いし、その脅しだけでも効果がある。それだけに、捜索差押令状発布の前から、その端緒から捜査機関をチェックし、捜査権限の濫用がないよう監視する必要がある。

カナタチ氏は、「日本には情報機関を監督している機関がない」「共謀罪があろうとなかろうと、保護策は必要」という。共謀罪法は捜査権力の濫用を促進する志向を有しているから、法律が施行された以上は、捜査権力の恣意的な監視や、盗聴、任意という名の取調べや強制捜査の在り方など諸々の活動をチェックするシステムがどうしても必要となる。

カナタチ氏は、「監視対象犯罪の限定。監視対象者への通知、救済方法。監視期間の明確化。独立した機関（特別の専任のスタッフを擁する）が事後的に監督し（警察などへの立入権限を有する）、場合によっては是正策を促す措置をとる。企業からの報告を求める」と具体的な監督方法を提示する。

「企業からの報告」とは、「捜査事項照会書」という一片の通知で、通信事業者が捜査機関に通信履歴を任意提供しているが、その事実の報告を第三者機関に求めるものである。ラインは、警察の照会に、どれくらい応じて、どれくらい拒んだかの統計数を公表しているが、他の企業もこの程度の公表はすべきであろう。

2017年3月15日最高裁GPS捜査判決は、憲法35条（住居不可侵）の保護の対象として「私的領域」へ侵入されない権利を含むとする。画期的な判決であ

法律がないことだ。」（2017年10月5日付朝日新聞夕刊）。

るが、GPS捜査は立法課題ともされた。立法化する以上は、警察を監督する第三者機関の設置がなおさら必要であり、それとセットで立法化すべきであろう。

日弁連は、「公安警察や自衛隊情報保全隊などの情報機関の監視権限とその行使について、法律により厳格な制限を定め、独立した第三者機関による監督を制度化すること」を求めている（2017年10月6日・日本弁護士連合会人権擁護大会決議）。

(3) 国内人権機関

国連が提唱している国内人権機関は、市民監視機関を専ら監視する第三者機関とまではいえないが、警察などによる人権侵害を救済対象とし、警察などを監視する機能を有している。

1) 国連総会決議

国連は、世界人権宣言に始まり、国際人権規約をはじめとする国際人権条約を作り、推進してきた。

1993年国連総会は、国際人権諸条約の国内実施を図るために、各国に政府から独立した国内人権機関の設置を求める決議を採択した。弁護士、学者、労働組合、NGOなど多元的メンバーで委員会が構成され、自前の建物と事務局職員をもち、独立した人事権、予算編成権をもつ（パリ原則）。

国内人権機関は、①「早い、安い、便利」をモットーとする駆け込み寺として人権侵害を簡易迅速に救済し、②立法や行政の活動が国際人権基準に沿ったものとなるよう政策提言し、法改正に意見を述べ、③市民だけでなく、裁判官や警察官などの法執行官に対して人権教育するという3つの機能を有する。

調査、勧告、報告権限を有する公的行政機関であり、法的基盤をもつ。他の行政機関は、国内人権機関に対して調査協力義務を負う。

既に120カ国以上に国内人権機関が設立されている。

2) 国連条約機関の日本政府に対する勧告

1998年国際人権（自由権）規約委員会が日本政府に対して、政府から独立した効果的な人権救済機関の設置を勧告した。以後、人種差別撤廃委員会、国際人権（社会権）規約委員会、女性差別撤廃委員会、子どもの権利委員会、拷

問禁止委員会、国連人権理事会から毎年のように日本政府に対して国内人権機関の設置が勧告され続けている。

　2002年人権擁護法案が国会に提出されたが、国連が要求する国内人権機関とはほど遠いものであり、日弁連などが反対し、廃案となった。

　2012年人権委員会設置法案が民主党政権下で国会に提出された。人権擁護法案の問題点が克服されたと評価できるものであったが、衆議院解散により廃案となった。その後の政権交替で、人権委員会設置法案は国会に再提出されていない。

3）　実現可能性

　2008年国連人権理事会の日本政府に対する国内人権機関設置勧告に対して日本政府は、「フォローアップする」と前向きに回答し、以後同じ回答をし続けており、2018年国連人権理事会に対しても同様で、前向きの姿勢を変えていない。

　法務省ホームページ「人権委員会設置法案Q&A」には、「人権侵害は、政府により行われる場合に最も深刻となるため、政府からの独立性がある機関が人権状況について政府に意見を述べられる仕組を設けることが必要です」「現在の法務省の人権擁護機関は政府からの独立性がなく」「人権委員会による人権救済手続は、行政型ADRとして司法的救済を補完し、無料で簡易・迅速・柔軟な救済を行う」という説明が現在も掲げられている。

　共謀罪法が施行された今日、捜査機関による人権侵害を救済する国内人権機関設置の必要性はますます高まっているから、政局の転換次第で十分に実現可能性がある。

　警察監視機関の設置と共に、国内人権機関の設置も急務である。ニュージーランドのように、捜査機関を監視する第三者機関を二重三重に設置することはより効果的である。

　未だ共謀罪の適用例は報告されていない。「警察監視機関も、国内人権機関もないのに、共謀罪を適用するな」という声を高め、共謀罪法を適用させず、破防法と同様に死文化させ、廃止への道を追求したい。

（こいけ・しんいちろう／第二東京弁護士会）

共謀罪参考文献

●2005〜2006年出版

- 海渡雄一・保坂展人著『共謀罪とは何か』(岩波ブックレット686号)2006年、岩波書店
- 樹花舎編集部編『やっぱり危ないぞ！共謀罪』2006年、樹花舎

●2016〜2017年出版

- 内田博文著『治安維持法の教訓』2016年、みすず書房
- 斉藤貴男・保坂展人・足立昌勝・海渡雄一・山下幸夫著『「共謀罪」なんていらない？！』2016年、合同出版
- 「秘密保護法」廃止へ！実行委員会ほか編『一からわかる共謀罪　話し合うことが罪になる』2017年、樹花舎（制作協力）
- 海渡雄一・平岡秀夫著『新共謀罪の恐怖』2017年、緑風出版
- 鈴木亜英・山田敬男編『共謀罪vs国民の自由──監視社会と暴走する権力』（学習の友ブックレット）2017年、学習の友社
- 高山佳奈子著『共謀罪の何が問題か』(岩波ブックレット966号)2015年、岩波書店
- 田島泰彦編著『物言えぬ恐怖の時代がやってくる──共謀罪とメディア』2017年、花伝社
- 共謀罪法案に反対するビジネスロイヤーの会編『ビジネスが危ない！共謀罪の真実』2017年、ジェネシスビジネス出版
- 松宮孝明著『「共謀罪」を問う──法の解釈・運用をめぐる問題点』2017年、法律文化社
- 別冊法学セミナー『共謀罪批判──改正組織的犯罪処罰法の検討』2017年、日本評論社
- 海渡雄一著『共謀罪は廃止できる』2017年、緑風出版
- 朝日新聞社会部編『もの言えぬ時代　戦争・アメリカ・共謀罪』（朝日新書）

2017年、朝日新聞
・軍司泰史著『スノーデンが語る「共謀罪」後の日本──大量化監視社会に抗するために』（岩波ブックレット976号）2017年、岩波書店
・内田博文著『治安維持法と共謀罪』（岩波新書）2017年、岩波書店

●ホームページ
・日本弁護士連合会ホームページ内サイト「日弁連は共謀罪法の廃止を求めます（共謀罪法対策本部）」 https://www.nichibenren.or.jp/activity/criminal/complicity.html
・共謀罪ＮＯ！実行委員会ホームページ　https://www.kyobozaino.com/

GENJIN刑事弁護シリーズ23
共謀罪コンメンタール
組織犯罪処罰法6条の2の徹底解説と対応策

2018年6月25日　第1版第1刷発行

編　者	小池振一郎・米倉洋子・山田大輔
発行人	成澤壽信
発行所	株式会社 現代人文社

〒160-0004 東京都新宿区四谷2-10 八ッ橋ビル7階
振替　00130-3-52366
電話　03-5379-0307（代表）
FAX　03-5379-5388
E-Mail　henshu@genjin.jp（編集）／ hanbai@genjin.jp（販売）
Web　http://www.genjin.jp

発売所	株式会社 大学図書
印刷所	株式会社 ミツワ
装　幀	Malpu Design（宮崎萌美）

検印省略　PRINTED IN JAPAN　ISBN978-4-87798-700-8　C2032
©2018　KOIKE Shintaro　YONEKURA Yoko　YAMADA Daisuke

本書の一部あるいは全部を無断で複写・転載・転訳載などをすること、または磁気媒体等に入力することは、法律で認められた場合を除き、著作者および出版者の権利の侵害となりますので、これらの行為をする場合には、あらかじめ小社また編集部宛に承諾を求めてください。